昭潭学志

2024年第1辑

（总第1辑）

聂志军 主编

湖南大学出版社·长沙

图书在版编目(CIP)数据

昭潭学志. 2024. 第 1 辑 ： 总第 1 辑 / 聂志军主编.
长沙 ：湖南大学出版社，2025. 7. -- ISBN 978-7-5667-4238-4

Ⅰ. C53

中国国家版本馆 CIP 数据核字第 2025W9D218 号

昭潭学志 2024 年第 1 辑（总第 1 辑）

ZHAOTAN XUEZHI 2024 NIAN DI 1 JI (ZONG DI 1 JI)

主　　编：聂志军
责任编辑：梁芝英
装帧设计：闰江文化
印　　装：长沙创峰印务有限公司
开　　本：710 mm×1000 mm　1/16
印　　张：15. 5
字　　数：257 千字
版　　次：2025 年 7 月第 1 版
印　　次：2025 年 7 月第 1 次印刷
书　　号：ISBN 978-7-5667-4238-4
定　　价：58. 00 元

出 版 人：李文邦
出版发行：湖南大学出版社
社　　址：湖南 · 长沙 · 岳麓山　　**邮　　编**：410082
电　　话：0731-88822559(营销部)，88821343(编辑室)，88821006(出版部)
传　　真：0731-88822264(总编室)
网　　址：http://press.hnu.edu.cn
电子邮箱：934868581@qq. com

编 委 会

目次

域外汉籍研究

栏目主持人｜尹戴忠

宗教文献研究

栏目主持人｜彭小乐

读史札记

栏目主持人｜聂志军

研究生论坛

栏目主持人｜伍　莹

书院与文庙研究

庙学与科举的融合促动机制及实践路径*

赵国权　张亚美

摘　要：庙学是封建时代官办育才场所，科举是封建时代选才方式，两种不同的制度结缘于隋唐，基于价值导向的趋同性而得以融合促动。其融合促动是全方位的，在建筑空间上，庙学常被用作科举童试的场所，科举除拥有号房、执事楼、文昌阁等相对独立的空间外，庙学的祭祀、教学空间也带有明显的科举痕迹，隐藏着丰富的科举意蕴；在教育教学活动上，科举元素渗透到庙学的学官管理、生员管理、教学内容和教学方法之中；在常规仪式方面，在庙学内举办的进学礼、宾兴礼和科贡题名活动等都是庙学与科举融合促动的真实呈现，深刻影响着读书人的价值观和社风民俗，成为优秀传统文化不可分割的一部分。

关键词：庙学；科举；文庙；融合促动

所谓庙学，既是指古代各级官学与主祀孔子的庙宇性建筑即文庙的结合体，又是对古代“庙学合一”现象的通称。就文庙来说，全国各地除屈指可数的国庙、家庙和纪念性的文庙（或称为“村庙”）外，90%以上的文庙都属于庙学。除官学可称为庙学或学庙外，宋之后各朝代部分书院诸如岳麓书院、白鹿洞书院、嵩阳书院等也存在“庙学合一”现象。因而，“一部‘庙学史’就近乎一

* 本文系2021年度全国教育科学规划课题（国家一般项目）“中国历代庙学史料搜集、整理与数据库建设研究”（BOA210051）的阶段性成果。

部‘中国学校史’”①。中国历史上的第一座主祀孔子的庙宇即曲阜孔庙是在孔子逝世后的第二年（前478）创建的，弟子为追慕恩师孔子，便奉其居室为庙。三百年后，史学家司马迁前去考察时，还依然能看到庙内孔子所遗留下来的“衣冠琴车书”等物件。两汉以后，统治者为思想、伦理一统所需，不仅定儒术于一尊，还“因庙设学”或“因学设庙”或学庙同设等，逐渐形成儒学发展史上独特的“庙学合一”制度。科举作为封建时代人才选拔的重要方式，同样是官方或国家意识形态的集中体现。这样，庙学要为科举输送优质考生，科举选才标准又深刻影响着庙学教学，庙学与科举就在趋同的政治基础和价值导向下得以融合促动，但在宋以后的王朝初期也会表现出此消彼长倾向。剖析庙学与科举的融合促动机制及实践路径，可以更好地把握庙学与科举文化的内涵、功能及价值，以展示中国教育文化的多元性与关联性，更好地揭示中国教育发展的历史规律和内在联系。

一、庙学与科举借助建筑组合实现空间融合

依建筑形态学理论，建筑空间不只是各种建筑要素所构成的内部与外部空间的统称，而且还被赋予了特殊的精神和物质文化及功能。而无论是庙学用房，还是科举类的号房、执事楼以及主文运神明的文昌阁、魁星楼等作为被屋化了的儒学类建筑，也都毫不例外，不仅各自赋有特殊的功能和价值，更是借助建筑组合而实现彼此的空间融合，这也是二者走向融合而不可或缺的物质基础。

（一）傍依庙学而生的科举空间

科举制度自隋朝开考，唐宋时期日益制度化，至明清时达到鼎盛和完备，形成童试（生员或秀才）→乡试（举人）→会试（贡士）→殿试（进士）这一基本科

---

① 赵国权、周洪宇：《庙学及庙学学、庙学史的学科归属与建构》，《宁波大学学报（教育科学版）》2021年第1期。

考程序。因考试层次不同，特定的考试场所也不同。童试亦即初试，为科举考试中最基础的入门考试，也是童生取得官学生员资格进入庙学修习的入学考试。参加童试者要经过县试、府试、院试三场考试。对考场的选定，政府一般不做强制规定，考虑到对场地的特别需求及财力状况，利用现有校舍组织考试则是最好的选择，因而一般都会将考场设在府、州、县庙学之内，有的书院还设有考棚，个别地方也会利用县衙或寺庙来进行考试。于是，各地"号房"便应运而生，既是考生白天答题场所，又是考生晚上休息之处。如据《临安府志》及《新纂云南通志》所载，云南建水文庙旁就建有提督学政负责管理的考棚，为云南学政所设滇南临安（今建水）、元江、开化（今文山）、普洱四府的院试考场，始建于明洪武二十二年（1389），清同治三年（1864）"移建于黉宫之右"。考棚坐北朝南，共六进院落，第三进院落中设东西号棚各 9 间，内有用木板隔成考试用的单人号舍，每个号舍长 4 尺、宽 1 尺、高 8 尺，白天用来考试，晚上供考生休息。位于江苏无锡的江阴文庙，明正德二年（1507）知县刘纮也建造了专供科考的号房，立于文庙时习斋、日新斋的左右翼。又如河南漯河的郾城文庙也建有号房，据民国《郾城县记》载："明嘉靖之时，县丞段续增修学舍至七十六楹，见于赵应式所为碑，其视之，曷尝不重即傅志之，所谓旧左右号房。"①在杨邦梁纂修的《嘉靖郾城县志》凡例中，附有一张郾城庙学图，可以清晰地看到在中轴线上的启圣祠两侧，各建有两幢"号房"，且排列有序，既相对独立又与庙学空间融为一体，相得益彰。有的文庙除设有号房外，还建有供监考官办公和休息的场所即"执事楼"，如河南平顶山的郏县文庙，亦曾是"县试"场地。据《郏县教育志》载："圣庙即孔庙，又称文庙，是供奉孔子每年祭祀的地方，历代诸贤的牌位均放于此。亦是招纳生员（即秀才）习道求经的场所，也称文考场。"②故在文庙左侧建有一幢供"县试"监考官办公和休息的"执事楼"，至今仍矗立在旧"儒学署"院内。

对主管文运的文昌、魁星崇拜在两汉时就已有之，开科取士后便与科举结

---

① 陈金台纂辑：《郾城县志》，民国二十三年刊本，第 204 页。

② 郏县教育志编委会编：《郏县教育志》，郑州：中州古籍出版社，1993 年，第 80 页。

缘，成为科考生员的庇护神。各地庙学附近的文昌阁、魁星楼、文魁楼等，便是由科举衍生出来的祭拜文昌、魁星的场所。“文昌”本为星名，共六星，分别有不同职能。《晋书・天文上》云：“文昌六星，在北斗魁前，天之六府也，主集计天道。一曰上将，大将军建威武。二曰次将，尚书正左右。三曰贵相，太常理文绪。四曰司禄、司中，司隶赏功进。五曰司命、司怪，太史主灭咎。六曰司寇，大理佐理宝。”①后来随着民间诉求和信仰的变化，文昌星神逐渐变成专职“司禄”的神，掌管人间的功名禄位。文昌被封为帝君，或称梓潼帝君，则始于元仁宗延祐三年（1316）封梓潼神张亚子为“辅元开化文昌司禄宏仁帝君”。魁星原为古代天文学中二十八星宿之一“奎星”的俗称，指北斗七星的前四星，后把“奎”化为“魁”，谓“魁星点斗”，道教尊其为主宰文运的神。相传魁星原型为唐朝人，相貌丑陋，屡试不中②，愤而投江，幸被神鳌救起，化名为魁。文昌帝君器重他，便交给他执掌人间科举功名的生杀大权，成为文昌帝君的替行执法者。随着科举制度的发展，文昌、魁星崇拜作为传统文化信仰的存在方式愈加巩固，各地广建文昌、魁星类建筑，每逢科考，儒生们都会在此祭拜许愿，寄托考取功名、步入仕途的美好期望。尤其是，凡是有庙学的地方，其附近大都会有文昌、魁星类建筑的存在。如清乾隆《重修襄垣县志》所载，山西襄垣县的“文昌祠在文庙东南隅”“魁星楼在南城上楼东”③。从志书所载《文庙图》，也可以看出襄垣文庙右为县学，左为书院，可谓一庙两学。文庙之东南为文昌祠，祠之后为魁星楼。这样，襄垣一地的县学、文庙、书院就与文昌祠、魁星楼组合在一起，构成一个独特的教化活动空间和场域，这是对庙学与科举融合的最好见证和诠释。

---

① 房玄龄等：《晋书》，北京：中华书局，1974年，第291页。

② 还有一种说法是，魁星聪明过人，顺利通过乡试和会试。到殿试时，皇帝见其相貌丑陋、腿有残疾，便问面部麻子和腿残是怎么回事，他接连机智风趣地回答说“麻面映天象，捧摘星斗”“一脚跳龙门，独占鳌头”。皇帝又问天下文章谁最好，他说：“天下文章属吾县，吾县文章属吾乡，吾乡文章属舍弟，舍弟请我改文章。”当皇帝看完他的考试文章后，惊叹说道“不愧天下第一”，便点为状元，民间逐渐演绎为魁星而得以崇拜。

③ 李廷芳修，陈于廷纂：《重修襄垣县志》，清乾隆四十七年刻本，第223页。

（二）庙学空间蕴含丰富的科举元素

对庙学空间来说，一般由祭祀空间、教学空间、生活空间三部分构成。祭祀空间以大成殿为核心，由棂星门、泮池、戟门、东西庑、大成殿、崇圣祠、名宦祠、乡贤祠等建筑来组成；教学空间以明伦堂为核心，由明伦堂、敬一亭、东西斋、尊经阁、射圃等建筑来组成；生活空间大多为教谕宅、训导宅、乐器库、神厨、宰牲堂等系列设施。自科举创立以后，庙学的每一处建筑空间，大至单体建筑，小至雕塑图案，大都渗透着科举元素或有着丰富的科举寓意。

就拿庙学选址及建筑来说，庙学的坐落方位受八卦、五行、四灵、山水、地形等众多因素的影响，一般都会选在城市的东面或东南方向，这两个方位都生气旺盛，为生财生水的最佳方位，庙学建于此可助文运昌隆，人才辈出，诚然也有科考高中之意。学宫前所凿泮池有振兴学业之意，泮池有半圆、椭圆、扇形、月牙形、长方形等多种形状，上有拱桥连通，称之为“泮桥”。按照礼俗，生员秀才入学第一天，会在地方官的带领下绕泮池一周，然后进入庙学谒孔和拜师，称之为“游泮”。泮桥在平时是封闭的，唯有考中的状元才可以从桥上通过，故又称“状元桥”，有的地方也称“登瀛桥”“登云桥”，意味着平步青云、一步登天。可见，泮池、泮桥所体现出的礼制，蕴含着鼓励学子跳跃龙门的殷殷之情。而云南建水文庙的泮池则是一处不规则的大池塘，以乐思亭为界分为上下两塘，分别种植红莲和白莲，寓意“连连高中”。有的庙学泮池内种植有水芹，要求学子“游泮”后或高中进士过桥前先采芹，插到帽檐上以示文才和文雅，再入大成门拜孔。如河南的襄城县文庙，《襄城县志》载有《凿泮池》一诗，曰：“宾兴四蹇泮方开，嬴浔环观次第来。芹草翠浮藏水窟，杏花红润讲经台。蛟游自是腾高汉，虹驾何曾着点埃。多少调元廊庙客，都从此地育真才。”[①]除此之外，庙学建筑物上的雕刻描绘也带有浓浓的科举色彩，如牌坊、大成门、大成殿上多装饰有“封侯拜相”“鲤跃龙门”“蟾宫折桂”“月中折

---

① 林鸾纂修：《嘉靖襄城县志》，明嘉靖三十年刻本，第 202–203 页。

桂”等图案，有的泮桥柱头雕龙，寓意学子只有不断努力才能跳过龙门，等等。

而庙学内的教学建筑，如明伦堂既是庙学师生讲学论道的场所，又是生员为正式科举考试备考的神圣讲堂，甚至还会成为边远或边陲小县的县试“号房”。而尊经阁便是收藏与教学、科举应试相关书籍的场所。据《乾隆池州府志》载，明洪武间颁经书于天下学校，“诏所在举经明行修之士，府县礼送京师，开科先之以经书义。上下千百年，易代数十氏，教育选举之法靡不以经。朝之主司以此绳士，家之长老以训其后人。”①故明初府、州、县在建庙学时，无不置尊经阁藏经书于其中，以供学子研读备考之用。

尤其是，各级庙学不仅收藏教学及科举用书，还会组织刻印教学及科举书籍。早在北宋时，包括国子监在内的各级庙学就开始刻印书籍，如翰林侍读学士、判国子监孙奭曾奏称：“诸科举人，惟明法一科《律文》及《疏》未有印本，是致举人难得真本习读，乞令校定镂版颁行。”②于是，宋仁宗诏令国子监直讲杨安国等人校勘，判国子监孙奭等人校正，历时三年刊印完工。南宋时的严州郡学刻印学者袁枢依据司马光的《资治通鉴》而编著的《通鉴纪事本末》42 卷，一度成为士人应考的必读之书。至明清时，“四书”“五经”及“性理”方面的书籍，既是科举考试出题的依据，又是在学生员及科考士子必读之书，自然也是各级庙学刻印翻印的重点书籍。诚如《书林清话》所言：“明时官刻书，推南、北京监本为最盛。……其胪举内府部院及直省司府州学所刻书，乃知当时刻书成为一种例事。”③清朝各级官学秉承前朝官学刻书传统，如《十三经注疏》除监本外，还有“江西南昌学官本”等，旨在服务于教学和科举考试。

二、庙学与科举借助教学活动实现互动

活动是互动的重要载体，只有在活动中才能使各主体充分地参与互动，也才能彰显出彼此互动的效果。科举是一项“选才”活动，庙学则是一项“育才”

---

① 刘权之修，张士范纂：《乾隆池州府志》，清乾隆四十三年刊本，第 1110 页。

② 徐松辑：《宋会要辑稿》，北京：中华书局，1957 年，第 2233 页。

③ 叶德辉：《书林清话》，长沙：岳麓书社，1999 年，第 97 页。

活动。科举创立以来的试题范围、出题类型、判卷依据、中榜待遇等各项规定便逐渐渗入到庙学的教学活动之中，深刻地、潜移默化地影响着庙学的学官及学生管理、教学内容、教学方法等各教学环节，以确保能培养出高质量生员，以供朝廷选才及社会治理所用。

（一）学官选拔多以科举出身为前提

隋唐之前的学官选拔除强调德、才外，还讲究考试与出身，诸如汉代太学弟子考试为“丙科”等次者可为“郡文学”，如通过察举“试策”，则更有机会任官学教职。如《汉书》所载公孙弘对策时，“对者百余人，太常奏弘第居下。策奏，天子擢弘对为第一，召入见，容貌甚丽，拜为博士”①。隋唐开科取士以后，庙学学官的选拔逐渐以科举出身为导向。宋神宗元丰七年（1084）就已确立比较完善的中央和地方官学教师选拔考试制度，所谓“立法试学官，上等注博士，下等注正、录，愿就教授者听”②。至宋熙宁六年（1073），明确要求州县学的学官需由科举出身，即“诸路学官并委中书选京朝官、选人或举人充。又诏诸路择举人最多州军，依五路法，各置教授一员；委国子监询考通经品官，及新及第出身进士，可为诸路学官，即具所著事业以闻。”③不仅如此，还将在学生员的科考及第情况作为对学官考核的一项重要标准，如宋仁宗庆历四年（1044）规定，对州县学教官三年进行一次考核，如“三年无私过，本处具教授人数并本人履业事状以闻，当议特与推恩。内有因本学应举及第人多处，亦与等第酬赏”④。

明清时期同样重视对各级庙学教官的选拔，且采用科举的办法来出题考试。如国子监对学正、学录的选拔，考试内容为“四书制义”“经史策问”各一道”，根据文理是否优通而酌量录用。而对教官出身的规定如同宋制，如明代国子祭酒要求需由进士出身，学正、学录需是进士出身，或举人、贡生出身

---

① 班固：《汉书》，北京：中华书局，1964 年，第 2617 页。
② 徐松辑：《宋会要辑稿》，北京：中华书局，1957 年，第 2195 页。
③ 李焘：《续资治通鉴长编》，北京：中华书局，1995 年，第 5919 页。
④ 徐松辑：《宋会要辑稿》，北京：中华书局，1957 年，第 2189 页。

等。这样，在明代国子监的所有教职员中，“进士出身者为293人，约占总人数的55%；举人出身者为173人，约占总人数的32%；杂贡出身者为11人，约占总人数的20%”①。明代地方官学的学官中，也大多是举人出身，且不许“告免”。②

（二）庙学肩负为科举输送优质考生之重任

各级庙学都制定有一系列的生员管理制度，且多以应试科举为“风向标”，源源不断地为科举输送着优质考生，这也是科举时代各级官学教育的重要使命所在。如唐朝时，有资格参加科举考试的考生有两种：一是“生徒”，即指在学生员；二是“乡贡”，即社会上考生，由地方官员来推荐报考。就“生徒”来说，对国子生的毕业试相当于获取参加科举的资格考试，“其试法皆依考功”，诸如有帖经、口试、时务策等内容，考试合格后，祭酒会将名册报送礼部，定期参加礼部试；对地方官学生来说，可投牒自举，经县、州两级考试合格后，便可获取参加尚书省礼部所主持的“省试”资格。清朝又首创了一种“童试”制度，是为清代科举考试的第一步，也称之为“初试”或选拔性考试，通过童试的儒生便是“秀才”，成为“秀才”后就可以进入各级庙学为生员，入学后一边读书学习，一边等待科考机会。待“乡试”来临，他们还要再通过考试来获取乡试的资格。

除庙学生员外，部分“庙学化”的书院自元朝起也有科举名额的分配，明天启二年（1622），李应升应邀主持白鹿洞书院教事，并上书要求增加白鹿洞书院的科举名额。他在《申议洞学科举详文》中说：“查吉安白鹭书院，科举四十二人，衡其实，恐不让才；循其名，何绝相远！……伏乞俯将鹿洞遗才，照白鹭书院事例，先期另考，额为十名。”③可见当时，地方政府给书院的乡试名额还是比较多的，李应升的上书请求也得到主管官员的批准，所谓“允洞生科

① 陈宝良：《明代学官制度探析》，《社会科学辑刊》1994年第3期。

② 陈宝良：《明代学官制度探析》，《社会科学辑刊》1994年第3期。

③ 毛德琦纂、周兆兰重修：《白鹿洞书院志》19卷，清乾隆六十年补修本，第539页。

举八名，仍先遗才另考，定为永例”[1]。此举被史学界称之为“洞学科举”，意味着书院逐渐成为培养科考人员的重要阵地。

（三）庙学教学以科考内容与方式为“风向标”

科举制从隋唐至清末，在尊孔崇儒政策的引领下，通过官方组织编撰刊印《五经正义》《三经新义》《四书大全》《五经大全》等经学读本，使得科考内容与庙学教学内容呈现出高度的一致性，或者说庙学教学内容深受科举考试科目及内容的影响，科举考试的出题范围就是庙学教学的主要内容。如唐朝文举常设的科目有秀才、明经、进士、明法、明书、明算等，每科目的考试内容虽有所不同，但与之相对应的庙学教学内容却相同或相近。如明经科、进士科要考《论语》《孝经》《左传》《礼记》《周礼》《仪礼》《毛诗》《尚书》《公羊》《穀梁》等经书，与庙学教学内容不无二致。唐初为统一思想和整顿经学，唐太宗曾下令由国子监祭酒孔颖达主持，对儒家经典《诗》《书》《礼》《易》《春秋》五部经书逐一义疏，编撰成《五经正义》，又经中书、门下与国子三馆博士加以考证增损，然后刊印颁行全国，作为科举考试的权威读物，也自然成为各级庙学的教学用书。

经过宋初的三次兴学，庙学与科举的关系更加密切。为统一经义和教材内容，就在熙宁四年（1071），王安石亲自主持修撰《三经新义》，成书后不仅颁于各级庙学以为法定教材，还成为科考必备、必读之书，庙学教学内容与科举考试内容越来越趋于一致。甚至从北宋熙宁年间到南宋宝庆年间，经术、诗赋、论策既是科考内容又是庙学教学内容，达到几乎完全趋同的程度。宋之后，庙学与科举的融合度进一步加深，元仁宗皇庆二年（1313）就将“四书五经”作为科举必考内容，明清时期《四书大全》《五经大全》《性理大全》等注疏的权威地位进一步强化，成为科举考试与庙学教学的主要教本。

与此同时，庙学对教学及考核方法的选择也多以科举为“风向标”，以科举考试方法为是从。唐代科举考试的方法主要有帖经、墨义、口试、策问、诗

---

① 李梦阳等：《白鹿洞书院古志》，北京：中华书局，1995年，第824页。

赋五种。帖经是各科考试中普遍运用的一种方法，《旧唐书·文宗纪下》所载进士科考试"先试帖经，并略问大义，取经义精通者放及第"①。出"帖经"题者，从经书中随便抽出一句话，然后将其中几个字用纸帖盖，要求考生将句子补充完整，类似今日的填空题考试；墨义是指对经义的笔试问答，考生按试题要求叙述经典中相关事实与大义；口试指口头回答关于经文内容的小问答题。帖经、墨义和口试都偏重考查考生的记诵能力，只要熟读熟记经文和注释就能作答出来。策问指以经义或政事等设问，要求考生解答，侧重考查考生在熟记经文和注释的基础上发表评论，提出解决问题的策略。正是科举对熟记经文和注释的考核，庙学教学也以此为导向，注重引导学生熟练诵读，并按照科举考试方法来考试学生。如国子监的毕业考试分三场进行，考"明经科"者试帖经、口试、策经义，欲"进士科"者试帖一中经、试杂文、策时务政事等。国子监生通过毕业考试后，就可获得礼部"省试"的资格，实际上等同于州县的"解试"。地方庙学更是如此，读经、试经已成为常态。如明清时期的湖南宁远文庙，每日清晨由教谕在讲堂为诸生讲经，训导率诸生于各斋诵读，晚上由诸生进行自我诵读，以达到熟练背诵经书之目的；每逢月考、季课，不是考《四书》文就是考《五经》义。上海文庙的学官，在每日课程中先讲读经书后再让学生背诵，或者是先让学生背诵后再讲读经书，还要求学生每字每句都要背诵正确，旨在应对科举考试所需。

尤其是明清时期盛行的八股取士制度，对各级庙学教学的影响更为突出。明朝学者沈长卿曾在《沈氏日旦》中称："言下之人，所以应科目者如此，自考儒童做秀才、补廪选贡中举人、中进士全凭八股时文。"②庙学按部就班地对生员进行有针对性的八股文写作训练，甚至将写得好的八股文汇集成册，作为范文供生员们传阅效仿。可以说，从科举创立至清末科举被废，庙学的教学方式方法多是围绕科举考试方式方法而定的，在一定程度上表明科举制度就像指挥棒一样在左右着庙学教育。

---

① 刘昫等：《旧唐书》，北京：中华书局，1975 年，第 551 页。
② 沈长卿：《沈氏日旦》，明崇祯刻本，第 221 页。

三、庙学与科举借助仪式融为一体

在“庙堂”及“学堂”之上，通过设置一定的礼仪场景或情景，或者说通过举办进学礼、宾兴礼及科贡题名活动等礼仪活动，让在学生员和应考生员置身其内，在先贤先儒及德高望重的学官面前，必然会“观感奋兴，肃然生其敬畏之心，油然动其效法之念”①，如此心灵般的洗礼无疑会收到立竿见影的效果，这也是庙学与科举融合机制的另一番有效书写。

（一）开启学业的进学礼

进学礼，又名“入泮礼”，是古代为州县考试中秀才的童生们入庙学做生员时举行的入学典礼，与成人礼、婚礼、葬礼一起被视为人生四大礼。据史料所载，进学礼是一个相当隆重的典礼，其流程大致为：正衣冠→跨泮池→拜孔子→拜先生→净手→朱砂启智等。古人很重视“衣冠”整洁，朱熹在《童蒙须知》中曾言：“夫童蒙之学，始于衣服冠履。”又“大抵为人，先要身体端整，自冠巾衣服鞋袜，皆须收拾爱护，常令洁净整齐。”②将“正衣冠”列为进学礼的第一道程序，不仅是参加仪式所必须，也是尊师重道之情的一种表达。诸生员整理好衣冠后，在地方官员的带领下跨过泮池，穿过大成门来到大成殿行拜孔礼，立下学做圣人、经世济民之大志，以修身齐家治国平天下为己任。接着进入学堂行拜师礼，行礼之后，诸生员要向先生赠送芹菜、莲子、红豆、大枣、桂圆和束脩六种礼品，每一样礼品都蕴含着学子们的求学志向和应考心愿，诸如：芹菜，寓意为勤奋好学；莲子，寓意为苦心受教；红豆，寓意为鸿运高照；大枣，寓意为早早高中，榜上有名；桂圆，寓意为功德圆满；束脩，用以表达弟子虔诚向学心意。先生收下礼品后，也会回赠弟子《论语》、葱、芹菜等礼物，寄托对诸生员早日完成学业及应举及第的美好祝愿。之后便是“盥洗

---

① 耿素丽、陈其泰：《历代文庙研究资料汇编》第8册，北京：国家图书馆出版社，2012年，第9页。

② 朱熹：《朱子全书》第13册，上海：上海古籍出版社，合肥：安徽教育出版社，2002年，第371页。

净手”，以祛除私心杂念，潜心受教学习。最后便是“朱砂启智”，有的称“朱砂开智”，先生手持蘸有朱砂的毛笔在弟子的眉心点一个“痣”，“痣”与“智”同音，寓意开启智慧、一点就通。

“进学礼”在各地方志中多有记载，且各地做法略有不同。如《乾隆广德州志》就记载有安徽广德州（今广德市）文庙举办的“进学礼”盛况，整个活动大致分为四个环节：第一，官府设宴、给花红奖赏诸生员。地方官会提前挑选一个良辰吉日在官署内的会堂来举办宴会，届时，诸生和知州将身着规定的服装入场并行礼，所谓“届期，诸生之父兄敬具书启请于知州，知州蟒袍补服出堂，诸生俱雀顶公服，北面三揖。候唱名给花红，给遍，东西分列饮酒。酒三巡，北面四拜。拜毕，诸生仍分东西对向，三揖”。第二，拜先圣先师。知州带领诸生走出衙门，来到大成殿前的丹墀下拜先圣先师，“行三跪九叩首礼”。第三，行拜师礼。拜过先圣先师后，知州带领诸生员前往明伦堂行交接礼和拜师礼，“既至，知州让教职西向，已东向，行交拜礼。教职复让州守西向，已东向，礼如前。诸生乃北面谒师，四拜毕，拜谢知州，先出。诸生之父兄乃向教职行拜谢礼，又向知州行拜谢礼”。第四，宴请官师。行完所有礼仪，由诸生父兄出面宴请知州和庙学教师，即“陈设酒筵，丹墀下优人奏曲。俟撤馔，各三揖。教职及诸生之父兄送知州出庠门，诸生之父兄又送教职回署，于是各退”①。整个活动仪式感十足，且紧张不失有序，隆重而又热烈，对诸生来说也是一次记忆深刻的入学教育。

（二）礼敬科考生员的宾兴礼

宾兴礼，最早可追溯到西周时期对被举荐到国学深造的乡学生的宴请之礼，至汉朝发展为“宾兴贤能”的乡饮酒礼。科举制度诞生后，乡饮酒礼被用于宴请和欢送科考生员，直到明洪武十六年（1383）宾兴礼才从乡饮酒礼中脱离出来，成为科考的一种专属之礼，由官府取代庙学举办之，举办地亦由庙学转移至官府公堂，只是参加人员无多大变化而已。从各地方志、学者文集所载

---

① 胡文銓修，周应业纂：《乾隆广德州志》，清乾隆五十九年刊本，第1307-1308页。

情况来看，有为参加乡试、会试、殿试的考生而举办的送考礼，有为新科举人、贡士和进士而举办的迎接礼，各地礼制大同小异。相比较而言，举办送考礼的情况不仅普遍，且流程严谨，气氛热烈，大致分为宴会→演剧(或拜魁星)→簪花→折桂→过桥→发放花红旅费卷资→送别等几个环节，既是统治者劝民重教、讽勉在学生员的一种重要方式，也是对考生能够科考高中的美好祝愿，如：优伶扮作嫦娥为考生簪花和赠桂枝，表达对考生高中五魁的美好祝愿；拜魁星、过桥，是希望考生能够在魁星保佑下越过龙门；发放花红旅费卷资等，主是对考生在赶考费用上的支持，不至于有些考生因家庭困难而放弃科考入仕的大好机会，诚然也是一种鼓励。

乾隆《雅州府志》对四川雅州(即今之雅安)府县地方官为本地科举考生举行"宾兴礼"的情况记载甚详。在考生赶考前，各府县针对仪式会进行一系列的前期准备工作，如挑选良辰吉日、对科考诸生发放请帖、装扮府堂、扎月宫桥、邀请优伶扮嫦娥烘托气氛等。届时，府县官员会设宴席，安排优伶表演款待诸生，所谓"届期，诸生齐集仪门外，开门延入，四筵设席，安席行礼。诸生答礼，就坐。优人陈戏"。宴毕，诸生过月桥，优伶装扮的嫦娥会为诸生簪花、敬酒并赠桂枝，之后"开中门，全副执事送行。交于关外，治酒，各敬三杯而去"。[①] 也有在庙学举办宾兴礼的情况，如江苏荆溪县庙学的"宾兴"礼，据《光绪宜兴荆溪县志》载，在乡试之前，知县及主管文教的官员会选择吉日，安排属吏各执其事。是日，"于学之明伦堂设宴，举子列坐于上，县令、校官设坐于下，北向，酒行，演乐。乐阕而散，拜至拜散，厥仪甚肃"[②]。可见，宴席上"举子"的座位在县令、校官之上，表明"举子"是宴会上的主角，应该受到礼敬和尊重。与此同时，还会"张彩坊于甬道，题曰'龙门'。士子由甬道龙门下出，亦谓之宾兴"。[③]

---

① 曹抡彬修，曹抡翰纂：《雅州府志》，清乾隆四年刊本，第597-598页。

② 施惠、钱志澄修，吴景墙等纂：《宜兴荆溪县新志》，清光绪八年刊本，第426页。

③ 施惠、钱志澄修，吴景墙等纂：《宜兴荆溪县新志》，清光绪八年刊本，第108页。

（三）讽励学子的科贡题名活动

科贡题名活动，即由政府组织，让科举中第者将自己的名字题写下来，然后由工匠刻碑立石，立于学宫或文庙之内，借以劝民重教兴学、讽励学子。此项活动最早可追溯到唐代的“雁塔题名”，雁塔即现西安慈恩寺内的大雁塔，最初是新科进士自主行为，后演变为集体行为。据《唐国史补》卷下载：“既捷，列书其姓名于慈恩寺塔，谓之题名会。”①当时，新科进士及第后，会集体来到大雁塔下，先在一张方格纸上书写自己的姓名、籍贯和及第时间，还会推举其中善书者作文一篇记此盛事，然后将这些信息刻在大雁塔的石砖上，以青史留名。宋承唐制，如学者高承在《事物纪原》中所称，“进士中第，必赐名于桂籍堂”②。桂籍堂位于东京城内大相国寺的罗汉院，同样是在佛门圣地。

宋之后的进士题名立碑活动，都会选择在各级庙学中来进行，可分为两种情况：一是国家行为，由中央政府有关部门组织实施进士题名，刻碑立于京师庙学之内，元明清三代几乎都是在北京的国子监孔庙内来进行的，目前可看到的元明清时期的进士题名碑有 198 座，其中元代 3 座、明代 77 座、清代 118 座，记载着于谦、袁崇焕、林则徐、张謇等 51624 名进士的姓名、籍贯以及名次；二是地方行为，由地方政府及文教机构组织实施，不仅有殿试钦点的进士题名，还有中会试的贡士和中乡试的举人题名等，刻碑立于府州县各级庙学之内，且有学者作记刻石为证，诸如：南宁文庙的《南宁府学科第题名碑》、郑州文庙的《郑州学历科题名记》《郑州学历年贡士题名记》、襄城县文庙的《重修襄城儒学科目题名记》《襄城儒学岁贡题名记》等。由官方组织题名刻石的目的也非常明确，诚如明代赐进士及第、翰林侍讲、承直郎、同修国史兼经筵官程敏政在《郑州学历科题名记》中所言：“砻石于学，题科目之士之名，以风郑人。”③明代理学家王尚絅在为郏县文庙所作的《建题名塔记》中亦称：为科贡之人刻碑立石“树于堂下，左者书科，右者书贡。诸士昕夕陟降目睹，将不有劝

① 李肇：《唐国史补》，影印文渊阁四库全书第 1035 册，台北：台湾商务印书馆，1983 年，第 444 页。
② 高承：《事物纪原》，影印文渊阁四库全书第 920 册，台北：台湾商务印书馆，1983 年，第 93 页。
③ 徐恕修，王继洛纂：《嘉靖郑州志》，明嘉靖间刊本，第 212 页。

惩之道耶。”①

总之，庙学与科举的融合是统治者“治国平天下”意图的集中体现，是政教一统、夯实统治基础的重要实践，是重教兴学、教化民众、讽励学子的重要手段，因而备受各级官员的高度重视。文庙、官学与科举，这三种不同性质的活动主体，在趋同的价值导向下走在一起，从建筑布局、教育教学到各种礼仪活动，形成一个相互支撑、相互促动的“庙学举共同体”，成为中国封建社会中后期一道独特的教育文化景观。尤其是“庙学举共同体”形成后，历朝历科中榜者大部分都曾在各级庙学中苦苦求学过，如始建于唐大中二年(848)的河北定州文庙，曾培养出进士 40 人(其中唐朝 9 人、宋朝 1 人、金朝 5 人、明朝 16 人、清朝 9 人)、举人 123 人(其中明朝 66 人、清朝 57 人)，为国子监输送贡生达 368 人(其中明朝 188 人、清朝 180 人)。② 又如宋仁宗景祐二年(1035)范仲淹创建的苏州文庙，明、清两朝分别走出状元 89 人、29 人，为江南各府州县之最。③ 从庙学中走出来的这些举人及进士，在不同的领域里各领风骚，在社会各行各业中奉献着自己的智慧和力量，彰显着庙学与科举融合的非凡价值，书写着“庙学举”融合促动的辉煌篇章。诚然，在庙学与科举融合促动的同时，也使得庙学失去应有的办学主体性，几乎成为科举制度的附属物而备受科举这根“指挥棒”所左右。因而，当近代朝野上下一致呼吁兴办新式学堂时，科举制度也便成为办理新式学堂的最大障碍，最终难逃被废之命运，文庙也同时退出学校教育的舞台而成为单纯的祭祀场所。“庙学举共同体”虽至此瓦解，但其所遗留下来的物质及精神财富，都值得我们珍惜、探究及借鉴。

(作者：赵国权，教育学博士，信阳学院特聘教授，中国庙学研究中心主任；张亚美，教育学硕士，乌鲁木齐市第六十中学)

① 姜麓原本，张熙瑞续修：《同治郏县志》，民国二十一年刊本，第 702-704 页。
② 定州市档案局编：《直隶定州志》，北京：九州出版社，2016 年，第 1-15 页。
③ 范金民：《明清江南进士数量、地域分布及其特色分析》，《南京大学学报(哲社版)》1997 年第2 期。

The Mechanism and Practical Path of Promoting the Integration of Temple Studies and the Imperial Examination

Zhao Guoquan　Zhang Yamei

Abstract: Confucian temple is a place of official education in the feudal era, and the imperial examination is a way to select talents in the feudal era, the two different systems are connected in the Sui and Tang dynasties, based on the value-oriented convergence and integration. In terms of architectural space, Confucian temples were often used as places for the imperial examinations. In addition to having relatively independent spaces such as the examination hall, the office building and the Wenchang Pavilion, the rituals and teaching spaces of Confucian temples also had obvious traces of imperial examinations, concealing rich implications of imperial examinations; in terms of educational and teaching activities, imperial examination elements penetrated into the management of school officers, students, teaching contents and teaching methods of Confucian temples; in terms of regular ceremony, the entrance ceremony, the Binxing ceremony and the activity of nominators' inscriptions held in the Confucian temples are the real presentation of the integration and promotion of Confucian temple and the imperial examination, which profoundly influence the values and social customs of the scholars and become an inseparable part of the excellent traditional culture.

Keyword: Confucian temples; imperial examinations; Confucius temples; integration and promotion

清代湘潭昭潭书院的经费来源与管理*

延淑煜　胡忆红

摘　要：清代昭潭书院是湖湘文化发展的重要见证者和参与者。其由湘潭官府组织创办，具有官方性质，但地方士绅、百姓的捐助也占有重要地位，在后来的发展中形成了以自身固有资产经营为主，地方官民捐助为辅的格局，具有地域性特色和时代特征。书院的开支主要用于书院的建造和修缮、脩金薪水及膏火奖励费，此外还有资助、祭祀、藏书等杂项。昭潭书院的资金管理和运营是在地方县府的监督之下，由地方共同推举出的士绅来进行管理并登记造册的，严密细致，公开透明。在充足经费的支撑下，昭潭书院与湘潭文庙一道延续着湘潭的文脉。

关键词：清代；昭潭书院；经费

书院作为一种教育组织形式，对中国文化教育事业产生过重要影响。随着近些年学术界对书院研究越来越重视，不少已经被遗忘在历史尘埃中的书院被发掘出来，地方政府和学术界纷纷对其进行重建和保护研究。在此背景下，昭潭书院再次走进人们的视野中。昭潭书院由地方官员主持修建，与湘潭文庙共同构成了湘潭完整的儒学教学体系。清代是昭潭书院的辉煌时期，王闿运、郭嵩焘等名流学士多聚集于此讲学论道，培养出了大量人才，在近代湖南历史上占据重要地位。目前学术界对书院的研究成果可谓充栋盈车，涉及书、学、

* 本文系湖南省社科基金一般项目“近代湖南县政研究”（21YBA122）阶段性成果。

祀、田四大制度及祭祀、经费、建筑的保护与利用①，但对地方性书院经费的运行状况关注不够。作为地方性书院，昭潭书院的资金来源及其管理具有地域性特色和时代特征，与湘潭地域社会的发展紧密相关。

一、昭潭书院的经费来源

书院是封建社会的教育组织机构和学术研究机构，诞生于唐玄宗时期，后经朱熹创制为特定的一种制度。昭潭书院是在义学的基础上创建起来的。“康熙五十九年，知县方伯创建义学于文庙之左。乾隆八年，知县李松捐赀纠阖邑绅士即义学旧址扩为书院，邑人张之溢等公捐基地。署知县鲍启泌、苏畅华先后捐助并建考棚”②。昭潭书院在清代辉煌一时，直到光绪二十八年（1902），由于科举式微，书院不再适应时代的发展，昭潭书院才被改为昭潭高等小学堂。纵观昭潭书院发展史，其是由湘潭官府组织创办，具有官方性质，但观其资金来源，地方士绅、百姓的捐助也占有重要地位，呈现出官民合办的特色。

（一）清代地方官府经费投入

清朝建立以后，从政治到思想学术上的控制都十分严格，书院教育呈现出官学化趋势。“清廷对书院采取的基本上是积极控制和大力整顿政策。通过各级地方官员对书院山长的任聘，定期考核，生徒的选录和考课等措施使书院的发展处处受到官府的钳制，加强了书院的官学化”③。地方官员或出于职责，或为名利，或为其信奉的道统，扶持所任地方的书院发展。其最常见的手段就

---

① 如钱蓉的《清代学田来源试析》详细介绍了清代书院学田来源的主要方式。（《清代学田来源试析》，《清史研究》，1998 年第 4 期）李才栋的《清代书院经济来源变化及其意义》从经济视角研究清代书院经济来源的变化发展。（《清代书院经济来源变化及其意义》，《江西教育学院学报》（社会科学），1999 年第 2 期）陈明利的《唐至清代闽台书院藏书研究》详细分析研究了唐朝至清代闽台地区书院的藏书情况及书院的藏书功能。（《唐至清代闽台书院藏书研究》，博士学位论文，福建师范大学，2019 年）王乐婷的《德育视野下的古代书院祭祀仪式研究》从一个全新的视角去研究古代书院的祭祀仪式等。（《德育视野下的古代书院祭祀仪式研究》，硕士学位论文，南京大学，2019 年。）

② 嘉庆《湘潭县志》卷 11《学校四》，第 1 页。

③ 李国钧主编：《中国书院史》，长沙：湖南教育出版社，1994 年，第 782-783 页。

是拨公款、拨公田、捐俸。昭潭书院的经费来源较为广泛，地方官府的大力捐助是其重要来源。

1. **湖南省官府拨钱**

官办书院有省级拨款，昭潭书院作为地方官府主持修建的书院，得到湖南省官府的扶持。知县李松创建昭潭书院后，“湘潭阖邑绅士潘世晓等呈称，本邑士民原捐有义学田亩地名泉托巴托三望冲三处共田一百八十七亩，后拨入岳麓书院作膏火田。康熙五十九年(1720)经前令方伯详请，每年捐俸银三十两抵纳岳麓学租在案。今本邑绅士公建昭潭书院，集生童肄业具中，因膏火无资恐难支入，恳将三处田亩拨回本邑。书院仍照方令捐银之例，外增十两，其四十两，绅士公捐每年抵解岳麓书院学租。”①“乾隆九年(1744)七月，奉巡抚部院蒋批湘潭县学租应供该县书院之用。今因会城书院而令解省充用，原欠允协。若令官绅代捐更觉非体，现在岳麓书院本部院每年再暂捐银四十两，另侯酌项，拨用其潭邑之银，免其申解，仰布政司即转节遵照可也”。② 省官府拨钱数量不多，更多是象征意义，以示重视。

2. **地方官捐助银钱**

地方官捐助银钱主要用于书院的创建、屋舍修缮扩建以及置办桌椅、板凳等器具。乾隆八年，知县李松捐资，“纠阖邑绅士即义学旧址扩为书院”③。书院建成之后，继任知县鲍启泌、苏畅华先后捐助俸禄用于考棚建设，历时五年，始于乾隆八年，落成于乾隆十三年(1748)，“以为岁科县试童生之所”④。乾隆三十六年(1771)，知县罗宏漳捐俸修葺书院，“增构丽泽堂”⑤。昭潭书院基础建设离不开湘潭地方官府的捐助。

3. **地方官府拨给田亩**

学田经营是书院最主要的经费来源之一。据清代嘉庆《湘潭县志·学校五》记载，“昭潭书院在建立之初，将本邑无主之田上四都一甲地名石桥陇民

① 嘉庆《湘潭县志》卷11《学校》，第8页。
② 嘉庆《湘潭县志》卷11《学校》，第8页。
③ 乾隆《湘潭县志》卷8《学校》，第83页。
④ 嘉庆《湘潭县志》卷11《学校》，第1页。
⑤ 乾隆《湘潭县志》卷10《学校》，第34页。

田六十六亩拨给昭潭书院用作膏火田”①。这是地方官府将无主田亩转拨给书院用作日常开支之膏火费用。

除此之外，地方官府还会将其可控之田拨转书院以充学田。据载，湖南巡抚蒋溥曾将原归于岳麓书院和善化县学的部分学田拨还给昭潭书院，用以资助其发展。“六都四甲地名八托坪，一名巴托，民田五十亩，又金家屋场，民田八十二亩，又皂角塘民田四十二亩五分，其田一百七十四亩五分。添建庄屋三处，此田系邑人张之淳捐入义学，后拨入岳麓书院。康熙五十九年知县方伯详请拨回，岁解折租银三十两，至乾隆九年经湖南巡抚蒋溥批定永归昭潭书院以充膏火，并免折租。有案有碑，岁收租一百七十一石五斗。后加租三十石。”又载，“十一都六区地名三望冲长屯田三十亩，安塘一口，安坝大路边灞荒田坝注荫庄屋一所。此田系旧存义学田，后拨入善化县学。乾隆十年，经湖南巡抚蒋溥批定永归昭潭书院以充膏火，有碑，岁收租三十石，后减租三石”②。

乾隆九年李松建立书院之后，湘潭绅士潘世晓等人奏请将湘潭县捐给岳麓书院的泉托、巴托、三望冲三处学田拨回昭潭书院，湘潭县用公捐银两四十两抵作岳麓学租。湖南巡抚蒋溥批定三处学田永归昭潭书院所有。地方官府直接拨银钱和田亩成为了昭潭书院资金来源的主要方式之一。

（二）社会力量对书院的捐助

历代众多士绅热心书院事业，所折射的是一个社会阶层的文化心态。具体而言，其动机主要包括三个方面：（一）士人的文化理想；（二）对现实的关切；（三）确立自身身份认同的需要。③ 封建士绅大多秉持着“三不朽”的人生观。他们长期深受儒家思想的熏陶，“三不朽”的价值观深入他们的内心，时刻影响着他们的行为方式和处事原则。

湘潭由于水运条件极佳，在清朝实行海禁政策后，成为重要的商品贸易中

---

① 嘉庆《湘潭县志》卷11《学校》，第15页。
② 嘉庆《湘潭县志》卷11《学校》，第16页。
③ 肖永明，彭爱华：《士人对书院事业的推动及其动机探析》，《首都师范大学学报》（社会科学版）2006年第5期。

转站，富甲全省，财政赋税远远超出其他县。光绪《湘潭县志·货殖志》中载："自前明移县治以来，杨梅洲至小东门岸，帆樯檥集连二十里，廛市日增，蔚为都会，天下第一壮县也。"①湘潭士民富裕，崇文重教风气浓厚，士民热心书院事业，给予了昭潭书院有力的支持。

1. **地方士民捐助学田**

乾隆初年，书院学田仅有四百多亩。"赖鲍公启泌，苏公畅华次第完葺告竣，书院田亩仅四百有奇。"②乾隆三十八年(1773)，知县罗宏漳劝捐田亩银钱，湘潭阖邑绅士踊跃捐田，在此期间书院新增新置五百四十八亩学田。"十都一甲七区地名泉塘茶卫左五，屯田六亩，大小八丘，泉塘注荫屋场一所，纳租六石，邑人杨绍益捐；十都三甲四区地名法云庵，民田二十四亩，屋场一所，纳租二十四石，十都绅士公捐；八都四甲地名龙眼桥屯田十亩，纳租十石，铺地三间，邑人李永沧同男世采捐；九都六甲地名庞家洲屯田一十六亩五分，纳租一十六石五斗，邑人刘伯侯同男侄捐……以上乾隆三十八九四十年新捐新置共五百四十八亩，新旧田共九百六十三亩零。上十七都地名石潭田一亩纳租一石，园三所，乾隆四十五年(1780)唐用枢、熊文烈捐；上十七都地名檀树山，田七十亩纳租七十石，乾隆四十七年(1782)邑人王中瀚捐五十亩，王之屏捐二十亩。"③截至嘉庆年间，"历代学田虽变动转卖折兑，折减加赠为数不一，仍存膏火田一千余亩。"④

嘉庆年间，清朝中衰，社会变动，昭潭书院的学田也随之变动。"十二都七甲地名锦岭冲，民田十六亩，嘉庆十四年(1809)公买刘信智业，岁收租十六石；二都三甲地名青龙嘴，民田七十亩，嘉庆十九年(1814)六义众姓公捐，岁收租四十八石……以上续捐续置，现存书院膏火田一百九十亩，房屋地基二处。"⑤由于嘉庆年间的社会动荡，书院新捐新置的学田规模数量与前代相比并无较大的增长。

---

① 光绪《湘潭县志》卷11《货殖》，第1页。
② 光绪《湘潭县志》卷7《礼典》，第9页。
③ 嘉庆《湘潭县志》卷11《学校》，第16-17页。
④ 嘉庆《湘潭县志》卷11《学校》，第20页。
⑤ 嘉庆《湘潭县志》卷11《学校》，第21页。

湘潭地方士民捐田统计表

行政区划	地名	数量	捐田人	捐田时间	年收租	补充
六都三甲	颜家桥（罣子山）民田	七十八亩	邓殿益		七十石	水塘一口，衡托坝水注荫庄屋一所
十都一甲七区	泉塘（陶家冲长卫）屯田	六亩	杨绍益	乾隆十一年	三石	泉塘注荫屋场一所
十都十甲四区	法云庵（芒花塘）民田	二十四亩	本都众姓公捐		二十五石	庄屋一所
二都六甲	侯伯塘民田	三十一亩	公买尹璧业	乾隆三十七年	六十石	
	茶卫屯田	十三亩				
九都六甲	庞家洲长卫屯田	十六亩五分	刘伯侯同男侄	乾隆三十八年	十六石	
九都九甲	大塘卫屯田	十亩	马鹏起	乾隆三十八年		被水冲塞
九都九甲	杨溪埠民田	十亩	马公安	乾隆三十八年		被水冲塌
九都九甲	萧家嘴民田	十亩	马泰原	嘉庆七年	六石	
	民田	二亩五分	马达材杨廷	嘉庆七年		嘉庆七年变卖转买是田
九都九甲	老屋湾（下湖田）民田	十亩	马廷笏如皋等	乾隆三十八年	十石	
九都七甲	横塘民田	二十亩	唐民望	乾隆三十八年	二十石（后以田不足减租九石）	门首塘一口，横塘一口，下首塘一口，水坝一座，照分车放注荫庄屋一所
九都三甲	虾蟆塘民田	十一亩	李联五	乾隆三十八年	十四石	双江坝水注荫屋场一所
	长岭铺栗山嘴长卫屯田	四亩				
十三都五甲	小麦港屯田	十一亩	陈宗渭	乾隆三十八年	八石	

续表

行政区划	地名	数量	捐田人	捐田时间	年收租	补充
十都七甲	石灰冲民田	八亩	齐嘉谟	乾隆三十八年	二十石	
	又民田	八亩	齐锡瓒嘉行	乾隆三十九年		
	又民田	十亩	马克飞周英等	乾隆三十九年		
	又民田	四亩	齐锡瑜	乾隆四十年		
	又民田	三亩	公买齐锡瓒业			
十都三甲	文家坪民田	二十亩	郭世芝郭世芬	乾隆三十八年	十二石	龙骨湖水照分注荫庄屋一所
十二都八甲	四房冲(大屋坪)民田	七十亩	葛耕乐		五十石	以田不足，减作五十亩
十二都八甲	向家坝民田	三十二亩	袁维周公买		十八石	袁维周捐十六亩，公买维周业十六亩
	又屯田	五亩	变卖转买			变卖转买谭如斯原捐田
十六都七甲	蒜龙坪民田	十五亩	吴士棐胡继韶声九同	乾隆三十八年	十石	
上十七都六甲	火烧坪大栗山民田	一百三十九亩五分	公买周维桢业	乾隆三十八年	一百三十七石	
八都四甲	龙眼桥屯田	十亩	李永沧李世采	乾隆三十九年	十一石	铺地三间
十二都九甲	铁牛埠民田	十亩	周先政	乾隆三十九年	七石	塘水注荫荒基一所（田被水冲塌，现存田七亩）
八都一甲	甘家嘴田	三十亩	郭衡万郭世款郭泽奉		三十四石	

续表

行政区划	地名	数量	捐田人	捐田时间	年收租	补充
十六都三甲	曹家冲（龙船港）民田	十六亩五分	齐民钦孙安楚兄弟	乾隆三十九年	十六石五斗	庄屋一所之半，塘水注荫
十六都四甲	高沙垄昭陵滩民田	二十亩	宋学易父子	乾隆二十九年	十三石五斗	
九都一甲	继先门（旧志作老屋湾长卫屯田）	十亩	唐述先唐述鳌唐述琳	乾隆四十二年	十石	
十二都七甲	易家塘民田	三十七亩	公买郭赞周业	乾隆四十六年	三十七石	
上十七都	檀树山田	七十亩	王中瀚王之屏	乾隆四十七年	七十石	
上十七都	石潭田	一亩	唐用枢熊文烈		无租	园三所 田被水冲塌，嘉庆五年有案
八都三甲	腰塘（铁篱笆）屯田	六亩	彭自湘	乾隆四十年	六石	
一都八甲	七斗冲田	三亩	袁圣能同侄承烈等	乾隆四十二年	四石	
上五都二甲	斗米塘民田	十六亩	黎崇汉同婶母刘氏	乾隆五十六年	十六石	庄屋二所
上七都九甲	李家塘屯田	四十三亩	刘子授		三十七石	
	民田	二亩				
十二都七甲	锦岭冲民田	十六亩	公买刘信智业	嘉庆十四年	十六石	
二都三甲	青龙嘴民田	七十亩	六义众姓公捐	嘉庆十九年	四十八石	庄屋一所

资料来源：嘉庆《湘潭县志》卷十一《学校五》

由上表可知，从乾隆十一年（1746）开始，地方士民不断向昭潭书院捐学田。直至嘉庆年间，书院控制下的田亩数量达到了一千多亩。及同治年间，

“书院公田二千四十二亩余，岁收租二千一百石”。[①] 湘潭的地方士民的自发捐田是维系昭潭书院学田系统的重要保障。

2. **地方士民捐助银钱**

清代前中期，作为湖南地区的中心城市之一，湘潭的士绅阶层一直比较活跃，承担了各种地方公共事务的社会职能，如修桥铺路、修葺祠堂庙宇、救济灾民贫民等。[②] 清代湘潭士绅阶层势力的膨胀也促进了昭潭书院的建设发展。

昭潭书院的学田仅用来负担其日常膏火费用和日常必要支出已然捉襟见肘。每当书院需要翻新或扩建时，其自身的经费往往不足以支撑这种大规模的翻新扩建消耗，此时地方社会力量往往起着至关重要的作用。昭潭书院修葺资金往往是由募集得来的，其修葺资金的募集，一般是由一位或多位在本地颇具威望的人号召进行的。

昭潭书院建立之初，“邑人张之溢等公捐基地，前抵义学旧址，后抵围墙，左抵塘塍，右抵学地。”又载“考棚二十六间，桌凳四百张，监生李涝捐置”“书院田地铺基，系阖邑绅士公捐为延师及膏火之资。”[③]

乾隆二十六年(1761)，“焚字炉一在昭潭书院前，邑人王九仪、许希邵等建。一在三门市江岸，乾隆三十年(1765)，邑监生王锡翰捐资百金建。”[④]

乾隆四十五年，“邑人张祖椿捐通作屋旁火巷，张方举等捐助工费。”[⑤]

同治三年(1864)，“邑人袁教之等大修馆宇，募银几万两，工费九千余两……重修院舍。”[⑥]昭潭书院在各个历史时期的翻新扩建中，都可窥见地方社会力量的帮助。他们之中有深受道统熏陶的士人、开明的富绅以及湘潭地方的普通民众，他们有的捐出自己的田产或祖业，有的捐银捐钱，有的捐资购书以扩充昭潭书院的典藏书籍等等。

昭潭书院的资金大部分来源于其学田收租和地方社会力量及官员的捐助，

---

① 光绪《湘潭县志》卷7《礼典》，第10页。
② 胡忆红：《晚清湘潭县的官绅关系与义仓建设》，《学海》2012年第6期。
③ 乾隆《湘潭县志》卷10《学校》，第28页。
④ 嘉庆《湘潭县志》卷11《学校》，第22页。
⑤ 嘉庆《湘潭县志》卷11《学校》，第20页。
⑥ 光绪《湘潭县志》卷7《礼典》，第9页。

少部分来自政府捐助和房屋园圃的出租，由此可以说是地方社会力量成就了昭潭书院的辉煌。

（三）书院固有资产的运营

清代湘潭商品经济繁荣，各行各业都呈现出商业化的趋势。受商业化的影响，昭潭书院的经费运营方式呈现出商业化的特点，其运作方式主要有学田地租、店屋租金、存典生息三种。

1. 学田地租

学田是学校所拥有的用以维系学校各项开支的田亩财产，它为学校提供经济来源的通常形式是招人承租耕种，以收取地租来获得办学的各项经费。自昭潭书院建立以来，在朝廷大力发展书院经济的号召之下，地方官员利用其职权大力扶持所任地方书院的发展。地方官员在其家国理想的驱使下，带领地方士民共同投入书院的建设中，在地方官民的共同努力下，书院的学田一度达到千亩。

昭潭书院建立之初书院田亩仅有四百余亩，其“岁入之租以供掌教束脩而不敷诸生膏火之资。”①罗宏漳劝捐学田后，“乾隆三十八九四十年新捐新置共五百四十八亩，新旧田共九百六十三亩零。”②直到乾隆四十年（1775），昭潭书院的田亩达到了九百六十三亩。

嘉庆年间，在经历社会动荡之后，书院田亩仍然维持在一千余亩。“旧志原捐原置田亩内有变卖转买折兑之田，折减加赠为数不一，现存书院膏火田一千余亩。”③又载：“续捐续置现存书院膏火田一百九十亩。”④由此可知，在原有置田的基础上，嘉庆年间书院又增加了一百九十亩的学田。除却受水旱灾害等的影响，每年也有大量谷物收租。

光绪年间，“书院公田二千四十二亩余，岁收租二千一百石。”⑤经湘潭县

① 乾隆《湘潭县志》卷10《学校》，第34页。
② 乾隆《湘潭县志》卷10《学校》，第35页。
③ 嘉庆《湘潭县志》卷11《学校》，第20页。
④ 嘉庆《湘潭县志》卷11《学校》，第20-21页。
⑤ 光绪《湘潭县志》卷7《礼典》，第10页。

绅士等大修馆宇，扩充田亩之后，书院年收谷可以达到两千一百石。

由此可见，在地方官府、士民的共同捐助下，虽历代学田不一，各有增减，但书院学田总体上呈增加趋势，收租也逐年上涨。晚清时期，政府财政困顿，学田地租成为书院最为主要且关键的经济来源。

2. **店屋租金**

除了学田地租之外，昭潭书院还依靠其所拥有的房屋园圃的出租收入。

据记载乾隆年间书院有房屋地基三所，一部分用来供给文昌楼的香烛费用，另一部分年收租银四十两，还有一部分用来添补学生的膏火所需费用。“书院后园土一所，水塘一口，庄屋一所，租资供文昌楼香烛费。十总老岸砖墙瓦屋四进，铺面三间，地基一所，每年收租钱四十余两。十总河岸地基二间，前抵官街，后抵河水，每年收租银三两，以充膏火。”①

书院房屋地基数量较少，且难以历代延续保存。直到嘉庆年间，前代存留下来的房屋地基仅有三处了。“现存书院膏火田一千余亩，房屋地基三处”。② 而嘉庆年间新捐置的房屋地基也仅存二处。“书院对面地基一所，瓦屋一栋，十五总河街河岸房屋一所，岁收租钱二十一千文。以上续捐续置，现存房屋地基二处。”③

书院的房屋地基不多，又经历火焚水淹等损坏，租金收入并不稳定，但其收取的租钱仍是书院资金的重要来源，与学田共同维系着书院的日常开支。

3. **存典生息**

存典生息是清代民间公项经费保值增值的一种较为普遍的方式。不同于纯粹的商业化运作，这种经费的存典生息并非以追求利润的最大化为第一目标，而是以资金安全为首要考量，且受市场因素影响往往相对较小。④ 昭潭书院每年通过学田地租和房屋地基的出租获取资金，其中一部分用于日常开支之后，仍有部分剩余。这部分剩余就会被书院用来获取额外的利息。

---

① 乾隆《湘潭县志》卷10《学校》，第33页。

② 嘉庆《湘潭县志》卷11《学校》，第21页。

③ 嘉庆《湘潭县志》卷11《学校》，第21页。

④ 梁仁志：《商业与公益之间：清代民间公项经费存典生息研究》，《中国社会经济史研究》2016年第2期。

昭潭书院建立之初，资金并不十分宽裕。乾隆三十八年罗宏漳劝阖邑绅士捐田捐银后，书院学田存银都有所增加。“仍存银八百余两，付首士经理生息。所存生息银八百余两，今现置田五十三亩，详载书院田亩项下，又置屋一进。”①嘉庆年间“时存银五百五十八两零，每年约获息银一百二十两零……前存生息银两，又经先年司事置田，每年租谷变卖约银三十余两，较前少入息银七十余两。”②由此可见，昭潭书院当年存银五百五十八两银，获息银一百二十两。在获得息银后，又被司事用来投资购置田亩。如此循环往复，资金不断增多。这一过程也体现出了商业化经济思维的影响。存典生息获得息银也是昭潭书院资金的重要来源之一。

昭潭书院作为地方书院，其资金并不十分宽裕。书院虽有学田千亩，但并非都是土地丰沃的良田，加之水旱灾害的影响，学田收租并不十分稳定。“虽捐田近千亩，多属下则旱乾水溢岁所不免。丰年约可收租七八百石，中年无年收租不过三四百石，屋租不满百金，又被火焚一处，租入更微。每年除脩金薪水，膏火奖赏，院差工食各费外计轮。”③因为其大部分资金来源于学田地租的收取，因此书院的资金也受灾年或丰年的影响有多有少，并不十分稳定，且数目不多。同时昭潭书院也有一些宅基地和房屋园圃用来出租赚取租金，但其数量不多，其收取的资金也十分有限。除此之外昭潭书院也有部分资金用来存典生息以获取息银。

尽管昭潭书院在清代的资金运营模式具有商业化的色彩，但是由于其资产的有限性，且并没有获得省会书院那样的待遇，其规模发展十分受限。其主要的资金来源仍是传统的田亩地租形式，且受水旱灾害而收入十分不稳定。而反观以岳麓书院为代表的一众省会书院，其学田地租虽然也是其资金来源的主要方式，但是其有多元化商业化的经营模式和资金运作方式。包括出租书院的房屋，存典生息，发展出版业和其书院自身的固有的其他产业等。因此，昭潭书院不稳定的资金来源也就极大的限制了书院规模的发展。

---

① 乾隆《湘潭县志》卷 10《学校》，第 35 页。
② 嘉庆《湘潭县志》卷 11《学校》，第 9 页。
③ 嘉庆《湘潭县志》卷 11《学校》，第 10 页。

二、昭潭书院的经费支出与管理

学田租金等为书院的经费提供了稳定的经济来源，在获得稳定的经费来源的同时，书院也对其经费的开支作出了严格且详细的规定。一般来说，书院经费支出大致包括日常经费开支和基本建造经费开支两大类，此外还有其他杂项费用开支。昭潭书院的经费开支主要包括建造修缮经费和脩金薪水膏火奖励费两大类，此外还有祭祀香烛费、宾兴费、茶水费、藏书修复费等杂项开支。

（一）昭潭书院经费的支出

1. 书院的建造和修缮经费

书院的建造和修缮经费主要可以分为两方面：一是其书院房屋瓦舍的建造和桌椅板凳的购置费用；二是其固有的屋舍和教学设施器材的维护费用。书院的建造和修缮经费往往耗费的银钱是无固定数目的，且耗费资金数目大。

清代乾嘉时期，政府对书院建设十分重视，地方官员也被要求去建设所任职地区的地方官办书院，因此书院的房屋瓦舍的建造和修缮费用往往是地方官员利用手中的权力和其自身的号召力来进行募资筹集的。乾隆八年（1743），湘潭知县李松联合邑人，在原有义学的基础上建成。乾隆八年至乾隆十三年，知县鲍启泌、苏畅华先后建成考棚以供岁科县试童生所用。“其制丽泽堂五大间，上为文昌楼，左右为学舍。凡二十四间，分四院，厨房六间。”①乾隆三十六年，罗宏漳捐俸修葺书院，增构丽泽堂。

地方社会力量出资捐助书院进行翻修屋舍的情况也时有发生。一些开明的地方士绅往往十分注重本地的教育事业的发展，他们或出于其士人身份背负的使命感，往往自发地投身地方教育学术事业的发展。“同治三年，县人袁教之等大修馆宇，募银几万两，工费九千余两”。② 湘潭县人袁教之等募集银钱几

① 嘉庆《湘潭县志》卷11《学校》，第1页。
② 光绪《湘潭县志》卷7《礼典》，第9页。

万两对昭潭书院进行大规模的翻修扩建工作，并将多余的钱用来置办学田，经过此次翻修扩建，昭潭书院的规模进一步扩大。“学田增至两千零四十二亩，年收租谷达到两千一百石。”①

除去对书院的房屋瓦舍的翻修扩建以外，昭潭书院还设有考棚以及桌椅板凳等教具，购置费用和每年的损耗维护费用也是一笔不小的支出。“前为考棚，东西凡十二间皆有桌凳，初为邑监生李涝捐置，嘉庆二十二年邑人郭世款、陈光泰、向立鑰、彭名世、符珏等倡众捐资，改用石脚，其三百四十二张，其旧置木脚桌凳尚存一百张。”②此外，昭潭书院还有自己的藏书，其藏书大多为湘潭县邑士绅捐献，也有其出资进行购置的。昭潭书院还设有专门管理图书的管理员对书籍进行管理和维护。

2. 脩金薪水及膏火奖励费

昭潭书院的脩金薪水及膏火奖励费包括每年院长的脩金薪水、书院生徒童生的膏火奖励、院差的工食费及办公经费等。其资金都有专门的规定，一般数额比较固定。

（1）脩金薪水开支

院长为一院之表率，必定会选择有学问、有道德之人担任。各大书院往往不惜重金聘请有名望之士出任本院院长一职。据载嘉庆年间岳麓书院的山长薪金达五百一十六两以上。昭潭书院也不惜出重金聘请院长，聂焘、王坦修、俞东枝、林学易、龙瑛、王闿运等湖南名士都曾出任或兼任过昭潭书院院长一职。

昭潭书院成立之初，院长脩金薪水定为每年“脩金薪水共一百六十两”③，后来急剧增长，嘉庆年间“院长脩金薪水增至三百七十两，合聘仪等项约四百金，较前多出银二百二十两”④。相对于收入而言，这是一笔庞大的支出。

此外，昭潭书院还设置了聘仪贽仪节仪席仪等、石馆师、监院、院差等

---

① 光绪《湘潭县志》卷7《礼典》，第10页。
② 嘉庆《湘潭县志》卷11《学校》，第1页。
③ 嘉庆《湘潭县志》卷11《学校》，第9页。
④ 嘉庆《湘潭县志》卷11《学校》，第10页。

职。时载“聘仪贽仪节仪席仪等费一十八两零，其银一百七十八两四钱。”①“石馆师谷二百石，监院谷四十石。”②“院差两名其给工食钱九两八钱零”③。除此之外，昭潭书院还有数名院差，其工食费和劳务费也是书院资金的支出之一。

(2)生徒童生膏火奖励费

膏火费一般指书院官学等供给学生的灯油费和伙食费等津贴和奖学金等。清代昭潭书院《学约》中规定生徒必择“乡里秀异、沈潜学问者”，不可择“恃才放诞，狂放不羁”之士，“凡欲入院肄业者必先禀请县尊考试取录”④。为了保证书院生员童生的学习质量，昭潭书院往往会免除其生徒童生的学费并向其发放一定数量的生活津贴，以保证其生活和学习。书院定期也会举行考试，并向成绩优异者发放奖学金。

据光绪《湘潭县志·礼典志》载，“诸生月课正取十八人附取十六人，童生正取二十二人，附取十六人。初给膏火钱，后谷贱，费不给，改给谷。正取生每人月给谷一石五斗，正取童减二斗半，附取童生各减其半。唯堂课月奖钱十六千，不以谷计。一岁膏火谷六百十二石，乡试年正取生加八人谷，九十六石”⑤。

3. 其他杂项费用开支

昭潭书院的杂项开支，包括祭祀香烛费、宾兴费、茶水费、藏书修复费等。

昭潭书院居于文庙之左，深受文庙的影响。书院内除了供奉孔子，还建有供奉朱熹、张栻、胡安国、真德秀的四贤祠。其院长为激励生员，时常率领诸生前往拜谒，由此需要支出祭祀香烛费。昭潭书院设有专项祭祀费，“书院后园土一所，水塘一口，庄屋一所，租资供文昌楼香烛费”⑥。同治年间，昭潭书院又增加一项支出，即资助会试举人费用，“初起取书院余谷岁二百石，积

① 嘉庆《湘潭县志》卷11《学校》，第9页。
② 光绪《湘潭县志》卷7《礼典》，第11页。
③ 嘉庆《湘潭县志》卷11《学校》，第10页。
④ 嘉庆《湘潭县志》卷11《学校》，第2页。
⑤ 光绪《湘潭县志》卷7《礼典》，第11页。
⑥ 乾隆《湘潭县志》卷10《学校》，第33页。

三岁合六百石以资会试举人”①。此外书籍的保存维护费、茶水费和纸张费等虽未一一列出，但仍均属杂项之列。

（二）昭潭书院经费的管理

1. 细致严格

为了杜绝书院的经费在经营管理中遭受损失，昭潭书院建立起了完善的规章制度对书院的资金进行管理和经营。《详定书院章程》中载：“县义学租息岁入有常，该司事等如果循照旧章，量其所入，善为经理，何至绌支。若岁租有定而经费加增，自应酌定章程以垂永久，仰县查明，妥议详夺。”②昭潭书院的章程十分细致地记录并规定了书院的经费收支及其管理，甚至对其学田地租可能会遇到的偶发特殊情况等都进行了细致的补充解释。又规定如若要对章程规定进行调整，也应在进行商议后制定新的章程。这些都说明了清代昭潭书院的经费运营及管理已经十分成熟。

2. 公开透明

书院的经费管理主要有两种方式来保证其公开透明性：官府监督或社会监督。书院的支出都会公开。

其中官府管理大多运用于省会书院和一部分官办书院，由地方政府对其进行管理，并登记造册，以保证书院的资金不被损害。而社会管理则是更为普遍的管理方式，在地方官府的监督下，由各地方士绅推举出专门的几人来进行管理，这也是书院管理运营的主要方式。昭潭书院虽为官办书院，但其资金的管理和运营是在地方县府的监督之下，由地方共同推举出的贤明士绅来进行管理并登记造册的。昭潭书院的经费经营收支都有专门的人进行管理记录，每笔收支都有详细的规定和记录，并受湘潭县府的监督。其章程中对书院的经费收支作出了严格的规定，其经费管理程序已然十分成熟。

由此可见，昭潭书院的经费管理依靠地方社会力量和地方官府，并制定了

① 光绪《湘潭县志》卷7《礼典》，第11页。
② 嘉庆《湘潭县志》卷11《学校》，第9页。

详细的章程进行规定，经费管理程序十分成熟且严格。

结　语

昭潭书院作为清代湘潭著名书院，居于湘潭文庙之左，以其“敦朴实、慎交游、养性灵”①的敦厚学风，与文庙共同延续湘潭文脉，承继湖湘事功学术之风，对湘潭地方士风学风产生了十分重要的影响。昭潭书院的经费来源，反映出湘潭士民崇文重教的文风之盛。其合理的管理、支出，维持了昭潭书院的发展。“十年树木，百年树人”，昭潭书院培养出大批经世之才，在晚清形成了人才盛况。这一盛况一直延续到了近代，近代湖南经世致用之才辈出，与此也有很大的关系。

（作者：延淑煜，湖南科技大学人文学院中国近现代史硕士研究生；胡忆红，历史学博士，湖南科技大学人文学院副教授，硕士生导师）

Funding and Management of the Zhaotan Academy in Xiangtan during the Qing Dynasty

Yan Shuyu　Hu Yihong

Abstract: Zhaotan Academy in the Qing Dynasty was an important witness and participant in the development of Hunan culture. It was organized and founded by the Xiangtan government with official nature, but the donations of local gentry and people also occupied an important position, and in the later development it formed a pattern of operating with its own inherent assets, supplemented by donations from local officials and people, with regional characteristics and characteristics of the times.

① 嘉庆《湘潭县志》卷32《艺文》，第61页。

The expenditures of the academy were mainly used for the construction and repair of the academy, the salary of the payroll and the anointment reward fee, in addition to the subsidies, sacrifices, book collections and other miscellaneous items. The management and operation of the funds of Zhaotan Academy are under the supervision of the local county government, and are managed and registered by the local gentry who are jointly elected by the local government, which is strict, meticulous and open and transparent. Under the support of sufficient funds, Zhaotan Academy and Xiangtan Temple of Literature together continue the cultural lineage of Xiangtan.

Keywords: Qing Dynasty; Zhaotan Academy; funding

“择善”“择俭”还是“从礼”

——《论语・子罕》“麻冕”章表现的孔子择“礼”思想*

温航亮　宁　芝

摘　要：《论语・子罕》篇“麻冕”章体现了孔子的崇礼思想，其因“俭”而“从”、因“泰”而“违”的两个事例，容易让人误以为孔子是“择善而从”；同时，读者也很容易将之与《八佾》篇“礼，与其奢也，宁俭”纠缠在一起，从而得出孔子“择俭”的结论来。通过对有关“冕”的礼制和丝、麻工艺的考证研究，可以看到，孔子所谓因“俭”而选择“纯冕”实际上只是一种表象，本质上则是因为“纯冕”更适合表达冕尊贵于衣、裳“以崇元首”的“礼制”精神，这与孔子要求“拜下”一样，都是为了维护上下尊卑等级的“礼制”精神。

关键词：论语；择善；择俭；从礼

一般认为，孔子就是要在“礼崩乐坏”的时代恢复周礼，这决定了他是一位唯心主义哲学家，因为他要以“周礼”为标准来要求他所处的时代，而不是相反。然而，《论语・子罕》篇“麻冕”章云：“子曰：‘麻冕，礼也；今也纯，俭，吾从众。拜下，礼也；今拜乎上，泰也，虽违众，吾从下。’”其中提到的有关“纯冕”和“拜下”的两个具体事例，充分体现了孔子在“礼”的取舍方面的态度。杨树达因此指出，“此二事皆择善而从之实例也”①，认为此章是体现孔子“择善”思想的实例。如果是这样，那么，这表明孔子并非一味地尊崇“周礼”，而是在恢复周礼之前有一个由社会现实情况来选择“礼”的过程，意味着

* 本文系湖南省教育厅资助科研项目“《论语》及其注疏的意识形态功能研究”(20K054)阶段性成果。

① 杨树达：《论语疏证》，上海：上海古籍出版社，2007年，第212页。

他的思想中存在着某种唯物主义的因素。我们不得不追问，经文表现的“择善”，是否就是事实呢?

一、“麻冕”“纯冕”释义

要对上述问题进行分析讨论，我们首先要澄清相关概念。

上句言“麻冕”，下句言“今也纯”，很显然，“今也纯”是“今也纯冕”的承前省略。我们这样说是有文献依据的，因为“麻冕”“纯冕”在典籍中都出现过，如《书·顾命》“王麻冕黼裳”，《礼记·祭统》“君纯冕立于阼”等。本章以“麻冕”与“纯冕”对用，就是要通过二者的比较，来突显“纯冕”的优越性。

对于“麻冕”，孔安国解释说“古者绩麻三十升布以为之”[①]，似乎只讲到了需要使用三十升麻来制作，而没有说明到底怎样制作。“《世本》云‘黄帝作冕’，宋仲子云：‘冕，冠之有旒者。礼文残缺，形制难详。’”[②]可见“冕”的形制已经是说不清楚的了。皇侃讲得具体一些：“《周礼》有六冕，以平板为主，而用三十升麻布衣板，上玄下纁。”[③]其中“衣”（音 yì）字显然作动词解，“用三十升麻布衣板”就是使用三十升麻纺织成的布套在平板上的意思。《春秋左传正义》于桓公二年引本章云：“盖以木为干，而用布衣之，上玄下朱，取天地之色，其长短广狭，则经传无文。”[④]其中“衣”字正作动词解。反过来看孔安国的《注》，则其言应断句为：“古者绩麻三十升，布以为之。”“布”也作动词解。段玉裁《说文解字注·布》云：“引伸之，凡散之曰布，取义于可卷舒也。”[⑤]则“布”在孔氏是表示舒展在平板之上的意思，“麻冕”就是使用三十升麻纺织成的布套在平板之上做成的。

对于“纯”字，《论语》各本注疏大略可归于两种解释：其一为丝；其二为

---

① 何晏注，皇侃疏：《论语义疏》卷5，知不足斋刻本。

② 左丘明传，杜预注，孔颖达正义：《春秋左传正义》，北京：北京大学出版社，2000年，浦卫忠等整理，第162页。

③ 何晏注，皇侃疏：《论语义疏》卷5。

④ 左丘明传，杜预注，孔颖达正义：《春秋左传正义》，第162页。

⑤ 许慎撰，段玉裁注：《说文解字注》，上海：上海古籍出版社，1988年，第362页。

“缁”，即黑色。孔颖达于《礼记·祭统》郑玄《注》“纯服，亦冕服也，互言之尔。纯以见缯色，冕以著祭服”疏解云：“天子云纯，诸侯言冕。冕，祭服，故知纯亦是祭服。天子言衣色，诸侯亦有衣色，是其互也。郑氏之意，凡言纯者，其义有二：一，丝旁才，是古之‘缁’字；二是丝旁屯，是‘纯’字。但书文相乱，虽是‘缁’字，并皆作‘纯’。郑氏所注，于丝理可知、于色不明者，即读为‘缁’，即《论语》云‘今也纯俭’，及此‘纯服’，皆读为黑色。若衣色见、丝文不明者，读‘纯’以为丝也。”①可见，《论语》注疏的两种解释实际上都来源于汉儒注疏，其根本原因是经文中“缁”“纯”二字全部写作了“纯”，因此，出于对经文诠释的需要，当需要强调其颜色为黑的时候就读为“缁”，当需要强调其材质为丝的时候就读为“纯”，正所谓随文取义。

郑玄将本章“纯”字读为“侧基反”，以为“黑缯也”②，就是认为本章“纯”字原本当是“缁”字，强调其为黑色。因为“冕，缁布冠也”③，是黑色的，而丝是白色的，用白丝制作“冕”，容易让人误以为“纯冕”改变了“冕”的颜色，所以要特别指出其颜色为黑色。正如孔颖达所总结的，“纯”作为丝的材质是十分明白的，此时需要强调的是其黑色，在此意义上，“冕”的本质不是由其材质决定的，而是由其颜色、样式决定的。

也就是说，“冕”是固定概念，而“麻冕”“纯冕”并非固定概念，二者只是词组。经籍中往往单独使用“冕”的概念便是明证，如《礼记·王制》：“周人冕而祭。”又如《周礼·春官·司服》：“王之吉服，祀昊天上帝，则服大裘而冕，祀五帝亦如之。享先王则衮冕，享先公、飨、射则鷩冕，祀四望、山、川则毳冕，祭社、稷、五祀则希冕，祭群小祀则玄冕。”“而”字表明，“大裘”和“冕”是两个概念，相应地，下文所谓“衮冕”“鷩冕”“毳冕”“希冕”“玄冕”中间也是可以加“而”字的，故郑众疏解云：“大裘，羔裘也。衮，卷龙衣也。鷩，裨衣也。毳，罽衣也。”④只是单独解释了“大裘”“衮”“鷩”“毳”，而不涉及“冕”

① 郑玄注，孔颖达疏：《礼记正义》，北京：北京大学出版社，2000年，龚抗云整理，第1574页。
② 陆德明撰：《经典释文》，北京：中华书局，1983年，第349页。
③ 何晏注，皇侃疏：《论语义疏》卷5。
④ 孙诒让撰：《周礼正义》，北京：中华书局，1987年，王文锦、陈玉霞点校，第1620页。

字。孙诒让根据郑众此说，以及郑玄有关章服的解释，认为："衮之衣五章，裳四章，凡九也。鷩画以雉，谓华虫也，其衣三章，裳四章，凡七也。毳画虎蜼，谓宗彝也，其衣三章，其裳二章，凡五也。希刺粉米，无画也，其衣一章，裳二章，凡三也。玄者衣无文，裳刺黻而已，是以谓玄焉。"①可见，"冕"是单独一义，只是因为"六服同冕者，首饰尊也"②，所以才在各种章服之后反复出现。

就像《礼记·祭统》："王后蚕于北郊，以共纯服。……夫人蚕于北郊，以共冕服。"郑玄《注》所说："纯服，亦冕服也，互言之尔。纯以见缯色，冕以著祭服。"③经文往往根据表达的需要来使用语词，以达到强调其某一方面的目的。本章"麻冕""纯冕"也一样，只是因为孔子要强调古今服制中所用材料存在着"麻"与"纯"的不同，所以才将"麻""纯"与"冕"连用为"麻冕""纯冕"；又由于孔子要着重强调的是材质不同，所以又承前省略了"冕"字。故黄式三云："据孔、贾两《疏》，则惟冕有綖，而云'麻'者，指綖而言。"④刘宝楠也认为："麻者，枲麻，绩其皮以为布，而冕用之，故曰麻冕。"⑤二氏都说明了"麻冕"连用并没有什么特别的意思，"麻"只是制作"冕"的材料，而且只是覆盖其上的那部分。⑥ 相应地，"纯冕"即是使用丝制作而成的"冕"。

二、"纯冕"在数的规定性方面的优势

孔子之所以放弃"麻冕"，其明言的原因是"不俭"。那么，所谓"不俭"到底是怎样的呢？孔安国、皇侃都没有说明，邢昺则在孔安国"绩麻三十升"的

---

① 孙诒让撰：《周礼正义》，第1621页。
② 孙诒让撰：《周礼正义》，第1620页。
③ 郑玄注，孔颖达疏：《礼记正义》，第1573页。
④ 黄式三撰：《论语后案》，南京：凤凰出版社，2008年，张涅、韩岚点校，第223页。
⑤ 刘宝楠撰：《论语正义》，北京：中华书局，1990年，高流水点校，第322页。
⑥ 《白虎通义》给出了一种解释："冕所以用麻为之者，女工之始，示不忘本也。即不忘本，不用皮何？皮乃太古未有礼文之服。"（《绋冕》）这种解释虽有牵强之处——大裘、羔裘难道不是皮做的？但它却是天子、大夫的礼服——却反映了母系社会在人类文明中的作用和地位。

基础上指出："郑注《丧服》云：'布八十缕为升。'"[1]朱熹进而综合其说："俭，谓省略。缁布冠，以三十升布为之，升八十缕，则其经二千四百缕矣。细密难成，不如用丝之省约。"[2]朱熹恪守解经规范，采信《论语集解》孔安国"绩麻三十升"之说，并综合郑玄"八十缕为升"之说，指认"麻冕"2400缕是"细密难成"的，从而得到用丝制作比较省事的结论。

清儒又从制作工艺的角度进行考证。江永首先提出质疑："古布幅二尺二寸，当今尺一尺三寸七分半焉。若容三十升之缕，则今尺一分几容一十八缕矣，此必不能为者也。谓古者朝服十五升，冠当倍于衣，不知冠升倍衣，惟《丧服》'斩衰三升、冠六升'则然，自齐衰以下，则非倍半之数矣。礼无冠倍于衣之例。麻冕亦不过十五升，盖今尺一分容九缕焉，已难成矣。"[3]也即，按照八十缕为升、三十升成冕的说法，在"布"的规定宽度内，是没有办法容纳2400缕的。黄式三、简朝亮均引用其说，且黄氏明言："据江说，则孔君三十升布亦非。"[4]点明了此说针对的就是孔安国"绩麻三十升"之说。简氏意在为朱熹伸张，由于朱熹《四书章句集注》沿用孔说，因而简氏只存异说，未下断语。黄以周则指出，"江氏定古尺当今尺六寸二分半"是不合理的，认为"古尺得今尺之八寸一分，其说近是"，为朱熹之说进行了辩护。[5] 无论是辩护还是质疑，清儒的考证都表明，朱熹所谓"细密难成"不是空口无凭之说，"麻冕"的制作实在不是件容易的事情。

朱熹之说的关键问题在于，其对于"纯冕"只是"用丝之省约"一笔带过，而缺乏像"麻冕"八十缕为升、三十升成冕那样具体的说明。其他各本注疏也往往含混带过。我们既然要比较"麻冕"和"纯冕"哪一个更"俭"，最好的办法莫过于对比了。只详细说明"麻冕"的制作，于"纯冕"却只有一句"丝易成"[6]，要得出"纯冕"制作简略的结论，恐怕是很难令人信服的。

---

① 何晏注，邢昺疏：《论语注疏》，北京：北京大学出版社，2000年，朱汉民整理，第125页。
② 朱熹撰：《四书章句集注》，北京：中华书局，1983年，第109页。
③ 朱熹集注，简朝亮述疏：《论语集注补正述疏》，北京：北京图书馆出版社，2007年，第245页。
④ 黄式三撰：《论语后案》，第223页。
⑤ 黄以周撰：《礼书通故》，北京：中华书局，2007年，王文锦点校，第76-77页。
⑥ 何晏注，皇侃疏：《论语义疏》卷5。

不止《论语》注疏，其他经典及其注疏也一样，对于丝织品的礼制缺乏记载。《礼记·王制》“布帛精粗不中数，幅广狭不中量，不粥于市”，孔颖达《礼记正义》云：“布帛精粗者，若朝服之布十五升，斩衰三升，齐衰四升之类。广狭者，布广二尺二寸，帛则未闻。郑注《周礼》引《逸巡守礼》‘幅广四咫’。八寸为咫，郑谓‘四当为三’，则帛广三尺四寸。”①可见唐以前注疏对于帛的礼制缺少说明，孔颖达根据《逸礼》和郑玄《注》，从而认定“帛广二尺四寸”。但这依然只能让我们稍微了解帛的幅宽，至于其升、缕之数仍属阙如。

如果仔细推敲，上引《王制》和《礼记正义》还是向我们透露了一些信息：其一，《王制》“布”“帛”连用，所谓“精粗不中数，幅广狭不中量，不粥于市”已包括了帛在内，则礼制中应该有关于“帛”的精粗、幅宽的规定；其二，孔氏在解释“布帛精粗”时，举“若朝服之布十五升，斩衰三升，齐衰四升之类”为证，这虽然是专就“布”而言，但“若……之类”表明，他只是专举“布”的礼制为例，隐含地说明“帛”也应该有如布的十五升、三升、四升一样的礼制，也即帛在数的方面也有相关的礼制规定，只是当时已说不清楚了；其三，孔氏明言“布广二尺二寸，帛则未闻”，说明孔氏闻所未闻的只是帛的幅宽，同时这也反证用“帛”制礼服也要符合相关数量的规定，否则他也应该在“若……之类”之后加上“帛则未闻”一句。

不过这依然只是推测，我们还需要从实际进行考察。我们今天知道丝的直径是1微米，相对于麻来说是很细的，因此，与麻同样幅宽的一块帛，应该很容易就能满足2400缕的数的要求。我们还是需要了解孔子时代的丝织品工艺技术，看它能不能保证这一点。但相关文献阙如，只有宋应星《天工开物·乃服·经数》说：“凡织帛，罗、纱筘以八百齿为率，绫、绢筘以一千二百齿为率。每筘齿中，度经过糊者，四缕合为二缕。罗、纱经计三千二百缕，绫、绸经计五千六千缕。古书八十缕为一升，今绫、绢厚者，古所谓六十升布也。”②虽然宋氏没有详说，但质量比较好的丝织品能达到60升，是“麻冕”难

① 当为“二尺四寸”。以“幅广三咫”“八寸为咫”计之，当为二尺四寸，则“三尺四寸”为误。孙希旦《礼记集解》引孔说正为“二尺四寸”。郑玄注，孔颖达疏：《礼记正义》，第488页。

② 宋应星撰：《天工开物》上卷，明崇祯十年涂绍煃刊本，第35-36页。

以达到的30升的两倍，难怪王夫之要说“丝之密，较麻易矣”①。

但宋氏所记，已经是晚明时期的技艺水平了，对于孔子时代的情况，我们只能通过出土文献来了解。据《中国丝绸史》记载，“从钱山漾出土绸片来看……经密52.7根/厘米，纬密48根/厘米，经纬丝平均直径167微米。”“长沙马王堆一号汉墓出土的一件素纱禅衣……经纬密度均为620根/10厘米。”“绢……一种是经纬密度大致相同的平纹绢，密度为500~590根/10厘米者居多，其次为400~490根/10厘米和600~690根/10厘米。”“江陵马砖一号墓出土的一件绣罗禅衣……经密460根/10厘米，纬密420根/10厘米。”“1959年民丰出土的纹罗……经密660根/10厘米，纬密260根/10厘米。……1972年在武威磨咀子也有这种菱纹罗出土……经密为1440根/10厘米。”“这种凸纹锦在长沙马王堆一号汉墓中见有出土……经密为1560根/10厘米，纬密为460根/10厘米。”“1982年在湖北江陵马砖一号战国墓中出土……N4舞人动物纹锦衾……经密1560根/10厘米，纬密520根/10厘米。”“长沙马王堆一号汉墓出土的……N6-2绒圈锦，经密1760~2240根/10厘米。”②以上数据，粗略可以再现孔子时代的丝织品情况了。另一方面，如果我们将麻布2400缕按古尺2尺2寸幅宽计算，按江永“古布幅二尺二寸，当今尺一尺三寸七分半”则密度为52.89缕/厘米，按黄以周“古尺得今尺之八寸一分”则密度为44.89缕/厘米。两相比较，密度最高能够达到2240根/10厘米的丝，其相对于麻的优势是毋庸置疑的。

麻线较粗，要在相应宽幅中容纳2400缕，加工起来绝对是大费周章的；相应地，丝则是十分细小的，加工制作成缁布冠则是相对较易的。所以，孔子以“不俭”或“俭”来进行评价，在生产技术层面是有其支撑的。

三、数的规定性与“礼”的规定性相表里

支持上述论断的另一个原因，是我们在理解本章时，往往不自觉地从

① 王夫之：《四书训义》，见《船山全书》第7册，长沙：岳麓书社，1990年，第562页。

② 朱新予主编：《中国丝绸史(通论)》，北京：纺织工业出版社，1992年，第11、72-75、79-82页。

“礼，与其奢也，宁俭”(《论语·八佾》)的角度进行阐释。一个说“宁俭”，另一个说“今也纯俭吾从众”，这不正是相互映证吗？

从义旨来看，这两章的精神确实有其相通之处，但我们却忽视了一点，即：在“俭—奢”的比较中，如果以“纯冕”为俭，那么就等于暗指“麻冕”为奢；但先王制礼作乐，应该不至于以奢为尚。皇侃显然注意到了这一点，因此在论证本章是要表现孔子“抑奢就俭”的章旨时做了弥合：“时既人人从易用丝，故孔子云‘吾亦从众也’。所以从之者，周末每事奢华，孔子宁欲抑奢就俭。今幸得众共用俭，故孔子从之也。”[①]这就把“奢”定格到了周末时期，以避免先王所作“麻冕”为奢的问题。

然而，皇氏的解说却引出更多的问题：经文明明是“麻冕”“纯冕”相对，皇氏却将“周末”与“纯冕”相对，此其一。既然“周末每事奢华”，“纯冕”也是“周末”之事，也应在奢华之列，孔子何以认之为“俭”？此其二。既然孔子“从众”，则“众”已做到了“俭”，并不需要孔子“抑奢就俭”，此其三。而且，“礼，与其奢也，宁俭”是孔子回答林放“礼之本”的问题，奢、俭只是礼的实施不同，却都是“礼”；本章所论“麻冕”“纯冕”虽也都属于礼，却是礼的两个具体事物，非此即彼，难于统一。

由此看来，我们不能简单地将这两章放在一起来理解，尤其是不能因为二者都言及“俭”，就简单地认为“俭”是孔子取舍周礼的唯一标准。我们知道，孔子不同意子路废止徒留形式的“告朔之饩羊”，认为即使徒留形式，那代表的也是“礼”。(《论语·八佾》)那么，孔子又怎么可能仅仅因为“麻冕”不“俭”，就同意用“纯冕”来取代呢？因此，孔子所谓“俭”，绝不是平常人望文生义的所谓节俭或者简单易行，孔子之认可“纯冕”绝不是一个省事不省事的问题，背后一定存在着某种“礼”的规定性，正是这种“礼”的规定性，决定了孔子的取舍。

胡炳文指出：“冠者，首服之总名。冕者，冠中之别号。礼：朝服十五

① 何晏注，皇侃疏：《论语义疏》卷5。

升，冠倍之。”[①]胡氏解释了孔安国《注》“绩麻三十升”的理论依据，按照礼制要求，朝服是十五升，冠就需要用三十升。王夫之进而指出：“麻其质，而三十升之布用功多，以崇元首，礼之慎也。”[②]王夫之从“用功”之多寡的角度进行讨论，认为“绩麻三十升”意味着“用功多”，这样才能将“冕”作为首饰的尊贵之处表现出来。也就是说，冠相对于衣、裳来说虽然是偏小的，却要用三十升2400缕的布，就是为了体现其尊贵之处。在古人看来，“天尊地卑，乾坤定矣；卑高以陈，贵贱位矣”（《易·系辞》），同样地，头在最上，也是至高无上的，表现在礼制上，就是要用更加细密的布来制作冠，以体现头的至高地位。

黄宗羲《深衣辩》则从“精”的角度指出了相同的道理：“古之蚕少绩多，故元黄皆绩也，特以精为贵耳。故衣则十五升，冕则三十升也。后世蚕既盛矣，又加卉服以佐麻葛，故纯为俭而麻为艰。”[③]此所谓“精”体现在两方面：一是所使用麻线的精细程度，二是同样宽的布幅所使用的缕数多寡。由于后一方面是以前一方面为条件的，因此只需要看缕数的多寡，便可以分辨服饰的精粗贵贱。

黄宗羲的“以精为贵”和王夫之的“用功多”，是同一本质的不同表达，用功多自然精，要精便要用功多，二者是一回事。但是，黄氏与王氏的两种讲法，又有本质的不同。“以精为贵”，表明在礼制上先王崇尚的是“精”，认为这样才能表现冕之尊于衣、裳，至于用功之多寡，则不是其考虑的因素；而“用功多，以崇元首”则将考虑的重点放在用功之多寡上，不能表现先王制礼的深层次含义，也无法与孔子“俭吾从众”相协调。[④] 总之，“冕”比衣、裳更尊贵，根本区别在于它是用“三十升”布制作的，而制作衣、裳的只是“十五升”布。“《书·顾命正义》引郑《注》云‘三十升布也’，孙星衍《疏》云：布言升者，所以辨精粗也。”[⑤]孙氏可谓得其要义。相应地，“纯冕”要能被孔子认可，一定也不能违背“崇元首”的礼制精神。

---

① 胡广等撰：《论语集注大全》卷9，四库全书本。

② 王夫之：《四书训义》，第562页。

③ 黄宗羲编：《明文海》，北京：中华书局，1987年，第1138-1139页。

④ 故王夫之《四书训义》在此后又有转折，详见下文所引。

⑤ 潘维城著：《论语古注集笺》，南菁书院《清经解续编》卷917，第1页。

如前所述，“纯冕”是否在制度上严格遵循30升、2400缕的前制已不得而知，但“纯冕”能够轻松达到甚或超过这一礼制要求却是一定的，而且还能大量地节省人力。从黄宗羲“以精为贵”的标准来看，由“纯冕”替代“麻冕”，虽然制冕的材料发生了变化，看起来不符合古礼，但其代表的冕尊贵于衣、裳的精神并没有变。故王夫之辩护说：“丝之密，较麻易矣，人无过劳，俭道也。如是以为简，从之可矣。等之乎密，而丝尤贵焉。事虽俭，而尊贵之义不失，情所便也，未尝非理所宜也。”①在他看来，“纯冕”虽然在“用功”方面不如“麻冕”之多，但是，丝是一种比麻更加贵重的材料，所以，用“纯冕”取代“麻冕”，并没有丧失表现头相对于身躯的“尊贵之义”，最关键的是，这样做还可以节约社会成本。

由此可以得出结论，孔子虽然自言“俭”“从众”，从而表现出择“善”的一面，但在本质上却是以“礼”的精神为依归的，这与他不愿减损“告朔之饩羊”（《论语・八佾》）是一样的道理。在孔子那里，“告朔之饩羊”不再只是一只羊，代表的是“礼”；同样地，30升、2400缕也不再只是数的规定性，代表的是“冕”之尊的“礼”的规定性。或者以体用言之，“麻”或者“纯”、15升1200缕或30升2400缕都只是“用”，冕尊贵于衣、裳的精神才是“体”，“体”固然要表现为“用”，冕尊贵于衣、裳的精神要通过材料的精细程度表现出来，但具体表现为怎样的“用”，却是有赖于各个时代的生产力具体状况的。

四、孔子之“择善”在本质上是“从礼”

如果说，孔子选择“纯冕”是较为复杂的（表面上是择善而从，事实上则是因为“纯冕”也是能够表现“冕”的“尊贵之义”的），那么，孔子选择“拜下”则更为直接地表现了孔子要求维护“礼制”的本意。

关于“拜下”，列举最详细的当属凌廷堪《礼经释例》卷一“凡臣与君行礼，

---

① 王夫之：《四书训义》，第562页。

皆堂下再拜稽首，异国之君亦如之”[①]条。而关于“拜下”的具体情况，《仪礼·燕礼》“公坐取大夫所媵觯，兴，以酬宾。宾降，西阶下再拜稽首。公命小臣辞。宾升，成拜”，郑玄《注》云：“升成拜，复再拜稽首也。先时君辞之，于礼若未成然。”贾公彦《疏》曰：“凡臣于君，虽为宾，与君相酬，受爵，不敢拜于堂上，皆拜于堂下；若君辞之，闻命即升；若堂下拜讫，君辞之，即升堂复再拜稽首。所以然者，以堂下再拜而君辞之，若未成然，故复升堂再拜稽首以成之。升则不云‘再拜稽首’，直云‘成拜’，以堂下既有再拜稽首，则此文是也；若堂下未拜之间，闻命即升，升乃再拜稽首，是则不得言‘升成拜’，以其堂下未拜，即下经云‘小臣辞，宾升，再拜稽首’郑《注》‘不言成拜者，为拜故，下实未拜’是也。”[②]郑氏认为，臣在堂下的“再拜稽首”由于受到君的辞让，所以上堂之后再次“再拜稽首”，以完成臣对于君的礼。贾氏则进一步做了解释，将臣拜于君具体分为两种情况：其一是臣已在堂下“再拜稽首”，但施礼之后受到了君的辞让，所以到堂上再次“再拜稽首”；另一是臣本想拜于堂下，但受到了君的辞让，所以立即起身到堂上完成“再拜稽首”。

从贾氏的分疏来看，臣对于君的施礼，重要的既不在于有没有“再拜稽首”的形式（“拜乎上”也应当是“再拜稽首”），也不在于必须有两次“再拜稽首”（后一种情况实际只有一次），更不在于“再拜稽首”是否在堂下完成（只要君辞让，就必须到堂上再次施礼），而在于臣“拜于堂下”的“意”。由于这个“意”，臣甚至不厌其烦地从原本所居的堂上到堂下去施礼，以体现其内心对于君的敬。从体用一元来看，“拜下”“拜乎上”是用，而其所要表现的“体”便是臣内心的对于君的敬。“拜乎上”不能说就没有对于君的敬，只是相对于“拜下”来说，其敬已大大降低，因而相对显得骄纵。对于想要实现“君君，臣臣”（《论语·颜渊》）的孔子来说，当然宁愿“违众”，也要选择“拜下”，以体现臣对于君的礼敬。

需要指出的是，孔子绝不仅仅是在简单地反对“拜乎上”的行为。察微知

① 凌廷堪：《礼经释例》，北京：中华书局，1985年，第16-17页。

② 郑玄注，贾公彦疏：《仪礼注疏》，上海：上海古籍出版社，2008年，第411页。

著，一叶知秋，“拜乎上”仅仅是臣对君之敬衰减的开始，如果任由其发展，势必导致以下犯上、臣弑其君甚至取而代之的结果，这才是孔子真正忧心的事情。“季氏八佾舞于庭”(《论语・八佾》)，君并不在季氏当前，孔子尚且不能容忍，更何况君就在当前的“拜乎上”呢？由此而引发的“悖逆”就更不用说了。

总体来看，对于“纯冕”的认可，和对于“拜乎上”的反对，一起表现了孔子的取舍态度。“纯冕”之所以被认可，是因为它改变的只是材料，其升、缕之数多于衣、裳以体现冕之尊贵于衣、裳的内涵并没有变，因而体现了冕尊于衣、裳的礼乐本质；而“拜乎上”之所以被反对，是因为它不但改变了臣酬答君的形式，而且连同臣内心对于君的恭敬也开始衰减了，因而是本质改变的开始。孔子于二者的取舍虽然有异，其背后的精神却是一致的，那就是要维护君臣上下的尊卑等级。冕相对于衣、裳是在上的，君相对于臣也是在上的，因此就要在礼制上将这种上下尊卑关系表现出来。能合理地表现这一关系的，便是孔子所能接受的；不能表现甚或颠倒了这一关系的，便是孔子所要批评的。当然，这只是孔子之“用”，就其“体”而言，则是其认同于上下尊卑秩序的内在自觉，而不以外在秩序为依归。或者在孔子看来，上下尊卑早已内化于其本性之中，是其之能成为自身的条件之一。

在此意义上，我们可以看到一个自同于时代、“素其位而行之”(《中庸》)的孔子形象。在符合“礼制”的前提下，孔子很乐于接受新事物(如“纯冕”)，但只要违背了“礼制”，孔子是绝不接受的。所以，孔子所表现出来的“择善”，是有前置条件的。他立身于那样的时代，并受限于那个时代，其异于常人的地方在于，他自觉地以自身及所处的时代为对象，在其中思考并处处挺立其主体性，以此来成就自我之“仁”。

（作者：温航亮，湖南科技大学马克思主义学院讲师，湖南省“中国传统文化与新时代意识形态建设研究中心”特约研究员；宁芝，湖南科技大学马克思主义学院哲学专业 2023 级硕士生）

"Choosing the Better", "Choosing the More Economical" or "Sticking to the Ritual System"

——The Confucius' Thought of Choosing Rites Reflected in the "Mamian" Chapter in ZiHan of the Analects of Confucius

Weng Hangliang　Ning Zhi

Abstract: "Ma Mian" chapter in ZiHan of the Analects of Confucius embodies Confucius' thought of respecting the Ritual System. There are two examples in this text, one is Confucius conforming to the more economical one, and the other is Confucius violating the more insolent one. These can easily lead to the conclusion of Confucius choosing the better one. Meanwhile, we may also associate this text with the text in the chapter of BaYi what says "It'll be better to be frugal than extravagant for rites", and draw a conclusion that Confucius choosing the more economical one. Through textual research on the Ritual System of "Mian", and the manufacture craft of silk and hemp, it can be seen that Confucius' choice of the "Chun Mian" based on the reason of economy is merely a superficial phenomenon, it is essentially because the "Chun Mian" is more suitable for expressing the Ritual Spirit of the Mian is noble above clothes and robes. This, likes Confucius' requirement for "bowing before ascending the steps", is aimed at maintaining the spirit of Ritual System what upholds hierarchical distinctions between superiors and inferiors.

Keywords: the Analects of Confucius, choosing the better, choosing the more economical, sticking to the Ritual System

顾炎武政治思想中的变通之维

龚怿琦

摘　要：顾炎武基于《易》中的变通观，形成了其“唯变所适”的变易思想，并使用此思想分析社会历史，从而发掘出“古今之变”中“势”的作用。顾炎武的变通思想既包括了他对宇宙本性和历史规律的理解，又包括了如何在人事实践中利用变化、顺应时势的内容，这是其经世致用思想的重要组成部分。顾炎武认为“势有相因”，在进行人事时需要把握住大势的存在，做到顺势而为，适时而动。基于对“变”与“势”的把握，顾炎武在其政治主张以及社会改造方案中自觉地践行了“与时偕行”的原则，强调在实践中顺应时势变化的重要性。

关键词：顾炎武；变通；时势；风俗

顾炎武作为明末清初著名的思想家，一生笔耕不辍，其思想主张涵盖政治、经济、史学等多个领域。陈祖武指出：“顾亭林先生是明清更迭的社会大动荡造就的时代巨人，是中国学术史上承先启后、继往开来的伟大宗师。”[①]而变通观作为顾炎武思想体系中的重要组成部分，学界对其的研究可

① 陈祖武：《高尚之人格　不朽之学术——纪念顾炎武亭林先生四百年冥诞》，《文史哲》，2014第2期，第144-146+167页。

谓汗牛充栋①，但学界对于顾炎武变通观的研究多集中于易学与史学思想之上，对顾炎武政治主张与社会变革方案中变通之维的研究并不多。本文则就顾炎武的变通观及其政治思想进行研究，探求顾炎武政治思想中的变通之维，以此求教于方家。

一、顾炎武论“变”与“势”

（一）顾炎武的变易观

《易》云：“穷则变，变则通，通则久”，顾炎武吸收了《易》中关于变通的思想，其称：“穷则变，变则通，通则久，天下之理固不出乎此也。”②顾炎武的变通思想既源自《易》学，又融合了他读史总结的经验规律，因而顾炎武在谈“变”时，除去讨论作为宇宙本性的“变”外，还着重关注历史变化的规律。

顾炎武对于变化之理的理解大体同《易》一致，即认为宇宙的本源是变化的，天地之中阴阳二气的运动推动了宇宙的“日新而无穷”，进而导致了“变”这一宇宙本性的存在。又由于阴阳二气的运动不是无序的，因此“变”也不是无序的，而是遵循这一原则进行变化。顾炎武曾以昼夜之道来描述这一原则，其称：“子在川上曰：‘逝者如斯夫，不舍昼夜！’通乎昼夜之道而知，则‘终日乾乾，与时偕行’，而有以尽乎《易》之用矣。”③世间万物皆是遵循这一原则而不断变化的，顾炎武在此以“昼夜之道”来代指这一原则，并概括出“终日乾

① 例如周可真认为，顾炎武“唯变所适”的变通理念主要源自其易学思想，大体上同《易》所阐述的变通理念一致，其特色之处在于顾炎武能够用变化的观点来观察社会历史，并意识到了历史变化之“势”是不可抗拒的；曾留香、谢谦认为，从阐释学的视野来看，顾炎武所提出的“鉴往训今”是对宋儒“心解”“臆说”的一大反动，这种阐释以“明道救世”为目的，带有明显的时代特色和现实倾向；王纪录认为，顾炎武强调“适时而变”在历史发展中的作用，同时认为“势有相因”，认为顺应时势进行人事就能“承敝易变”，推动历史向其对立面转化。参见周可真：《论顾炎武的天人观》，《中国哲学史》，1999 年第 4 期，第 57-65 页；曾留香，谢谦：《论阐释学视野下顾炎武的‘鉴往训今’》，《四川师范大学学报(社会科学版)》，2018 年第 1 期，第 154-161 页；王记录：《易学与顾炎武的历史哲学》，《史学理论与史学史学刊》，2020 年第 1 期，第 138-150 页。

② 顾炎武：《日知录集释》，上海：上海古籍出版社，2006 年，第 1084 页。

③ 顾炎武：《日知录集释》，上海：上海古籍出版社，2006 年，第 41 页。

乾，与时偕行”的方法。“终日乾乾”指君子需要反复从道而行，不舍昼夜；“与时偕行”则强调君子从道而行时，需要时行则行、时止则止。顾炎武对这一自然变化特点的总结实际上体现了其变通观念的两大原则：一是宇宙不断遵循一种规律进行变化；二是万物在顺应这种变化时不能盲目除旧布新，而要与时偕行，在适当的时间做恰当的事。

在对自然变化把握总结的基础上，顾炎武指出“变”在社会生活中的影响亦极大，他称：“天下之变无穷，举而措之天下之民者亦无穷”①。但顾炎武并不支持一味求新求变的主张，而是主张制度的渐进变革，认为只有在“过中将变之时”才能推进事情的变化革新。他指出：“天地之化，过中则变，日中则昃，月盈则食，故《易》之所贵者中……天下之事当过中而将变之时，然后革而人信之矣。”②顾炎武认为，天地万物无时无刻不在“变化”，其中的“变”是渐进的、积累的，而“化”则指积累到一定程度下事物“质”的改变。顾炎武强调“天地之化，过中则变”，认为在制度或者人事行之有效、有益时，盲目的对其革新是不必要的，唯有在“过中而将变之时”，即原有的制度或者人事难以产生功效之时，才应该顺应时势果断地推进制度或者人事的变革，促成“化”的实现。

顾炎武还就变与常进行了分析，并认为变化之常的具体内容是诚。关于世界变与常的问题，儒家学者早有关注，其中以朱熹为代表的理学家基于对“阴阳流变”的理解，认为历史是理与气“妙合”的结果，因此历史变易只变易文物制度之“小体”，而纲常伦理之“大体”是不变的③。顾炎武则认为历史的变化发展不是由先验之“理”所推动的，而是多种因素构成的“势”所推动的，因此在解决社会问题时需要重视制度的革新，并且需要结合实际选用合适的过渡策略。顾炎武虽然认为历史不断变化发展，天地间并不存在着万世不易的“理”，但他并不认为后世的制度就一定优于古时的制度，其指出：“天下之生久矣，

---

① 顾炎武：《顾炎武文集》21册，上海：上海古籍出版社，2011年，第95页。
② 顾炎武：《日知录集释》，上海：上海古籍出版社，2006年，第28页。
③ 参见汪高鑫：《易学与朱熹的历史变易思想》，《求是学刊》2023年第5期，第169-180页。

一治一乱。盛治之极，而乱萌焉，此一阴遇五阳之卦也。”①他在一定程度上也认可理学家“一治一乱”的历史循环思想，并认为三代之治才是儒家理想中的王道政治。顾炎武的这一思想与其天道观紧密相连，他认为：“诚者，天之道也。故天下雷行物与无妄。”②万物在天道的指引下有序运行，诚即为天之道，万物变化运动皆在诚的指引下进行，也就是说诚之道即为变化之常，万事万物虽然不停流转变化，但却都遵循着诚之道的原则。正因如此，顾炎武认为在人事活动中践行“唯变所适”原则时，亦需要从道行事，即使在具体的实践中不得不行权变之事，也要确保实践最终的目的合乎道义。

（二）顾炎武的“势”思想

在变通思想的基础上，顾炎武认为自然界或人类社会都有具体规律存在，其称：“数往者顺，造化人事之迹有常而可验，顺以考之于前也；知来者逆，变化云为动日新而无穷，逆以推之于后也。”③这种可以顺考于之前、逆推于之后的规律，在顾炎武看来并非理学家主张的“理”，而是历史发展之“势”。顾炎武之前的思想家所谈论的“势”，一方面指个体在社会实践中凭借其“位”而所能获取的优势，如《吕氏春秋》中称：“汤武之贤，而犹藉知乎势，又况不及汤武者乎？”④君王凭借其在君臣关系中所处的上位拥有着“势”，他们在政治活动中顺应这种“势”就能驾驭群臣；另一方面则指社会历史发展的总体趋向，如司马迁认为“原始察终，见盛知衰”是史学的重要任务，要通古今之变就需要把握住社会历史发展的总体趋向，他将这种总体趋向总结为“事势之流，相激使然”。柳宗元也多次使用这一含义的“势”来论证自身的政治主张，其在《封建论》中指出：“封建非圣人之意也，势也”⑤，认为社会发展有其趋势所在，君王需要顺应这种趋势。

---

① 顾炎武：《日知录集释》，上海：上海古籍出版社，2006年，第26页。
② 顾炎武：《日知录集释》，上海：上海古籍出版社，2006年，第389页。
③ 顾炎武：《日知录集释》，上海：上海古籍出版社，2006年，第45页。
④ 吕不韦编：《吕氏春秋集释》，北京：中华书局，2009年，第462页。
⑤ 柳宗元：《柳河东集》，上海：上海古籍出版社，2008年，第44页。

顾炎武所谈的“势”，更多地涉及到社会历史发展总体趋向中的“势”，他认为“天下势而已矣”，即历史与现实中的种种事件都是在势的影响下发展的。例如在谈及个体谋求特权的问题时，顾炎武指出：“人之情孰不为其身家者？故日夜求之，或至行关节，触法抵罪而不止者，其势然也。”[①]他认为人为了照顾自身与家人而不惜触法抵罪来谋求特权是势所必然的，这种身家之情难以通过道德教化或者惩罚手段加以限制。国家应当正视此“势”的存在，顺应这一趋势，开辟新的选才制度，从而实现官府政清、百姓困苏的目的。而在探究德州为何无火耗问题困扰时，顾炎武指出：“（德州）钱则无火耗之加，故民力纾于他邑也。非德州之官皆贤，里胥皆善人也，势使之然也。”[②]他认为德州无火耗问题并非是德州官吏治理的结果，而是由德州当时的客观条件所造成。由此可见，与理学家不同，在分析历史、社会问题时，顾炎武并未将一切都归咎于人的道德修养，而是强调当时的环境与条件造就的“势”的影响。其原因在于，理学家将理视为宇宙的本源，而理本身又是社会道德的源泉，因而社会道德规范就被理学家认为是“理”在人类社会的具体体现，所以理学家认为通过道德教化提高个体的道德修养，让人人都“存理灭欲”，就能解决社会中不符合道德规范的事情。而顾炎武则关注外部环境对人的影响，因此，他更加重视社会的风俗状况，认为由于社会风俗一直发生变化，因此在进行具体的人事时不能将道德教化视为解决问题的唯一方法，而应顺应时势，在“势”的引导下进行人事从而取得成效。

如上所述，顾炎武在分析具体事件时所谈及的“势”，更多是指某一阶段特殊的社会历史条件，但他也认为，历史演化同样受到“势”的影响，只是顾炎武对于这种“势”的理解，与理学家有所不同。朱熹曾言：“纲常千万年磨灭不得。只是盛衰消长之势，自不可已，盛了又衰，衰了又盛，其势如此。”[③]他认为历史变易具有“一治一乱”的特点，朱熹指出，制度是由人所设置，属于“小体”，是需要因循革化的；伦理纲常是“理”在社会中的体现，是不可变易

---

① 顾炎武：《顾炎武文集》21册，上海：上海古籍出版社，2011年，第68页。
② 顾炎武：《顾炎武文集》21册，上海：上海古籍出版社，2011年，第65页。
③ 黎靖德编：《朱子语类》，长沙：岳麓书社，1997年，第538页。

的。朱熹称："所因，谓大体；所损益，谓文为制度，那大体是变不得底。"[①]在这种理解下，朱熹对于历史评判的标准即为"天理"，他认为不能简单以实际成效来评判历史人物的功绩与制度的功效，而需要考虑其是否合乎天理，在《答陈同甫》中，朱熹指出："老兄视汉高帝、唐太宗之所为，而察其心果出于义耶？出于利耶？出于邪耶？正耶？"[②]朱熹认为即使是汉高帝、唐太宗在统治中实现了社会安定，但这也不过是架漏牵补，并不符合天理之正。因此他们的主张虽然短暂地维系了统治，但由于他们未践行圣王之道，他们的统治并不能长久。

理学家将历史变迁中的"势"视为"理"的产物，因而其政治主张更关注制度是否合乎伦理纲常而非时势，如朱熹称："所谓损益者，亦是要扶持个三纲、五常而已"[③]，理学家在谈及历史中的"势"时，虽然承认历史"其势必变易"，却强调历史变易的方向同"理"相一致，因此制度的流变也需符合三纲五常的理念。理学家认为通过推进道德教化，教导世人"存理灭欲"即可恢复社会风气，人君只需效仿古代圣王创设的王道便可实现国家的长治久安。顾炎武对"势"的理解与理学家有相通之处，但也有所出入。《易·系辞上》云："势有相因天心系焉"的特征。顾炎武认为，一方面，势是一个逐渐累积的过程，在势累积的初期，人们可以在人事活动中逆势而为，同样能够取得一定效果，但随着势不断累积，这时候逆势而为就注定难以取得成效，唯有顺势而为才能实现目标；另一方面，势在累积的过程中是符合儒家所倡导的仁义观念的，《春秋繁露》云："仁，天心也。"顾炎武认为，历史演化的势，最终仍是同仁这一"天心"相一致的，因此，即使在人事活动中，人们需要根据当时的社会风气做出符合现实条件的决策，但这一决策在总的宗旨上不能违背儒家仁义理念。正因顾炎武既认为"势有相因"，又认为"势"有"天心系焉"，因此其社会历史观包含着复古意识与革新观念的内在矛盾，在这种思想的指导下，顾炎武虽然认为三代之治是儒家理想的王道政治，号召君王以恢复三代之治为目标，但在

---

① 黎靖德编：《朱子语类》，长沙：岳麓书社，1997年，第536页。
② 朱熹：《朱熹集》，成都：四川教育出版社，1996年，第1600页。
③ 黎靖德编：《朱子语类》，长沙：岳麓书社，1997年，第538页。

具体的政治主张中却更关注政策推行的难易程度与客观条件，强调施政的“与时偕行”原则。

二、顾炎武的政治思想

(一)顾炎武的道德教化主张

顾炎武在其对于“变”与“势”的理解下，形成了“与时偕行”的政治理念，这一政治理念同他的公私观、风俗观结合，形成了他具有经世特色的政治思想。顾炎武将整顿风俗，道德教化视为治世的根本，他认为：“论世而不考其风俗，无以明人主之功”①，君主对时代的风俗影响如何，被他视为评价君王之功的核心依据，顾炎武的“厚生”“富民”等理念，最终目的仍是推进社会良好风俗的发展。顾炎武关于整顿风俗、道德教化的主张并非简单地休养生息、教化爱民，而是其在把握社会发展之“势”与“变”的基础上提出的。

从顾炎武的变通观念来看，顾炎武认为势有相因而天心系焉，虽然他认为历朝历代的社会风俗有所不同，社会风俗的革化也非一朝一夕可以推进，但他也认为社会历史中的“势”同“仁”这一“天心”紧密关联。因此，在分析历代风俗时，顾炎武尤为肯定东汉时的风俗，认为此时期的风俗稍复于古，其在评价东汉风俗时称：“盖自春秋之后，至东京，而其风俗稍复乎古，吾是以知光武、明、章果有变齐至鲁之功，而借其未纯乎道也……光武有鉴于此，故尊崇节义，敦厉名实，所举用者莫非经明行修之人，而风俗为之一变。”②顾炎武认为，社会风俗是不断败坏的，在春秋时，人们还能尊礼重信，但至战国时已礼崩乐坏。关于这一百三十三年之间风气流败至此的原因，顾炎武认为在于文武之道败坏，士人缺乏廉耻。在此基础上，顾炎武指出，西汉时期虽然汉武帝表彰《六经》，独尊儒术，使得社会师儒的风气盛行，但儒家所主张的大义却未真正浸润人心，因而导致王莽摄政，颂德献符者遍于天下的状况；只有到了东

① 顾炎武：《日知录集释》，上海：上海古籍出版社，2006年，第750页。
② 顾炎武：《日知录集释》，上海：上海古籍出版社，2006年，第752页。

汉时期，光武帝、明帝、章帝尊崇节义，敦厉名实，使得风气一振，士人依仁蹈义，为道德是依，才使得东汉社会风俗稍复于古。基于东汉重塑风俗的成功，顾炎武指出，虽然由于风俗流变，社会的确出现了韩非所谓“上古竞于道德，中世逐于智谋，当今争于气力”的情况，但只要君王尊崇节义，是可以推动社会风俗恢复到三代时期的状态的。

由此可见，顾炎武在《日知录》中关于整顿风俗的治道主张并不仅仅是“教化纲纪”，也在强调在不同的社会风气下，通过劝学、奖廉等灵活变通手段重新扶持世人的廉耻之心，进而推动社会风俗的初步变化，在此基础上再进行具体的道德教化，从而使社会风俗恢复三代之淳。

（二）顾炎武的事功之道

相较于在《日知录》中强调风俗、教化的重要性，顾炎武在“乙酉四论”以及《郡县论》《生员论》等文中的主张则更偏向事功一侧。在这些策论中，顾炎武直言现存制度实际运行与理论的脱节，顾炎武认为，制度在创设时的理念是合乎儒家大义的，但当时势发生变化时，制度必须要随时而动，在不变动理念的情况下革新制度，做到“寓变于不变”。顾炎武称：“请于不变之中，而寓变之之制，因已变之势，而复创造之规。”①他强调制度的渐进变革，主张在改革制度内容的同时遵循其中一以贯之的儒家大义。

如在《军制论》中，顾炎武指出：“法不变，不可以救今已。居不得不变之势，而犹讳其变之实，而姑守其不变之名，必至于大弊。”②他认为在当时的环境之下，军制之法处于不得不变之势，其中不得不变强调的正是适时。顾炎武并非盲目的求变者，他只有在制度发展遭遇阻碍时才倡导变革，因为当不得不变之势确立之时，制度再不革新改变只会逆势而行，无法实现其创设时的本意。关于何时是不得不变之时，顾炎武认为是制度存在名实相乖之时，他认为：“今日之军制，可谓高皇帝之军制乎？其名然，其实变矣。而上下相与守

① 顾炎武：《顾炎武文集》21册，上海：上海古籍出版社，2011年，第184页。
② 顾炎武：《顾炎武文集》21册，上海：上海古籍出版社，2011年，第184页。

之至于极，而因循不改，是岂创制之意哉？”①随着时间的发展与社会风气的变化，即使制度的形式未发生变化，其实质往往也会发生改变，此时若仍持制度创设时的目的来为墨守制度辩护，就是不知制度的“实”与“迹”的差别。顾炎武主张在不得不变之时必须依托现实，创设合乎时下的新制度来取代旧制度，新制度虽然在内容上或许同旧制度大相径庭，但其理念却保持着高度的一致，此即所谓“寓变于不变”。又如在《钱法论》中，顾炎武指出：“莫善于国朝之钱法，莫不善于国朝之行钱。”②他认为虽然明朝的钱法兼顾了惠民与创收，但明朝的行钱制度却存在严重缺陷，亦是言及制度变革的问题。正如李洵所言：“顾氏的乙酉四论，基本上也是从南明偏安一隅为前提而写的偏安策。”③顾炎武在为偏安的南明朝廷提出建议时，明显更为关注策略适时的客观条件以及实现的难易程度，其主张多为权宜下的偏安之策。但在乙酉四论中，顾炎武仍强调虽处不得不变之势，但变革不可违背儒家仁义理念，要在坚守儒家仁义理念不变的基础上，革新制度与手法。顾炎武认可在实践过程中的权变行为，但仍坚持权变的目的是为了更好地实现儒家王道政治。这一理念同样与顾炎武对于“变”与“势”的理解紧密相关，顾炎武重视实践中势的作用，因而并不固守以儒家大义为标准对制度进行臧否；相反，顾炎武十分认同在贯彻儒家理念下善用权变顺应时势的变通之道，但由于其“势有相因而天心系焉”理念的影响，顾炎武政治主张的核心仍是爱民惠民，其最终目的仍是通过厚生来实现国家政权的稳定，进而为其教化主张提供良好的外部环境。

综上所述，无论是为后王提供的治国之策，还是为南明朝廷提供的偏安权宜之策，顾炎武都贯彻了其变通理念。在坚持儒家大义理念的前提下，顾炎武并不关注制度的具体形式，坚持认为当变之时需要速变，并且必须依据客观条件进行权变来推进制度变革。但顾炎武同样指出，真正的变需坚持“寓变于不变”，因为世间万物的变都是在天道的引导下运行的，历史变化的势也是天心

① 顾炎武：《顾炎武文集》21 册，上海：上海古籍出版社，2011 年，第 185 页。
② 顾炎武：《顾炎武文集》21 册，上海：上海古籍出版社，2011 年，第 189 页。
③ 李洵：《论顾炎武在‘郡县’等七篇政治论文中提出的社会问题》，《史学集刊》1983 年第 1 期，第 11–17 页。

所系的，所以顾炎武认为在进行制度变革时，所变的是制度的形式与痕迹，这是为了取得更好效益而革新，但不变的是旧制度创设时的符合天道的爱民惠民之心，新制度在形式上同旧制度发生了变化，但其实质却依旧是儒家的仁义理念。

三、顾炎武政治思想的特征

（一）对王霸思想的统一

顾炎武在撰写《日知录》时，称其为“上篇经术，中篇治道，下篇博闻，共三十余卷。有王者起，将以见诸行事，以跻斯世于治古之隆。”[①]由此可见，《日知录》有关治道的内容虽然多以臧否历史、援引故论的形式出现，但其中也集中体现了顾炎武个人的政治主张，对比顾炎武乙酉四论以及郡县论、生员论的主张，可以发现《日知录》中虽然同样涉及富民、强兵、以名为教等具体策略，但更多强调的是如何移风易俗，开展道德教化，并强调风俗厚薄与道德深浅对国家强弱的重要影响。若以儒家传统的“王霸”思想来看，顾炎武乙酉四论等政论文与《日知录》中的富民等策略无疑属于申韩之霸道，而其在《日知录》中所强调的道德教化与移风易俗的方法则又属于儒家王道，但顾炎武的思想不能简单用兼采王霸之道加以概括。事实上，顾炎武将富国强兵之策视为儒家王道的正统策略，只是不同于过往言利之臣从施政目的来论证富国强兵等策略符合王道，顾炎武指出：“欲使民兴孝兴弟，莫急于生财。以好仁之君，用不聚敛之臣，则财足而化行。人人亲其亲，长其长，而天下平矣。”[②]富国强兵之策可以促使民富国强，进而为“天下平”的政治理想奠定基础，而由生财到兴孝悌的过程，则由“势”加以推动，顾炎武认为，古代圣王正是随时而动，顺应“势”来创设制度，才能使得各项制度对良好社会风气的形成起到了促进作用，而其中最重要的，则是古代圣王对“人心”的把握。

---

① 顾炎武：《顾炎武文集》21 册，上海：上海古籍出版社，2011 年，第 149 页。

② 顾炎武：《日知录集释》，上海：上海古籍出版社，2006 年，第 380 页。

顾炎武在论及历史大势时，虽然多从当时所处的社会历史环境加以分析，但最后的落脚点却是“人心”。这也正是顾炎武所论的“势”与理学所论的“理”的最大差别，即顾炎武反对在自然与人事之外虚置“性与天道”之说，而从现实中把握儒家之道，顾炎武认为礼是圣王用来规范人心而设立的，其称：“礼者，本于人心之节文，以为自治治人之具。”①圣王设礼的智慧，也非从“理”中直接领悟，而是在自身的实践中获取的经验，“享天下之大福者，必先天下之大劳；宅天下之至贵者，必执天下之至贱……古先王之教，能事人而后能使人。其心不敢失于一物之细，而后可以胜天下之大。”②基于对圣王设礼的理解，顾炎武进而指出，由于圣王之制是圣王根据经验而设，并非“理”在社会的表现，因而后世践行儒家之道也就不需追寻礼之痕迹，而是把握先王设礼之心。

综上所述，顾炎武在把握世界变化与历史大势的基础上，围绕“人心”形成了其系统的政治思想。一方面，顾炎武强调古代圣王是在把握人心，顺应时势的情况下创设制度的，其称：“先王之制礼也，不可多也，不可寡也，惟其称也。”③先王制礼，是根据当时的条件而创设的，而其中圣王对“人心”中私欲部分的把握，被顾炎武视为创制的关键之处，其称：“世之君子必曰‘有公而无私’，此后代之美言，非先王之至训矣。”④顾炎武批评了理学“存理灭欲”的思想，他认为圣王正是在正确认识到私心是人之常情的情况下，通过创设制度来调动人的私心，进而实现了“合天下之私，以成天下之公”的目的，因此后世的政治制度与社会变革方案也需要依据客观条件加以改进，同时突破公私王霸之别，肯定了富国、强兵等策略的功用；另一方面，顾炎武强调政治制度同社会改革方案对社会风气的影响，顾炎武认为政治制度同样具有道德教化的功效，他虽然承认私心是人之常情，理学主张的“存理灭欲”不具有可操作性，但这并不意味着他完全以实际效果来作为衡量制度好坏的标准。正如其指出圣

① 顾炎武：《顾炎武文集》第21册，上海：上海古籍出版社，2011年，第81页。
② 顾炎武：《日知录集释》，上海：上海古籍出版社，2006年，第333页。
③ 顾炎武：《日知录集释》，上海：上海古籍出版社，2006年，第381页。
④ 顾炎武：《日知录集释》，上海：上海古籍出版社，2006年，第148页。

王创制是“合天下之私，以成天下之公”一般，顾炎武在谈及其制度构建以及社会改革方案时，强调众治与个人参与，这些方案与顾炎武“博学于文，行己有耻”的道德教化方案一并构成了顾炎武完整的政治思想体系。

总而言之，在其变通观的指导下，顾炎武将历史大势理解为“天心”与“人心”的统一，其中把握“人心”，即为顾炎武认为治世的重中之重，正因如此，顾炎武的政治主张实际不再强调“王霸之辨”，而是关注制度与人心的双向互动，在此基础上，顾炎武形成了以“修己治人”为核心的政治思想。

（二）对事功与教化的统一

在阐述“以名为教”的观点时，顾炎武指出：“故昔人之言曰名教，曰名节，曰功名，不能使天下之人以义为利。而犹使之以名为利，虽非纯王之风，亦可以救积污之俗矣。”[①]顾炎武将以义为利视为“纯王之风”，可见其并未将义利加以对立，而是由人之常情出发，试图通过制度建设来引导人们“以义为利”，而在使天下人以义为利实现困难时，顾炎武方才提出“以名为教”的方案，希望能够引导天下之人“以名为利”。

顾炎武的这一政治思想表明，他并不赞同理学家强调对天下人进行道德教化，提高理政官员的道德修养，进而实现治国平天下目标的思路。顾炎武指出，需要在政治制度建设中更加强调众治，要做以“以天下之权，寄天下之人”，顾炎武的这一观念主要是从事功的角度加以考量的，其在《郡县论》里谈及“寓封建之意于郡县之中”时称：“使县令得私其百里之地，则县之人民皆其子姓，县之土地皆其田畴，县之城郭皆其藩垣，县之仓廪皆其困窌”[②]，天子将权力下放，县令掌握权力，便会为其私而尽职尽责，而县令为其私的举动又会在客观上达成“为天子”的结果，与之相似，顾炎武的政治主张往往都从事功的角度出发，利用人的“自私心”来实现理想的治理效果。

与之相关联的是顾炎武的道德教化主张，顾炎武重视道德教化对社会治理

① 顾炎武：《日知录集释》，上海：上海古籍出版社，2006年，第767页。
② 顾炎武：《顾炎武文集》第21册，上海：上海古籍出版社，2011年，第60页。

的功效，他认为："治乱之关必在人心风俗"，而其中朝廷的教化对天下良善的风俗起到了重要作用，"朝廷有教化，则士人有廉耻；士人有廉耻，则天下有风俗"①，顾炎武所谈的教化，并非是单指宣扬道德，而是指国家政治制度需要为天下人营造良好的环境，使得天下人在自身私情的驱使下主动"行己有耻"。顾炎武指出："名之所在，上之所庸，而忠信廉洁者显荣于世；名之所去，上之所摈，而怙侈贪得者废锢于家。即不无一二矫伪之徒，犹愈于肆然而为利者。"②天下人的廉耻之心并非天生具有的，而是在社会重名或重义的风气影响下，人们以名为利或以义为利观念影响下形成的。顾炎武又称："所以然者，人之不廉而至于悖礼犯义，其原皆生于无耻也。故士大夫之无耻，是谓国耻，吾观三代以下，世衰道微，弃礼义，捐廉耻，非一朝一夕之故。"③社会对良俗道德的肯定性评价促使人廉耻之心的形成，而有耻之人又能有效地维护礼义。

在强调国家政治制度对社会风气与道德教化影响的基础上，顾炎武阐述了其"修己治人"的实践观念，顾炎武认为，良政既能为良好的社会风气提供有利的社会环境，其自身又能直接引导人们提升道德修养，在良政的影响下，人们愿意主动承担社会责任，提升自身道德修养，而就个人如何进行实践的问题，顾炎武提出了"修己治人"的原则。在评论明末道学时，顾炎武称："昔之清谈谈老庄，今之清谈谈孔孟……不习六艺之文，不考百王之典，不综当代之务，举夫子论学论政之大端一切不问……以明心见性之空言，代修己治人之实学。"④所谓修己治人之实学，包括百王之典，当代之务以及夫子论学论政之大端，顾炎武认为，人由自身廉耻之心所驱动而追寻的不能是"明心见性之空言"，即只重视自身的道德修养，而是要追求实现"修己治人"的目标，即兼顾提升自身素养与承担社会责任。

在此基础上，顾炎武进一步指出："愚所谓圣人之道者如之何？曰"博学

---

① 顾炎武：《日知录集释》，上海：上海古籍出版社，2006年，第773页。
② 顾炎武：《日知录集释》，上海：上海古籍出版社，2006年，第767页。
③ 顾炎武：《日知录集释》，上海：上海古籍出版社，2006年，第772-773页。
④ 顾炎武：《日知录集释》，上海：上海古籍出版社，2006年，第399页。

于文”，曰“行己有耻”。自一身以至于天下国家，皆学之事也；自子臣弟友以至出入往来、辞受、取与之间，皆有耻之事也。”①顾炎武认为，天下之人都需要自觉树立廉耻观，以此更好地进行“修己”，廉耻之心虽然并非人天生具有，但良政等客观条件也只起到潜移默化地推动作用，无论时代风气如何，天下人还是需要主动地追求“修己治人”的目标。顾炎武认为正是在“彼昏之日”有着“独醒之人”，因此在世风日下时才能有有识之士主动承担起“保天下”的重任。而要实现“修己治人”的目标，人需主动“博学于文”，这就要求人洞悉朝章、国典、民风，能够在参与政治实践时充分发挥自身所学，用以经世。

综上所述，顾炎武认为天下人既是在事功之道下被治理、被引导的对象，又是能在道德教化中自我提升道德素养与职业素养的主动者，进而参与到事功中。顾炎武在把握人心与制度相互影响的“势”的情况下统一“事功”与“教化”，一方面强调制度本身对社会风气的影响与教化功能；另一方面强调学须有益于世，倡导天下人主动承担责任，提高自身素养能力，进而参与到政治实践之中。

余　论

顾炎武的《郡县论》等政论文是直接针对明朝弊病而作，其中的政治主张以及社会变革方案是顾炎武在依据当时的社会风气以及国家能力具体制定的，这些主张关注的并非顾氏心中王道政治的建构，而是针对当时南明王朝所面对的重重困难所做的权宜之策。而《日知录》中的治道主张则是顾炎武探求古今之变思考的结果，这些主张并非单为明朝弊病而作，而是顾炎武在把握历史大势的基础下所做的论断。正如其所言：“国家之所以存亡者在道德之浅深，不在乎强与弱；历数之所以长短者在风俗之厚薄，不在乎富与贫。”②在把握世界变易的规律以及历史发展的大势情况下，顾炎武认为影响国运兴衰的最大因素

---

① 顾炎武：《顾炎武文集》第21册，上海：上海古籍出版社，2011年，第92页。

② 顾炎武：《日知录集释》，上海：上海古籍出版社，2006年，第758页。

在于道德之深浅与风俗之厚薄，而非国家的经济实力与军事实力。从表面上看，顾氏在郡县论等政论文中的政治主张同《日知录》中的治道主张是有所抵牾的，但二者蕴含的核心思想实际上是一以贯之的。顾炎武的主张统一在其对历史大势的把握之中，对于儒家理想王道政治的追求并不影响顾炎武在面对具体问题时做出合乎时变的权变之举。顾炎武的政治主张并非可以简单地以道德教化与移风易俗来概括，而是以儒家教化之道统合富国强兵之术，在把握二者轻重、缓急、主次的问题上，顾炎武的变通思想都发挥了重要作用。正如顾炎武在与黄宗羲的书信中言："古之君子所以著书待后，有王者起，得而师之……圣人复起，不易吾言，可预信于今日也。"①基于其"随时而变""势有相因"的思想，顾炎武指出其在《日知录》中所阐述的治道主张，不是当时的应对之策，而是在未来"拨乱涤污，法古用夏"②后供王者所借鉴的策略。

（作者：龚怿琦，西北大学中国思想文化研究所博士研究生。研究方向为中国思想文化史）

Changing through the Middle Way: The Versatile Dimension in Gu Yanwu's Political Thought

Abstract: Based on the concept of flexibility in the *Book of Changes*, Gu Yanwu developed his philosophy of change, encapsulated in the idea of "adapting to change as it comes". He applied this philosophy to analyze social history, uncovering the role of "momentum" in the "transformation of past and present". Gu Yanwu's thought on flexibility encompasses his understanding of the nature of the uni-

① 顾炎武：《顾炎武文集》第 21 册，上海：上海古籍出版社，2011 年，第 298-299 页。
② 顾炎武：《顾炎武文集》第 21 册，上海：上海古籍出版社，2011 年，第 203 页。

verse and historical laws, as well as how to utilize change and adapt to circumstances in human affairs. This forms a crucial part of his practical philosophy of statecraft and utility. Gu Yanwu believed that "momentum is interconnected", and that in human affairs, one must grasp the prevailing momentum, act in accordance with it, and move at the right time. Based on his grasp of "change" and "momentum", Gu Yanwu consciously practiced the principle of "moving with the times" in his political proposals and social reform plans, emphasizing the importance of adapting to the changes of the times in practice.

Keywords: Gu Yanwu; Flexibility; Current situation; custom

写本文献研究

英藏湘媛曾纪耀《紫琅玕院遗稿》刊本考述*

聂志军　易倩楠

摘　要：以英国国家图书馆藏光绪本《紫琅玕院遗稿》为研究对象，结合宣统本进行校勘，对其进行整理与研究，探讨其与曾国藩教育思想的联系，对曾国藩与湖湘文化进行辐射研究也具有积极的理论意义和实践意义，以此推进晚清湖湘女性文化名人以及曾国藩研究。

关键词：曾纪耀；《紫琅玕院遗稿》；曾国藩；曾纪泽

中国女性文学创作，滥觞于《诗经》《楚辞》中的女性作者，代不乏人。到了明清，特别是清代，随着对程朱理学的猛烈批评，女性的主体意识也渐觉醒，女性诗词创作得以发展，女性诗人猛增。据胡文楷《历代妇女著作考》不完全著录，明清两代至少有女诗人 3750 人，占中国古代女性作家的 90% 以上；而清代女诗人就有三千五百余家，创作队伍甚是宏大。① 这正如易顺鼎《清代闺阁诗人征略》序所说："……所传名媛，不少诗家。至于有清，遂臻极轨。琼闺之彦，绣阁之姝，人握隋珠，家藏和璧。"②清琿楼主《清代闺阁诗钞》序亦云："至有清一代，闺阁之中，名媛杰出，如蕉园七子、吴中十子、随园女弟

* 本文系湖南省社会科学成果评审委员会项目"英藏湘媛曾纪耀《紫琅玕院遗稿》整理与研究"（XSP17YBZZ039）阶段性成果。

① 胡文楷：《历代妇女著作考（增订本）》，上海：上海古籍出版社，1985 年，第 2-50 页。

② 施淑仪：《清代闺阁诗人征略》，上海：上海书店，1987 年，第 1 页。

子，至今犹脍炙人口。”[①]《紫琅玕院遗稿》就是湖南名媛曾纪耀所著的一部诗稿，具有鲜明的时代和地域特色。但是长期以来，该诗稿国内很难一窥其真容。2015 年 12 月笔者接受国家留学基金委地方合作项目资助，曾赴英国国家图书馆(British Library)进行为期一年的访问学者工作。我们有机会看到该诗稿的写本，现略作考述，以利学界。

一、《紫琅玕院遗稿》版本介绍

清代湘媛曾纪耀著有《紫琅玕院遗稿》一卷。此书前有其兄曾纪泽所作序言。有光绪七年辛巳(1881)刊本和宣统元年乙酉(1909)排印本。又刊载于《扬子江小说报》第五期。[②] 其实，《扬子江小说报》是将《紫琅玕院遗稿》分两次刊登在第四、五期，出版日期分别为 1909 年的 8 月 16 日和 9 月 14 日，应该就是宣统排印本。[③]《清代诗文集珍本丛刊》中有《紫琅玕院遗稿(清)曾纪耀撰清光绪七年(1881)刻本》，册数：第五四八册。[④] 英国国家图书馆(*British Library*)藏有《紫琅玕院遗稿》一卷，洋装，橙色封皮，书版尺寸 26.2×15.4cm，框栏尺寸 18.3×11.8cm，白口，单鱼尾，半页 8 行 18 字，一卷 9 页，卷首页有 British Museum 红色印章一枚，文末有 1 跋，题“光绪七年腊八日兄纪泽附识”。此书为光绪七年辛巳(1881)刊本，是清代湘媛曾纪耀所撰诗集，死后由其兄曾纪泽整理出版。该书集诗二十首，分别题为《岁华三首》《纪梦》《酷暑》《听琴》《蟁(蚊)》《兰》《月夜忆淑懿诵芬及诸妹》《独酌遣兴》《闻蝉忆伯兄二弟》《种花》《追忆伯姊》《吊九妹》《鸟》《走蛟》《喜晴》《望觚楼晚眺》《焚香》《煮茗》。

---

① 转引自王英志：《性灵派研究》，沈阳：辽宁大学出版社，1998，第 242 页。

② 胡文楷：《历代妇女著作考(增订本)》，上海：上海古籍出版社，1985 年，第 636 页。

③ 曾纪耀：《紫琅玕院遗稿》(未完)，《扬子江小说报》第四期，1909 年 8 月 16 日(宣统元年七月一日)；曾纪耀：《紫琅玕院遗稿》(续)，《扬子江小说报》第四期，1909 年 9 月 14 日(宣统元年八月一日)。

④ 陈红彦，谢冬荣，萨仁高娃编：《清代诗文集珍本丛刊(总目索引提要)》，北京：国家图书馆出版社，2017 年。

曾纪耀(1843—1881)，湖南湘乡(今双峰)人，曾国藩次女，适茶陵陈松生。陈松生为曾国藩道光十八年同科进士陈源兖之子，虽有隐疾，但从小聪颖过人，可惜成人后碌碌无为。陈源兖咸丰三年(1853)兵败自刭之后，曾国藩将其收为养子，并将曾纪耀许配给他。夫家家道中落，经济困窘，但她牢记父训，多方筹划家务以尽妇道，且与家人和睦相处。曾纪耀虽未生育，但深得两个嫂子信任，继养两个女儿，其次女后来成为民国要人朱启钤的夫人。1881年曾纪耀病逝于巴黎。

从现存资料看，曾国藩一生写给兄弟的家书近九百余封，写给两个儿子家书一百余封，唯独没有给自己五个女儿写过家书。曾国藩在家书中提出，曾家的男人“看、读、写、作”缺一不可，女人则是“衣、食、粗、细”缺一不可。所谓“衣”，就是纺布绩麻，准备做衣服的材料；所谓“食”，就是准备饭菜酒食，学会做饭类；所谓“粗”，就是做鞋子、缝衣服之类的活儿。所谓“细”，就是绣花。虽然曾国藩没有专门给女儿写过家书，但他的家书中处处注重对女儿的教育，日常生活中更注重对女儿的教育，以此来培养其心目中理想的封建淑女，实践其个人的女性塑造和教育观。曾国藩对女儿的教育事事定规立矩，时时严格要求。他甚至认为，女人的一举一动，关系家庭兴衰成败，“家中兴衰，全系乎内政之整散。尔母率二妇诸女，于酒食纺绩二事，断不可不常勤习。”(《家训》卷下，同治五年十一月初三日)在以勤俭、耕读为家风的富厚堂，女儿们不但知书达理，才德兼备而且习女红做家务。吟诗作画更是每个人的基本功。女性作诗以刘鉴(曾国荃儿媳妇，大夫第的女主人，曾宪植之先祖母)、郭筠(1847—1916，字诵芬，晚号艺芳老人，曾国藩第三子曾纪鸿夫人，翰林院才子曾广钧的母亲，教育家曾宝荪的祖母)为翘楚。前者留下《分绿窗集》4册，后者留下《艺芳馆诗存》160余首。从《紫琅玕院遗稿》收录的《月夜忆淑懿诵芬及诸妹》来看，曾纪耀与郭筠等人多有诗歌唱和，由旧入新的女性风貌，可从这些唱和诗中一见端倪，曾家富厚堂的女人已经形成了一个诗歌创作小团体。

曾纪耀生前并不以诗名显于世，正如曾纪泽书末序言所说：“妹幼时未尝入塾读书，长而胶筋淬骨，日困于针布孔目米盐凌杂之中，其能识字作书，通经论史，属词不涉鄙俚，里郧戚串，已有瞿然异之者，自父母兄弟姊妹之亲，盖无人知其能诗。"《紫琅玕院遗稿》光绪七年首刊，宣统年间又有排印本，但国内罕见。因此，现有的《紫琅玕院遗稿》研究，可以说还是一片空白。

二、光绪本与宣统本《紫琅玕院遗稿》校勘

《紫琅玕院遗稿》各种著录屡有提及，但是其20首诗作完整内容罕见披露。今以1881年英藏光绪本为底本，1909年宣统本作为参校本，再结合其他相关论著进行释录。

紫琅玕院遗稿①

适茶陵陈氏湘乡曾纪耀，字仲琨著②

岁华三首

岁华掣流电，忽忽秋复春。秋至凉飙肃，万木荒荆蓁。

启箧觅轻絮，展袱见罗巾。罗巾何所贵，慈母昔所珍。

手泽浣如新，慈颜会无辰。无辰得相见，辗转泪如霰。

空劳梦寐思，何缘能一面。墟墓虽云迩，纤弱难常奠。

荏苒将三载，人事已屡变。事变时易移，此怀终不倦。

不倦梦难通，铁马声丁东。轻风动帷幕，③ 微月映窗栊。

抚今追往昔，沉痛结幽衷。援笔写悲怀，才竭意难穷。

心香诚默诉，④ 愿得达苍穹。

纪梦

数年离慈母，音容渺不逢。宵来忽入梦，蔼然溢仙风。

眉敛灵鹫秀，目炯朗星同。朴洁犹若昔，神情倍冲融。

---

① 释文底本中的繁体字、俗字改为相应的简体字。题名之后，宣统本有括号注明"词林之八"。

② 此句宣统本作"仲瓚女史，适陈氏，曾纪燿著"，文字表达稍有出入。"耀"，宣统本作"燿"，"燿"同"耀"。"琨"，宣统本作"瓚"。

③ "幕"，宣统本作"幙"，"幙"同"幕"。

④ "诉"，宣统本作"愬"，"愬"同"诉"。

顾我牵衣泣，引手慰语隆。云自长别后，随父悟神功。
泛云薄宇宙，乘风藐华嵩。周游度苦厄，屏除儿女衷。
驭空偶经过，垂示释愚蒙。人生皆幻境，聚散类霞虹。
汝须研此旨，能令万虑空。豁然忽惊觉，朝暾已升东。
起坐深寻究，恍然宿郁通。斯梦诚非梦，吾生始是懵。

酷暑

三庚起初伏，皓皓赫曦蒸。[①] 羽扇难逐暑，轻絺疑重绫。
池鱼绕渊驰，游禽觅林蓊。[②] 朝兴怯炎晞，夕寝畏燃灯。
念我处广厦，值兹犹不胜。嗟彼肩与负，艰辛谁为矜。
默究止足理，清钟自铿耾。逸然涤烦垢，溽暑亦消澄。

听琴

秋高河汉长，疏櫺浩月侵。微风因隙来，悠然送琴音。
绰注清堪听，吟猱意倍深。浑如幽壑瀑，又疑野戍砧。
冷冷一何哀，恍若游子吟。曲终四壁静，余韵留疏林。

蟁[③]

溽暑扰清兴，避炎向花阴。流萤沾野草，饥蚊绕衣襟。
身轻飘柳絮，吻利疑蜂针。饥驱日扰扰，未饱已遭擒。
藉此微物性，聊述贪婪箴。

兰

芳兰生幽谷，素洁独逸群。为怯尘氛扰，深潜意自欣。

月夜忆淑懿诵芬及诸妹

开轩望园圃，皎月照楼台。微风送琴声，听之起徘徊。
美人隔秋水，欲往怅溯洄。俯仰情抑郁，遣怀聊举杯。
杯尽亦已醉，结衷若为开。聚散人之常，何乃苦萦回。
聚固深所愿，散亦无可哀。恍然悟此理，万里无纤埃。

---

① “皓皓”，宣统本作“杲杲”。
② “蓊”，宣统本作“瞢”。
③ “蟁”，宣统本作“蚊”，“蟁”同“蚊”。

独酌遣兴

极目览层霄，皎然无片云。明月映苔痕，帘影漾波纹。

远钟声断续，微飙吹芳芬。此乐浩无极，有酒不辞醺。

悠然入清梦，何处著尘氛。①

闻蝉忆伯兄二弟

清秋应商律，寒蝉声抑扬。随风飘断续，悠悠动离肠。

念我同怀子，各在天一方。笾豆非难傧，道路阻且长。

愿借长房力，怡怡聚一堂。

种花

种花满园圃，叶茂花亦鲜。碧天零甘露，疏影照清泉。

嘉种不厌繁，四时迭为妍。

追忆伯姊

月斜万籁静，只闻玉漏频。绿窗淡竹影，青灯昏若磷。

有怀不能寐，愁肠郁轮囷。雁行并森茂，伯姊独湮沦。

弱龄具颖慧，双亲膝前珍。殷殷诱弟妹，勤勤事针纫。

巨细能剖断，分忧娱慈亲。笄年赋桃夭，② 烂漫饶天真。

小星列三五，诵诗美诜诜。览史嗟渊跖，造化侮哲人。

去来自适顺，洒然撇幻尘。芳姿浸没久，百诎无一伸。

彤管虽有炜，懿德谁为陈。

吊九妹③

郁郁经霜白，青青自蕴芳。昔为连枝树，亲爱自靡常。

伤尔罹不造，忧艰独备尝。髫年悲失怙，强颜慰萱堂。

及笄赋于归，静好叶翱翔。天道不可测，中路泣其姜。

上无白发亲，下无黄口郎。俯仰摧肝肺，生境苦荒凉。

欲殉为众挠，抑痛强理丧。窀穸求周备，继嗣冀馨香。

① “著”，宣统本作“着”，“着”同“著”。

② “桃夭”，宣统本作“夭桃”。

③ 从“吊九妹”到“煮茗”，因暂未找到宣统本相关内容，仅依据光绪本释录，未与宣统本对校。

系累既已解，从容返仙乡。玉阙晤夫婿，萧声感鸾皇。
质虽委重壤，名付青史扬。

鸟

南山有乔木，鸟鸟巢其颠。质禀瑶光结，纯阳赋自天。
萃冠嘉曾孝，啄吻恶谮贤。哑哑几群噪，翩翩接翅眠。
世人尚俗谚，闻声怯祸延。苟识反哺义，清思应赧然。
嗟余负此质，愧诵蓼莪篇。

走蛟

淫霖竟匝月，征人行路难。桑田将为海，怒蛟起蛰蟠。
青黄满四野，泥沙相摧残。农夫失所望，村舍墙不完。
念此感我怀，有酒不能欢。兵后多凶年，此理不可刊。
蠢然一微物，安能兴狂澜。

喜晴

晓梦初惊觉，乍闻啼鸟声。绿窗新曙色，百卉欣向荣。
对此增逸兴，携酒共花倾。陶然有余乐，何用好爵萦。
积旬苦淫雨，开轩来景风。层云吹散净，旭日耀碧空。
草木增茂色，禾稼郁芃芃。鸟兽欣跃舞，鸣响应华嵩。
缅怀在超逸，流潦扰昏濛。斯日称素愿，豁然舒曲衷。
呼童沽美酒，预庆西成功。

望舢楼晚眺

间居怯隆暑，登楼纳晚凉。俯仰观宇宙，山水含辉光。
晴岚掩遥岑，澄波敛夕阳。轻风拂面来，檐铎声悠扬。
洽然涤胸臆，令我俗虑忘。

焚香

昼长每多暇，拭炉爇沉榆。青烟缕云篆，幽香散四隅。
静领清气余，使我百虑无。香严能悟道，佛理赅精粗。

煮茗

暄风弄韶景，深闺逸兴余。约伴试临眺，名园景物华。

青山郁苍翠，碧水照红花。风来鸟声远，雨过蝶翅斜。

安炉煨活火，汲井烹新茶。安得中泠泉，一试栗粒芽。

妹幼时未尝入塾读书，[①] 长而胶筋淬骨，日困于针布孔目、米盐凌杂之中，其能识字作书、通经论史，属词不涉鄙俚，里鄗戚串，[②] 已有瞿然异之者。自父母兄弟姊妹之亲，盖无人知其能诗。[③] 近岁在西洋旅寓，昼长无事，时时手钞汉晋唐宋人古近体诗，[④] 以课其女。余喜其抉择有理，致犹不闻其颇自学为之也。没后，[⑤] 松生妹婿发其篋簏，乃得遗稿之已成章者二十篇，隽永之言，居然可诵。秘之，诚何意哉？世有趁韵曼吟，偶得一二稳适之句，辄姝(姝)姝然自悦，[⑥] 不肯闭藏焉者，其必为吾妹所窃笑无疑也。妹温柔敦厚，秉之天性，是以造次出语，不假雕饰，往往合于古之作者。呜呼！德性之纯良，器识之超卓，无所附丽以传者，皆随其人而死矣。剩此糟魄千余言，生平所不屑经意等诸棋酒游戏之科者，仅乃存焉。幸而编于丛书杂俎之末，其果能为采风者之所不弃乎？抑犹未耶。

光绪七年腊八日兄纪泽附识。

从以上校勘来看，光绪本和宣统本虽然是同一本诗稿，但是因为时间相差28年，还是有些差异。最大的不同是曾纪泽所写的这段文字出现的位置，英藏光绪本此段文字书于曾纪耀诗之后，应为后记。宣统本书于曾纪耀诗之前，视作序言。此外，关于曾纪耀的字，光绪本作“适茶陵陈氏湘乡曾纪耀，字仲琨著”，宣统本作“仲瓒女史，适陈氏，曾纪耀著”，后面各种著录一般都采用“仲瓒”。从时间先后和逻辑上来看，光绪本在前，并且是曾纪泽亲自整理出版，“仲琨”的可信度更高。当然，我们也需要更多其他的资料来辅证。

---

① 此段文字，英藏光绪本书于曾纪耀诗之后，应为后记。宣统本书于曾纪耀诗之前，视作序言。

② “鄗”，宣统本作“党”，“鄗”同“党”。

③ “盖”，宣统本脱。

④ “钞”，宣统本同，“钞”同“抄”。

⑤ “没”，宣统本作“殁”，“殁”同“没”。

⑥ “姝”，当作“妹”，据宣统本改，“姝”为“妹”之讹字。

三、《紫琅玕院遗稿》的影响与意义

选取英国国家图书馆藏刊本《紫琅玕院遗稿》作为研究对象，系连《艺芳馆诗存》《分绿窗集》《鬘华山馆诗钞》等诗集以及《曾国藩全集》《湘乡曾氏文献》。利用在英国国家图书馆（British Library）访学一年的机会，对照底本进行文字释录，然后对《紫琅玕院遗稿》进行数字化拍照，以便后期校对。利用《紫琅玕院遗稿》诗作披露的内容，结合《曾国藩全集》《湘乡曾氏文献》以及相关史料记载，勾勒曾氏家族、特别是女性群体的交往关系，纠正以往研究过程中的错误。分析《紫琅玕院遗稿》诗作的文学特点与艺术特色，总结其文学价值，结合其成长经历，初步探讨其在清代湖湘女性文学史上的地位。查阅《紫琅玕院遗稿》光绪七年（1881）刊本原件，结合宣统元年（1909）排印本（刊于《扬子江小说报》第五期），对《紫琅玕院遗稿》进行正确释录。重新审视曾国藩家族女性诗人群体在清代湖湘文学史上的地位。通过共时——历时比较研究，分析《紫琅玕院遗稿》的文学价值，梳理《紫琅玕院遗稿》中的相关人物、史事，进一步廓清曾氏家族人物关系，增补正史之阙。《紫琅玕院遗稿》为曾纪耀生前所作，并不为人所知，死后由其夫婿陈松生发其簸箎所得，并无诗集名称之说明，其得名值得进一步深入研究。曾纪耀作为女性诗人，题材更多关注曾氏家族女性人物，以及以女性角度去反映相关史事。但是女性人物在史料中记载较少，材料相对缺乏，人物关系、事件的考订成为一个具有较高挑战性的难点。

在“一带一路”倡议之下，随着国际教育文化交流的合作日益频繁，越来越多的国外教育研究机构收藏的汉藉文献被披露和发掘，国内文科学者因而有机会出国查阅汉藉文献，国内罕见的清代曾纪耀《紫琅玕院遗稿》就是在这样背景之下被发掘出来，力争恢复其原来面貌。《紫琅玕院遗稿》的文学特点和价值亟待重视，相对于以往研究主要关注男性诗人群体，女性诗人群体的研究价值需要重新审视。《紫琅玕院遗稿》记载了很多曾国藩家族内部之间的交往史实，很多不见于史书记载，在曾国藩家族研究史上的地位需重新认识。

对《紫琅玕院遗稿》光绪七年刊本进行综合考察，从历史文献学角度首次进行正确过录，参考宣统元年(1909)排印本(刊于《扬子江小说报》第五期)，推出全新、准确校注本。在释录正确的前提下，结合传世文献，对长期存在的一些疑难问题，尝试从语言学的角度进行切入，结合经学史的研究，加深对《紫琅玕院遗稿》的理解。开辟新领域，发掘清代其他女性诗人新材料，廓清《紫琅玕院遗稿》流传细节。学科交叉研究，从中国古代文学、历史文献学等学科综合研究。参考曾国藩研究的新成果，系统考察英藏《紫琅玕院遗稿》，发现清代湖湘女性诗人作品新版本。核对原稿，整理出英藏《紫琅玕院遗稿》准确、系统的校注本。在核查原稿的基础上，首次有意识地把英藏《紫琅玕院遗稿》与《曾国藩家书》《湘乡曾氏文献》贯通起来，互相印证，看作一个有机统一体进行注释。

对英藏《紫琅玕院遗稿》的整理和释录，不同于一般的古籍整理。首先，虽然英藏《紫琅玕院遗稿》再版两次，并且刊登在《扬子江小说报》第五期，但是由于作者是女性诗人，流传并不是很广，目前国内罕见。其次，曾国藩研究虽然在湖南具有一定研究基础，但是由于研究材料的限制，特别是曾氏家族内部女性成员的资料相对缺乏。第三，由于曾国藩研究资料随着曾氏后人流散海外各地，必须到国外核查原件才能较好地解决。所以，对英藏《紫琅玕院遗稿》进行整理和释录是一项耗时耗力、十分艰苦的创造性劳动。

《紫琅玕院遗稿》研究的价值和意义侧重于以下几个方面：侧重对《紫琅玕院遗稿》进行整理与研究，其中曾纪耀 20 首诗作是国内解放后首次公开刊布，对于丰富清代文学特别是女性文学史有着特别价值。以往的曾国藩家书研究，披露的内容更多是与曾纪泽等男性家庭成员的关系。随着新材料的披露，不仅可以了解更多的曾国藩家族女性成员的信息，也从一个侧面丰富了曾国藩研究的内容，开辟了新的研究领域。重视曾国藩家族女性群体文学现象研究，系连郭筠(曾国藩第三子曾纪鸿夫人)、刘鉴(曾国藩弟弟曾国荃儿媳，曾宪植祖母)、唐群英(曾国藩堂弟曾传刚夫人)、秋瑾(曾国藩姐姐夫家人王延钧夫人)、葛健豪(曾国藩弟弟曾国潢女婿之侄女，蔡畅、蔡和森之母)曾广珊(曾国藩孙女，郭筠之女)等人文学作品，探讨这一女性文学群体的内在关联，从文献校刊学出发，参考前人研究成果对《紫琅玕院遗稿》文献进行整理。

四、结语

以英国国家图书馆藏光绪本《紫琅玕院遗稿》为研究对象，结合宣统本进行校勘，对其进行整理与研究，将《紫琅玕院遗稿》看作一个有机整体，探讨其与曾国藩教育思想的联系，对曾国藩与湖湘文化进行辐射研究也具有积极的理论意义和实践意义，以此推进晚清湖湘女性文化名人以及曾国藩研究。

（作者：聂志军，文学博士，湖南科技大学湖南省语言资源研究基地教授。研究方向为域外汉籍文献；易倩楠，湖南科技大学人文学院在读研究生）

A Study of the Published Manuscripts of the Zi Lang Gan Yuan（紫琅玕院）by Socialite Zeng Jiyao of Hunan Province born in British Collections

Nie Zhijun　Yi Qiannan

Abstract：The study focuses on the Guangxu（光绪）edition of the Zi Langgan Yuan（紫琅玕院）Manuscripts in the British Library，and combined with the Xuantong（宣统）edition for collation，organization，and research，and its connection with Zeng Guofan's educational thought is explored. Conducting radiation research on Zeng Guofan and Hunan culture also has positive theoretical and practical significance，in order to promote research on female cultural celebrities and Zeng Guofan in late Qing Dynasty in Hunan.

Keywords：Zeng Jiyao；Zi Langgan Yuan（紫琅玕院）Manuscripts；Zeng Guofan；Zeng Jize

湘籍语言学家曾运乾述略

尹戴忠　刘　洁

摘　要： 曾运乾(1884—1945)，湖南益阳人，中国近现代史上著名的语言学家。曾运乾在音韵学、训诂学等领域提出了许多创见，并得到了学界的广泛认可，尤其是音韵学成就斐然。在学术研究上，曾运乾治学精审，注重实证，善于吸收各家之长，形成自己独特的学术思想体系。其学术成就卓著，学术思想对当时的学术界产生了巨大而深远的影响。曾运乾之所以有如此成就，主要得益于自幼聪慧、良师益友、文笔流畅、工作积累等。

关键词： 曾运乾；学术思想；学术影响；成就原因

曾运乾(1884—1945)(以下简称"先生")，字星笠，号枣园，又号半僧，湖南益阳人，是中国近现代史上著名的国学大师、杰出的语言学家、知名的音韵学家。杨树达曾评价先生为"清代三百年所未有也"。①

先生在音韵学、训诂学等领域均取得了举世瞩目的成就，尤其是音韵学成就斐然，如"《广韵》声纽五十一类之说""喻三归匣、喻四归定""古韵三十部之说"等观点均已成为汉语史之定谳，得到了学术界的广泛认可，当时治音韵者"莫不嗟叹，以为定论，虽域外人之治汉学者亦莫不称许也"。② 先生的训诂学成就如《尚书正读》《毛诗说》《尔雅义证》《说文转注释例》等也是其重要的研

① 杨树达：《曾星笠传》，杨树达：《积微居小学述林全编》下册，上海：上海世纪出版股份有限公司、上海古籍出版社，2013 年，第 467 页。

② 杨树达：《曾星笠传》，杨树达：《积微居小学述林全编》下册，上海：上海世纪出版股份有限公司、上海古籍出版社，2013 年，第 467 页。

究成果，在学术界产生了广泛影响。鉴于先生所取得的巨大成就及深远影响，我们可以说“曾运乾在湘学史上确实具有标志性的意义”。[①]

目前学术界对先生的研究成果不多，仅10余篇论著，如伏俊琏(1993)、时建国(1998、2009)、陈新雄(2000)、李斌、陈志萍(2011)、曾常红(2011)、符岚(2013)、夏剑钦(2013)、吴仰湘(2014)、尹喜清(2015)、覃力维(2020)等。这些研究成果大多聚焦于先生的学术成就，尤其是音韵学成就。迄今为止，尚未有学者针对先生的学术思想、学术影响、取得巨大成就的原因做过研究。可以说，语言学领域对先生的研究还未引起足够的重视。有鉴于此，本文专就先生的学术思想、学术影响及其取得学术成就的原因进行深度考察，藉以弘扬湖湘文化，砥砺湖湘后人。

一、学术思想

（一）治学精审

先生“治学精审，不苟为一言半语”[②]，先生对待学术研究的态度极为严谨，言必有据，例证丰富，不空发议论，力求精益求精，所著皆亘古不易之作。如：先生通过古籍中大量的语言资料，分别从“重文”“声训”“异文”“读若”“古读”等46例证明古“于”纽同“匣”纽，用“古读夷如弟、又如陈、实如田”“古读余如荼”“古读易如狄”等53例证明古“喻”纽同“定”纽。[③]

先生一生淡泊名利，将其全部精力倾注于教学与治学上，先生曾欣然挥毫为其弟子佟冬题写联幅作为鼓励：“愿探先圣之遗赜，不求闻达于诸侯。”[④]其实这也是先生治学精神与立身态度的夫子自道。

① 吴仰湘：《曾运乾经学研究三书述评》，《湖南大学学报（社会科学版）》2014年第6期。
② 杨树达：《曾星笠传》，杨树达：《积微居小学述林全编》下册，上海：上海世纪出版股份有限公司、上海古籍出版社，2013年，第467页。
③ 顾问、蒋维崧：《中国语言学要籍解题》，济南：齐鲁书社，1991年，第157页。
④ 宁继福：《佟老和他的老师曾运乾先生》，吉林省社会科学院（社科联）编：《佟冬同志百年诞辰纪念文集》，长春：吉林文史出版社，2005年，第101页。

（二）兼收并蓄

在学术研究上，先生善于吸收各家之长，形成自己独特的学术思想体系，创造性地提出“古韵三十部”“喻三归匣、喻四归定”等定论。

研究上古韵部的第一人是明末清初的顾炎武，他把古韵分为十部。在此基础上，清代学者不断地析出了一些新的韵部，如江永把古韵分为十三部，段玉裁分为十七部，章太炎分为二十三部，黄侃分为二十八部等。先生与黄侃同在东北大学任教，二人曾互相讨论，对于黄侃二十八部的缺失有所深知，因此，先生参稽了当时各家之说，并在黄侃二十八部的基础上，提出了自己的新见：“取其豪萧部分出入声一部，此与黄永镇、钱玄同相同者。其他一部则取微部分为二：一为齐部，开口之字如衣伊属之，以与屑、真为一组；其合口之字则仍为微部。”①先生于1940年著《古本音齐部当分二部说》，将古韵定为三十部，“于是古韵分部臻于最密，无可复分矣。”②古韵三十部奠定了古韵研究的基础。

研究上古声母的第一人是清代的钱大昕，钱大昕利用异文、古反切、声训、谐声、重文等材料，提出了“古无轻唇音”“古无舌上音”的著名论断。其他学者也纷纷运用同样的方法，对上古声类进行研究而迭有发现，如先生的“喻三归匣、喻四归定”说、章太炎的“古音娘日二纽归泥”说、黄侃的“照二归精、照三归端”说。罗常培曾高度评价先生：“近年来持旧法以考订声纽者，余独心折益阳曾运乾氏。……全文（指《喻母古读考》）引征赅洽，方法谨严。钱大昕古无轻唇音及舌音类隔之说不可信二文以后，一人而已！”③

先生又善于研读古代文献，也是近代著名的训诂学大家。《毛诗说》是先生去世后，由其弟子将先生有关《诗经》的讲稿、批记和学生的笔记汇抄而成。作为著名的音韵学家，先生善于结合声韵对《诗经》240多篇诗歌进行了训释。在这部书中，先生非常注意吸取前人的意见，征引所及，不仅有毛亨、郑玄、

① 周秉钧：《前言》，曾运乾：《毛诗说》，长沙：岳麓书社，1990年，第1页。

② 杨树达：《曾星笠传》，杨树达：《积微居小学述林全编》下册，上海：上海世纪出版股份有限公司、上海古籍出版社，2013年，第467页。

③ 罗常培：《周秦古音研究述略》，傅懋勣、周定一、张寿康、罗慎仪主编：《罗常培纪念论文集》，北京：商务印书馆，1984年，第17-18页。

孔颖达的成说，也有朱熹、胡承珙、马瑞辰、陈奂、戴震、王念孙、王引之、王先谦诸先儒及同时代学者如杨树达等人的新见。因此，《毛诗说》是历代解《诗》的集大成之作，提供了十分丰富的信息，是一部简明扼要的《诗经》读本，正如周秉钧所说："经过先生的筛选，这些材料可以说都是精华，这对后学来说，无疑是很宝贵的。"①

（三）注重实证

先生认为声韵学是Science（科学），是完全可以实证的。他在音韵学研究过程中特别注重实证方法的应用，通过大量的实证研究来验证自己的学术观点。如先生运用审音、考古的方法，通过大量的古籍异文，证明"于"纽（喻三）古隶"匣"纽，如：《左传·襄公二十七年传》"陈孔奂"，《公羊传》作"陈孔瑗"，《左传·襄公十九年传》"齐侯环"，《公羊传》作"济侯瑗"；《诗·皇矣》"无然畔援"，《汉书·叙传》引作"畔换"；《吕氏春秋·审应览》"然则先生圣于"，高注"于乎也"；《汉书·人表》"楚灵王围"，《史记·楚世家》作"回"。②

先生运用同样的方法，证明"喻"纽（喻四）古隶"定"纽：《周易》涣卦"匪夷所思"，《释文》"夷旬本作弟"；明夷"夷于左服"，子夏本作"睇"；升卦"来徐徐"，子夏本作"荼荼"，王肃作"余余"；《管子·戒篇》"易牙"，《大戴礼·保傅》、《论衡·谴告篇》均作"狄牙"；《诗·谷风》"弃予如遗"，文选《叹逝赋》注引《韩诗章句》作"隤"等。③

二、学术影响

先生的学术成就、学术思想对当时的学术界产生了巨大的影响，主要体现在以下两个方面。

① 周秉钧：《前言》，曾运乾：《毛诗说》，长沙：岳麓书社，1990年，第2页。

② 罗常培：《周秦古音研究述略》，傅懋勣、周定一、张寿康、罗慎仪主编：《罗常培纪念论文集》，北京：商务印书馆，1984年，第18页。

③ 罗常培：《周秦古音研究述略》，傅懋勣、周定一、张寿康、罗慎仪主编：《罗常培纪念论文集》，北京：商务印书馆，1984年，第18页。

（一）对学界同仁的影响

《广韵》五十一声纽之影响。1927 年，先生著有《切韵五声五十一声纽考》，创立了《广韵》声纽五十一类的观点，这是对《广韵》声纽最严密的分类，天下学者以《切韵》五十一声纽为定论，为汉语音韵学的研究提供了重要的理论基础，台湾著名音韵学家董同龢也接受了先生的观点，认为"《广韵》的反切上字可依曾运乾氏订为五十一类"。①

"喻三归匣、喻四归定"之影响。1927 年，先生在《东北大学季刊》第 2 期发表了《喻母古读考》，提出了"喻三归匣、喻四归定"的重要学说。著名语言学家黄侃也提出了"古声十九纽"，黄侃把"古声十九纽"中的"为"母（即中古的喻母三等，先生称之为"于"母）并入"影"母。但先生通过大量的语言事实证明"于"母古音当归于"匣"母，喻三字在《广韵》中，还与匣母字同纽。黄侃完全折服并接受了先生的观点，并且在讲声韵的时候，对先生的《喻母古读考》赞誉有嘉，称赞先生的学说是个重要的发明，并及时修订了自己《音略》的观点，而且黄侃还迫不及待地把先生的这个观点分享给了其学生陆宗达。据说黄侃在东北大学任教，某日某夜回京城，下了火车，并不直接回家，却让儿子提着灯笼连夜赶到陆宗达家，十分兴奋地对陆宗达说："我在东北见到了曾运乾先生，与他深谈两夜。他考定的古声很正确。我的十九纽说应当吸收这一点。"②

古韵三十部之影响。先生于 1940 年著《古本音齐部当分二部说》，将古韵定为阴声九部，入声十一部，阳声十部，合为三十部。先生是近代学者中最早对脂微进行分部并定古韵为三十部的学者，遂使古韵分部臻于完善，这一发现对古韵学的进一步研究极具参考价值。著名语言学家王力受先生古韵三十部的影响，也将脂微二分，也将古韵分为三十部，其中阴声九部，入声十一部，阳声十部，与先生的古韵三十部基本吻合，古韵三十部现已成为学术界的定论。

---

① 董同龢：《汉语音韵学》，北京：中华书局，2001 年，第 94 页。

② 周维强：《学林新语》，《光明日报》2013 年 6 月 20 日，第 12 版。

（二）对学生的影响

先生学识渊博，竭尽所能地培养了一批知名学者，如佟冬、郭晋稀等。佟冬，曾任吉林省社会科学院院长兼党委书记，著名的历史学家、教育家。1929年，佟冬进入东北大学学习，曾得先生亲炙三年，师生情谊深厚。当时，先生的课是佟冬先生他们的必修课，音韵学更是主课。先生对学生要求严格，强调基本功，注重基本技能的训练。佟冬用大徐本《说文》校订《覆宋本广韵》，他的校订与后来发现的《钜宋广韵》《王仁煦刊谬补缺切韵》完全相合。“没有深厚的文字音韵学功底，是写不出这样有分量的校语的。”①看来，佟冬已深得先生治学之法。

先生另一位著名弟子就是郭晋稀。郭晋稀从青年时得到杨树达、曾运乾等大师的耳提面命，受其熏染，一生治学严谨。1940 年 9 月，郭晋稀就读于湖南大学，“得遇曾运乾、杨树达、马宗霍等学者，受其亲炙，而曾运乾、杨树达两位语言学大师对（郭晋稀）先生的学术影响尤深。”②郭晋稀继承先生的古音思想，“在曾运乾先生的指导下完成《邪母古读考》《等韵驳议》两篇重要文章，这为他以后的声韵学研究奠定了基础。”③

1942 年，郭晋稀完成了大作《等韵驳议》，全书共七万字，对两宋以来的等韵学，从四个方面论证了它的非科学性，这篇文章受到先生的“极口宣扬”。1963 年，郭晋稀又发表了声韵学力作《邪母古读考》，文章以翔实的材料，证明了《广韵》中所收并见于《说文》的全部邪纽字，上古都读定母。这是上古声纽研究的一大突破。

先生曾强调读古人书最重要的是读懂作者的序，先生对声韵学的贡献，源于熟读了陆法言的《切韵自序》。郭晋稀受先生的影响，首先读懂了《文心雕龙》的《序志》，才有《文心雕龙》篇次的创见，郭晋稀对《文心雕龙》篇次的调

---

① 宁继福：《佟老和他的老师曾运乾先生》，吉林省社会科学院（社科联）编：《佟冬同志百年诞辰纪念文集》，长春：吉林文史出版社，2005 年，第 101 页。

② 周玉秀：《郭晋稀先生遗著〈说文古韵三十部疏证〉述略》，《历史文献研究》2018 年第 1 期。

③ 李迪、唐艳芬：《章黄学派传人郭晋稀》，《传媒与艺术研究》2022 年第 3 辑。

整，其实是高屋建瓴地抓住了《文心雕龙》的体例，因而也就清晰地把握了全书的理论体系。

另外，先生的学术影响还传播到了境外。1950 年，著名学者鲁实先(湖南宁乡人)辗转至香港、台湾，先后于台湾省立农学院、东海大学、台湾师范大学及其国文研究所任教授，以受教于先生时的手抄本使曾氏古音学(包括曾氏三十摄)在台湾和海外学界得以弘扬。鲁实先的高足、台湾师大国文系教授陈新雄如是说"今鲁师弟子多喜用曾氏三十摄"。①

综上所述，先生取得的学术成就、学术思想不仅对当时学界同仁及其学生、甚至海外学者产生了重要的影响，而且对今天的语言学界仍然具有借鉴和启发作用。

三、取得巨大成就的原因

(一) 自幼聪慧，记忆超常

先生自幼聪慧，博闻强记，热爱学习，孜孜不倦，十六岁考取益阳县学。1905 年，湖南提学使吴庆坻在长沙创办湖南优级师范学堂，先生报名应试。阅卷者善化学士谭绍裳，见先生文章大为欣赏，遂以第一名录取入学。

1905 年 9 月 2 日，清政府下令废除科举制，推广学堂，咸趋实学，当时社会掀起一股习新学之风。旧学笃信者怅然若失，"而君(曾运乾)则家居键户，读书者数年，《尔雅》十三篇咸能成诵，一字不遗，君一生治学，实于此时造其基焉。"②先生凭借非凡的记忆力，闭门读书，广泛涉猎经史古籍，这为先生一生的治学打下了深厚的国学基础。

先生晚年执教于中山大学，开《庄子》课时很少携带书本，常凭记忆自由

---

① 陈新雄：《曾运乾之古音学》，《中国语文》，2000 年第 5 期。

② 杨树达：《曾星笠传》，杨树达：《积微居小学述林全编》下册，上海：上海世纪出版股份有限公司、上海古籍出版社，2013 年，第 465 页。

发挥，翻阅学生所读课本，可随手圈点。① 因先生记忆力超常，家中藏书也极少。

（二）良师益友，互相切磋

先生少时受学于其兄仁浦，仁浦当时为邑增生，颇有学问。先生在湖南优级师范学堂学习时，与陈天倪、黎锦熙为同班同学，经常互相切磋。当时在湖南优级师范学堂任教者皆知名学者，主持文史讲习的是湘阴郭焯莹，郭君精通汉代刘氏父子流略之学，工为文辞。先生得到郭君指点，研习历史地理科，于古今学术之流变亦做了深入探究。

1917 年秋至 1920 年夏，先生执教于湖南省立第一师范，与徐特立、杨昌济（毛泽东岳父）、陈天倪等名师同校任课，交谊甚笃。1926 年 5 月，应东北大学王永江校长之聘，先生任东北大学国文系教授，与先生同赴东北执教的还有好友陈天倪。此时的东北大学荟萃了国内顶尖级大师学者和专家，如黄侃、章士钊、吴贯因等。先生常与这些同校名师交流自己的学术观点，只有得到了这些名师的认可后，才敢发表出来，如先生曾把自己的《喻母古读考》与黄侃“深谈两夜”，黄侃甚为膺服。

先生与杨树达交往最深，二人经常品学论道，杨老喜爱研读古书，尤好文字训诂之学，先生尤擅音韵，二人互相促进，互为欣赏。1933 年 1 月 27 日，先生从广州回长沙，拜会了杨树达，并与杨老探讨了一些学术问题，先生提出“‘慈’当训爱子、‘始’为女子天葵初至”二义，对此说，杨老的评判是“星笠许为妙达神恉”。② 杨树达回忆他与先生的交往时写道：“余与君（曾运乾）交三十余年，寇难以来，与君朝夕相聚者七载，两人论学，䜣合无间。余喜读古书，笃嗜文字训诂之学，旁及甲骨金文，每得一义，疾走告君，君未尝不击节叹赏。余为诗文，必先就正于君，乃敢出以示人。即君有所撰，余间献疑，君

① 顾洪、顾颉刚：《曾运乾及其他》，北京：中国青年出版社，1998 年，第 326 页。

② 杨树达：《积微翁回忆录》，上海：上海古籍出版社，1986 年，第 68-69 页。

又未尝不曲从也。”①

（三）文笔流畅，音韵铿锵

有想法，有观点，还需要恰如其分地表述出来。如果文笔不好，词不达意，纵有创新也枉然，如同茶壶煮饺子，肚里有货倒不出。先生从小饱读诗书，覃思圣文，潜研群经，所以先生文笔流畅，淋漓尽致，行文如流水，一气呵成。辛亥革命时期，长沙办报之风盛行，先生因写得一手好文章，被多家报社聘请撰写评论。1911 年，先生与陈天倪同任《长沙日报》主笔。其后先生又与陈天倪、黎锦熙等共主《湖南公报》笔政。

1916 年，先生受湖南都督汤芗铭邀请供职于湖南官书局，编纂书册，先生与陈天倪共撰《中国通史》，仅序文就数万言，体大思精，“诸老翰林吴嘉瑞、曾广钧，敛手愧叹，自以弗及。”②是时，先生与陈天倪齐名，人称资江二生。

1942 年先生荣归益阳桃江，在凤凰山上的凤凰阁建立诗社，任社长，写了《凤凰阁诗并序》七律两首，寄发省内外名家唱和。一时名家云集，和诗似雪片飞来，对先生学术成就大加赞誉。先生在此驻足经年，对凤凰阁由景生情，发而为文，展卷挥毫，辞如泉涌，遂成《凤凰阁记》千古美文。该文不仅辞章文采飞扬，更是音韵铿锵，特别是连串排偶，运字酌句，对仗工整，自然流畅，朗朗上口，韵味无穷，读来真有“余音绕梁，三月不知肉味”之感。

（四）工作积累，精益求精

先生的学术成果，均是其在大学任教时的讲义修改而成。先生生前没有出版任何著作，但他每次讲授专业课程，必定精心编撰讲义，常讲常新，反复修改，以臻完善。这些讲义将各种散见的旧材料与他的新见解熔铸在一起，其实都是质量上乘的学术著作，后来一经整理出版，即成为学术经典。

---

① 杨树达：《曾星笠传》，杨树达：《积微居小学述林全编》下册，上海：上海世纪出版股份有限公司、上海古籍出版社，2013 年，第 470 页。

② 李肖聃：《李肖聃集》，长沙：岳麓书社，2008 年，第 126 页。

1926年，先生在东北大学任教，主要讲授音韵学、《说文》研究、“六书”说、《尚书正读》与《尔雅》说等。1932年2月，受“九一八事变”影响，先生前往广州中山大学任教，主要教授音韵学、《尚书》和《史记》。1936年，先生奉好友杨树达之约，为培植乡里后进，从广州回湘讲学，任教于湖南大学，主要开设音韵学和《尚书》。先生所授各门课程，当时没有统一的教材，都由先生自己编写讲义，先生后来大多数的学术成果，都与先生讲授的音韵学、《说文》《尚书》《尔雅》等课程有关。

《尚书正读》是先生在中山大学讲授《尚书》课程时的讲义，成稿于1936年，后经石印，用作湖南大学的讲义，中华书局加以整理，1964年正式出版。杨树达这样评价先生的《尚书正读》：“于训诂、辞气二者，既极其精能矣，而又能以此通解全书，直不欲令其有一言之隔，读者依其训释以读经文，有如吾人读汉唐人之诏令奏议。”①通过先生的训释，诘诎聱牙的《尚书》变得通俗易懂了。《尚书正读》出版后，顾颉刚、姜亮夫等先生曾撰文给予很高评价。

《毛诗说》同《尚书正读》一样，也是先生为教学而作。该书共收先生对《诗经》240多首的讲解。先生阐发诗意，常以阐明训诂为基础。在讲解《诗经》诗意时，对于前人没有解决的、或令人费解的地方，先生一定要先把字词解释清楚。如《诗经·卫风·氓》：“不思其反。”“反”字毛《传》没有解释，郑《笺》：“反，复也。今老而使我怨，曾不念复其前言。”先生解释说：“‘今按反读为翻，犹言翻变也。言当言笑矢誓之时，不思后此有此翻变也。’这样一解，训诂与文情真是密合无间！”②

综上所述，先生是中国近现代史上一位杰出的国学大师和语言学家，他在音韵学、训诂学等领域均取得了卓越的学术成就，并形成了自己独特的学术思想体系，他的学术贡献和学术思想对当时及后世均产生了深远的影响。

（作者：尹戴忠，湖南科技大学人文学院教授，研究方向为汉语言文字学；刘洁，湖南科技大学人文学院研究生，研究方向为汉语言文字学）

---

① 杨树达：《曾星笠尚书正读序》，曾运乾：《尚书正读》，上海：华东师范大学出版社，2011年，第1页。

② 周秉钧：《前言》，曾运乾：《毛诗说》，长沙：岳麓书社，1990年，第3页。

An Overview of Zeng Yunqian, a Hunan Linguist

Yin Daizhong Liu Jie

Abstract: Zeng Yunqian (1884—1945), a native of Yiyang, Hunan, was a renowned linguist in modern Chinese history. Zeng Yunqian made many original contributions in the fields of phonetics and philology, which were widely recognized by the academic community, especially in the field of phonetics. In academic research, Zeng Yunqian was meticulous in his studies and paid attention to empirical evidence. He was good at absorbing the strengths of various schools of thought and formed his own unique academic thought system. His academic achievements and academic thoughts had a huge and profound impact on the academic community at the time. Zeng Yunqian achieved such success mainly because of his childhood intelligence, good teachers and friends, fluent writing skills, and work experience.

Keywords: Zeng Yunqian; academic thought; academic influence; reasons for achievements

简牍语言研究

《益阳兔子山七号井西汉简牍》校读*

秦凤鹤

摘　要：根据《益阳兔子山七号井西汉简牍》已公布的红外线图版和释文，我们在充分吸收已有研究成果的基础上，结合出土文献与传世文献，共校读5条简文，改释5字。其中将《益阳兔子山七号井西汉简牍》中未释字依次分别释读为“月”“取”“㮚”“甘”“樂”。

关键词：益阳兔子山；西汉简；释文；校读

兔子山遗址位于益阳市赫山区三里桥小区，兰溪河与资江交汇处一座东北—西南走向的山冈上，山冈名铁铺岭。1978年发现该遗址，认定为战国至汉代益阳县治所在。益阳县地处湘西北与长沙地区的交通要冲，现在析分为益阳市赫山区和资阳区。益阳是湖南历史上最早设置的县份之一。荆门包山二号墓简83号“益阳公”是楚国益阳县之县公。① 该遗址九号井简牍明确兔子山遗址是楚益阳（县）公治所，其后秦汉沿袭楚国的益阳县设置。里耶秦简8-147等记载有“益阳”②。《汉书·高帝纪》记载汉高祖五年（前202年），“以长沙、豫章、象郡、桂林、南海立番君芮为长沙王”③，益阳是长沙国辖县。兔子山

* 基金项目：湖南省哲学社会科学项目“里耶秦简语言文字研究”（23JD028）的阶段性成果。本文在写作过程中得到湖南省语言资源研究基地资助。

① 湖北省荆沙铁路考古队：《包山楚简》，北京：文物出版社，1991年。

② 湖南省文物考古研究所：《里耶秦简（壹）》，北京：文物出版社，2012年。

③ 班固：《汉书》，北京：中华书局，1962年。

遗址有11口井出土简牍，七号井出土简牍2600余枚。简牍出土时情况欠佳，残裂断现象严重，完整简牍仅百十枚。内容以簿籍类为主，此外还有长沙国的行政建制、官吏设置，益阳县行政运作、学童以吏为师等方面。[①]

在兔子山七号井简牍未公布之前，《文物》等重要刊物发表系列文章，如张忠炜、张春龙《汉律体系新论—以益阳兔子山遗址所出汉律律名木牍为中心》[②]、张春龙、张忠炜《湖南益阳兔子山遗址七号井出土简牍述略》[③]、张春龙、杨先云《湖南益阳兔子山遗址七号井发掘简报》[④]、张忠炜《湖南益阳兔子山遗址J7⑦：3木牍考释—兼论"徐偃矫制"》[⑤]、刘自稳《逻书新论—基于湖南益阳兔子山遗址J7⑥：6木牍的考察》[⑥]等。

《益阳兔子山七号井西汉简牍》正式出版后，武汉大学简帛网陆续发表多篇关于这批汉简缀合、简册复原、释文校订等方面的论文。缀合、简册复原方面的论文，如谢明宏《〈益阳兔子山七号井西汉简牍〉缀合(一)—(十三)》、杨先云《〈益阳兔子山七号井简牍〉缀合三则》及《〈益阳兔子山七号井简牍〉缀合一则》等。简文解读方面的论文，如陈伟《益阳兔子山7号井木牍7-3识小》《兔子山7号井律名木牍中的两条律名》《益阳兔子山7号井木牍7-3补说》及《读兔子山7号井简牍札记》等。姚磊《〈益阳兔子山七号井西汉简牍〉初读》、杨先云《〈益阳兔子山七号井西汉简牍〉释文校订(一)》及《〈益阳兔子山七号井西汉简牍〉释文校订(二)》。王挺斌《释益阳兔子山汉简⑦57中的"吊"》、张桑田《益阳兔子山遗址7号井纪年简研究》、宋静莹《读〈益阳兔子山七号井西汉简牍〉札记七则》及《读〈益阳兔子山七号井西汉简牍〉札记四则》等。因这批材料刚公布时间不久，故中国知网检索到的文章不多，目前仅有一篇张桑田《益

① 湖南省文物考古研究院、益阳市文物考古研究所、中国人民大学历史系：《益阳兔子山七号井西汉简牍》，上海：上海古籍出版社，2023年。
② 张忠炜，张春龙：《汉律体系新论—以益阳兔子山遗址所出汉律律名木牍为中心》，《历史研究》2020年第6期。
③ 张春龙，张忠炜：《湖南益阳兔子山遗址七号井出土简牍述略》，《文物》2021年第6期。
④ 张春龙，杨先云：《湖南益阳兔子山遗址七号井发掘简报》，《文物》2021年第6期。
⑤ 张忠炜：《湖南益阳兔子山遗址J7⑦：3木牍考释—兼论"徐偃矫制"》，《文物》2021年第6期。
⑥ 刘自稳：《逻书新论—基于湖南益阳兔子山遗址J7⑥：6木牍的考察》，《文物》2021年第6期。

阳兔子山遗址七号井简牍史料价值举隅》[1]。通过逐条仔细研读《益阳兔子山七号井西汉简牍》，我们发现其中仍有剩义可寻。今条陈如下，以就教于方家。

1. ☐卯朔日＝仓守变敢言☐

☐史府书曰小史仓□☐

☐　　仓　　☐　　③15+③69 正

☐丑□　☐

☐□□之傳朗□□　☐

☐曰令月□□吕□☐　　③15+③69 背

按：该简文中“□”原简写作，当释为“月”。如《里耶秦简》J1(9)1 正一、《睡虎地秦墓竹简》甲一三七背中“月”字原简分别写作[2]、[3]，可参。仓，即《尔雅·释天》十二月名之相，秋七月。[4] 故仓月即七月。该简文正面有三个“仓”字，第一行的“仓守”，应是管理仓库的职官。从图版来看，第二、三行中的“仓”字写法及字体大小略同。第三行仅有一“仓”字，其上下无释文，故可能为人名。

史，为汉代官吏入仕的基本要求，犹今所言最低学历。汉吏秩别中，“史”级自百石起，百石又可称“有秩”。为中央公府、将军、九卿，下至刺史、州牧、郡太守、都尉及县官吏员之掾史、令史、从事史、御史、卒史等，最低皆为百石。其有任免权之最低秩别二千石，而百石以下，系后备官吏。[5] 史府书，指史下达的文书或批转的上级文书。“史府书”前可补“御”，御史府为秦汉两府之一，《汉书·翟方进传》：“故事，司隶校尉位在司直下，初除，谒两府。”颜师古注曰：“丞相及御史也。”西汉初年各诸侯王职官设置与中央同，此简所见“御史府”当指长沙国御史府。曰，即说、说到。小史，官职。《周礼·春官宗伯》所列属官中有“小史”，其职务是“掌邦国之志，奠系世，辨昭穆。

① 张桑田：《益阳兔子山遗址七号井简牍史料价值举隅》，《中国史研究动态》2024年第1期。
② 湖南省文物考古研究所：《里耶秦简(壹)》，北京：文物出版社，2012年。
③ 睡虎地秦墓竹简整理小组：《睡虎地秦墓竹简》，北京：文物出版社，1990年。
④ 李零：《长沙子弹库战国楚帛书研究》，北京：中华书局，1985年，第78页。
⑤ 中国简牍集成编辑委员会：《中国简牍集成(十)》，兰州：敦煌文艺出版社，2001年，第29页。

若有事，则诏王之忌讳。大祭祀，读礼法，史以书叙昭穆之俎簋。大丧、大宾客、大会同、大军旅、佐大史。凡国事之用礼法者，掌其小事。卿大夫之丧，赐谥，读诔”①。“小史”在秦汉简牍文书中为具体职官，里耶秦简、西北汉简和湖南所出汉简均见此种职官。如《里耶秦简》Ⅳ8-1562“廿八年七月戊戌朔乙巳，启陵乡赵敢言之：令令启陵捕献鸟，得明渠Ⅰ雌一。以鸟及书属尉史文，令输。文不肎(肯)受，即发鸟送书，削去Ⅱ其名，以予小史适。适弗敢受。即詈适。”《里耶秦简》8-136 背+8-144 背“刻刻下六，小史夷吾以來。/朝半。尚手。”

该行简文应释读作：“(御)史府书曰：小史仓月”。

2. ☑□□☑　　　⑤壹 276

按：该简文中“□”原简写作，当释为“取”。如《马王堆汉墓帛书·纵横家书》177、《银雀山汉墓竹简(贰)》1223 中“取”字原简分别写作②、③，可参照。“取”在汉简中具有请求、取走、取得之意，因该简文两端残断，故不知其具体含义。在写作过程中我们发现，杨先云先生也校对过该简文，但其文章中并未进行举例论证④，故本文再次列举相关字形以示读者。

3. ☑□□舄丞胜告□田丞令狱史

☑□□□[有]征沓捕系传

☑　□徒疑畏害所

☑　律令　　　⑥37+⑦49+⑥26 正

告手☑　　　⑥37+⑦49+⑥26 背

按：该简文中“□”原简写作，当释为“橐”。橐，舆。《广雅·释器》：

① 陈戍国点校：《周礼·仪礼·礼记》，长沙：岳麓书社，1989 年，第 70-71 页。

② 湖南省博物馆，复旦大学出土文献与古文字研究中心：《长沙马王堆汉墓简帛集成(叁)》，北京：中华书局，2014 年。

③ 银雀山汉墓竹简整理小组编：《银雀山汉墓竹简(贰)》，北京：文物出版社，2010 年。

④ 杨先云：《〈益阳兔子山七号井西汉简牍〉释文校订(二)》，简帛网，2024 年 2 月 8 日。

“㮛，舆也。”王念孙疏证：“舆字或作轝，卷一云：舆，举也。”[①]㮛田，即舆田。陈伟先生在《秦简牍校读及所见制度考察》一书中指出：

张家山汉简《算数书》中与“田”字连书的“舆”字，在岳麓书院秦简《数》篇中有更多出现。[②] 肖灿、彭浩在讨论中列举12例[③]，《数》中多次出现“舆田”。彭浩曾认为：“舆”是“與”[④]字的误写，“舆”为“给予”之意。[⑤] 张家山汉简《算数书》研究会沿用彭先生的释读，猜测“舆田”即“税田”。[⑥] 马彪认为：“舆田”是按照契约已授予承租人的田亩。[⑦] 对于岳麓书院秦简《数》篇出现的“舆”，上揭肖灿文也采用旧说，读为“與”，训为“予”，以为“舆田”就是“授予的田地”，即睡虎地秦简中的“受田”。后彭浩检讨旧说，指出：在《算数书》中，“舆”“與”两字并不相混，区别得很清楚。“舆田”绝不写作“與田”。以往对“舆田”的解读显然是不合适的。史书有关于“郡国舆地图”的记载（如《汉书·匡衡传》）。舆田和舆地图的“舆”字用法、字义相同。《后汉书·光武纪下》“臣请大司空上舆地图”注：“《广雅》曰：‘舆，载也。’言载在地者，皆图画之。”《史记·淮南衡山列传》：“左吴等案舆地图”，集解引苏林曰：“舆，犹尽载之意。”“舆”字的“载”义在上述文献中引申为登载、记载、舆地图即记载地形、政区之图。结合前文所讨论的土地登记的方法和形式，可以确定，舆田是指登记在图、册上的土地，也就是符合受田条件者得到的土地。[⑧] 此说为岳麓秦简《数》篇整理本注释所沿用。[⑨] 我们知道，“舆”本指车箱，取譬而转指大地。训“载”也是取车子的装载之义，与记载之意有别。舆可借作“举”，而

---

① 徐中舒主编：《汉语大字典》，武汉：湖北辞书出版社，成都：四川辞书出版社，1986—1990年，第1232页。

② 肖灿：《从〈数〉的“舆（与）田”“税田”算题看秦田地租税制度》，《湖南大学学报（社会科学版）》，2010年第4期。

③ 彭浩：《谈秦汉数书中的“舆（舆）田”及相关问题》，简帛网，2010年8月6日。

④ 在校读简文时，兼顾到释字准确，易于理解，故部分改释之字用繁体，其余用简体字。下同。

⑤ 张家山二四七号汉墓竹简整理小组：《张家山汉墓竹简〈二四七号墓〉》（释文修订本），北京：文物出版社，2006年，第145页。

⑥ ［日］张家山汉简《算数书》研究会：《汉简〈算数书〉》，京都：日本朋友书店，2006年，第79页。

⑦ 马彪：《〈算数书〉之“益奥”“与田”考》，简帛网，2006年11月22日。

⑧ 彭浩：《谈秦汉数书中的“舆（舆）田”及相关问题》，简帛网，2010年8月6日。

⑨ 朱汉民、陈松长主编：《岳麓书院藏秦简（贰）》，上海：上海辞书出版社，2011年，第41页。

"举"有记录义。《左传》襄公二十七年："仲尼使举是礼也，以为多文辞。"陆德明释文："沈云：举，谓记录之也。"在记载、登录的思考角度，或可将简文之"舆"读为"举"。不过，在把"舆"读为"举"的场合，我们还应该考虑另外一种可能。即简文中的"舆(举)"恐是用作虚词，理解为全部、所有。[1]

综上，我们认为此处的"舆"有记载之意。"舆田"是指登记在图、册上的土地。

丞、令，均为官名。狱史，亦为官名。狱史的职责、权限与令、丞不同。宫宅洁先生以《奏谳书》等为史料根据，指出令、丞均掌握判决权，不参与听取供述和诘问，只进行诊问以后的程序，而狱史进行听取供述、诘问，亦承担举出应当适用的律令条文候补，因此县中进行"狱吏主导型"的治狱。狱史参与自侦查至判决的县司法活动中的大部分。但是，令、丞并非不参与诊问以前的任何司法活动。[2] 案件中的侦查是按照丞的指示开始的。也就是说，有了丞的指示，狱史才开始侦查。狱史无权随意开始侦查。舃，本意是以木为复底的鞋。此外还具有"大"义。丞胜，为人名。告，上报。在该简文图版一侧编著者附文字说明"简面文字书写顺序混乱"。因而理顺简文内容时，需要我们逐字逐句解释并不连贯的辞例。经过仔细核对发现，彩色图版有断简缀合，然而红外线图版无缀合。本文校读时参照的是彩色图版。

4. ☑徕□屠牛　⑥223

按：该简文中"□"原简写作，当释为"甘"。从红外线图版来看，其右侧有纵向裂纹，但不影响文字释读。如《北京大学藏西汉竹书·老子》119、《岳麓书院藏秦简·为吏治官及黔首》五正贰中"甘"字原简分别写作[3]、[4]，可参照。甘，地名。徕，到来。与"往"相对。《玉篇·彳部》："徕，

① 陈伟：《秦简牍校读及所见制度考察》，武汉：武汉大学出版社，2017年，第331-334页。

② [日]水间大辅：《秦汉时期县狱史的职责》，王沛主编《出土文献与法律史研究》第1辑，上海：上海人民出版社，2012年，第222页。

③ 北京大学出土文献研究所编：《北京大学藏西汉竹书[贰]》，上海：上海古籍出版社，2012年。

④ 朱汉民、陈松长主编：《岳麓书院藏秦简(壹)》，上海：上海辞书出版社，2010年。

还也。"《汉书 · 礼乐志》："天马徕，从西极。"颜师古注："徕，古往来字也。"[①]屠牛，在文献中通常指以宰牛为职业的人。《管子 · 制分》："屠牛坦，朝解九牛。"《淮南子 · 齐俗训》："屠牛吐，一朝解九牛。"从简文内容来看，此处"屠牛"指宰杀牛。相关辞例又见于《肩水金关汉简》73EJT30：70："九月甲子，召受东望隧长临宜马屠牛，卖肉骨格(骼)郭门外，卒武、经等从宜马买肠、血及骨格(骼)[②]，宜马知所予主名。又十月庚寅廿四日，食宜马屠牛。"[③]

5. 告律　盗律 已　贼律　囚律　亡律 已　捕律 已
杂律 已　具律　收律 已　兴律 已　效律 已　关市
厩律　复律　钱律　翏律　朝律　狱律十七章
田律　户律　仓律　金布　市贩　司空　繇律
史律　腊律　祠律　治水　均输　传食　工作课
贵律　外□　秩律　置吏　置后　爵律已　诸侯秩律
⑦1+⑦2 正
傅律 已　尉卒律　奔命律　行书律　蔡律　赐律
旁律二十七章　凡卌四章　⑦1+⑦2 背

按：该简文内容涉及法律分类编纂，其中所见律目将律篇依次分为两类，即"狱律"与"旁律"。简文中"□"原简写作，当释为"藥"，用为"樂"。上古音"藥"是以母藥部，"樂"是疑母藥部，故"藥""樂"二者通假。外樂，职官。《张家山汉墓竹简 · 二年律令》449："长子、江州、上邽、阳翟、西成、江陵、高奴、平阳、降(绛)、酇、赞、城父，公车司马、大仓治粟、大仓中厩、未央厩，外樂，池阳、长陵……。"原注：外樂，疑为奉常属官，主管樂人。"祝"践更大(太)祝，服役于祭祀；樂人践更"外樂"，执事应差，为宫廷用樂服务。樂人践更"外樂"与祝践更"大祝"皆属于秦汉礼樂机构运行过程中的组

① 徐中舒主编：《汉语大字典》，武汉：湖北辞书出版社、成都：四川辞书出版社，1986—1990年，第827页。

② 李洪财：《肩水金关汉简校释》，北京：中华书局，2024年，第713页。

③ 甘肃简牍博物馆、甘肃省文物考古研究所、甘肃省博物馆、中国文化遗产研究院古文献研究室、中国社会科学院简帛研究中心：《肩水金关汉简(叁)》，上海：中西书局，2013年。

成部分。[1] 秦封泥释文中有“外樂”“外樂丞印”。[2] 周晓陆等学者认为：“外樂”之职未见《史记》《汉书》，或与所谓“内樂”相对。秦之音乐有宫寝、宗庙、祠祀之乐，有宫廷、宴飨、韶武之乐，前者或为“内樂”，后者或即“外樂”。又秦有奉常属之“大樂令丞”或掌“内樂”，而少府属之“樂府”司“外樂”。[3]

关于“外樂”的构成，张家山汉简中有秦王政二年时的《奏谳书》，即案例文书。说的是一位名叫讲的樂人，在咸阳服役，朋友毛诬陷合伙偷盗牛，被雍地官府错误处罚的事，其中涉及“外樂”。“今讲曰：践十一月更外樂，月不尽一日下总咸阳，不见毛。”[4]樂人讲在咸阳“外樂”服役，前述“外樂”为奉常属官，掌宗庙礼乐，秦都咸阳有秦惠文王、悼武王的陵墓，很可能是服务于祭祀活动的礼乐。“外樂”为官署名，有与之对应的“外樂丞印”的官吏印存在。[5]

（作者：秦凤鹤，湖南科技大学人文学院副教授）

Collations and Explanations of the Western Han Dynasty Bamboo Slips and Wooden Tablets Unearthed from the 7th Well at the Tuzishan Site in Yiyang

Qin Fenghe

Abstract: This article is about the set interpretation for the Western Han Dynasty Bamboo Slips and Wooden Tablets Unearthed from the 7th Well at the Tuzishan Site in Yiyang published infrared chart and text, while combined with the

① 姚小鸥，王克家：《“外乐”与秦汉乐官制度》，《文艺研究》2015 年第 8 期。

② 杨广泰：《新出封泥汇编》，杭州：西泠印社，2010 年，第 37 页。

③ 周晓陆，路东之，庞睿：《西安出土秦封泥补读》，《考古与文物》1998 年第 2 期。

④ 张家山二四七号汉墓竹简整理小组：《张家山汉墓竹简〈二四七号墓〉》（释文修订本），北京：文物出版社，2006 年，第 61 页。

⑤ 李超：《秦封泥与官制研究》，西安：陕西师范大学出版社，2021 年，第 82-83 页。

existing research results, combine the unearthed literature with literature handed down from ancient tunes, we collated and explant of annotation the Western Han Dynasty Bamboo Slips and Wooden Tablets Unearthed from the 7th Well at the Tuzishan Site in Yiyang about 5 text, the 5 mistakes. Among them, the unreleased characters should be redeciphered as "Yue(月)" "Qu(取)" "Ju 㬥" "Gan(甘)" "Yue(樂)".

Keywords: Tuzishan(兔子山) Site in Yiyang; Western Han Dynasty Bamboo Slips; Collate and Explain

长沙五一广场东汉简牍"辜"字考辨

陈琅枭

摘　要：长沙五一广场东汉简牍常见"辜"字，学界以往将"辜"释为"保辜"，但这样理解有多例无法读通。张家山汉简、西北汉简、长沙五一广场东汉简所见"辜"，均存在通作"故"表原因的用例，以往多误释。且在两汉文书简中，表原因的"辜""故"二词有分工，"辜"常出现在表死亡的语境中，"故"则很少在该语境中出现。

关键词：长沙五一广场东汉简牍；辜；保辜；故；通假

长沙五一广场东汉简牍"辜"字目前共13见，① 如：

(1)阳马亭长种言：掩捕小盗男子刘郎所有奴吉、官，官以矛刺种，种以所持刀斫官，创三所。官以格辜物故。(《五一广场简》(贰)538+393)②

(2)廷书曰：言考男子罗捽以矛刺陈绥，凡创九所，绥以捽辜物故，捽持矛亡。(《五一广场简》(伍)1719，65)

关于简文所见"辜"的含义，学界目前主要存在以下两种观点。

其一，"辜"即保辜。凡打人致伤，律令规定保辜的期限，若伤者在期限内因伤死亡，以死罪论；不死，以伤人罪论。如《长沙五一广场东汉简牍选

---

① 以下简称"五一广场简"。为节约篇幅，所引简文仅在例句后简单注明简号及页码；凡称学界时贤大名，均省去"先生"二字，祈请谅解。

② 此为缀合简。参见汪蓉蓉：《〈长沙五一广场东汉简牍〉缀合(四)》，2019年11月13日，http：www. bsm. org. cn/? hanjian/8166. html，访问日期2024年11月19日。

释》指出："辜，汉律保辜之制，伤人辜限为二十日，二十日内死者以杀人论。"①马力等学者赞同该观点。②

其二，"辜"通"故"，指原因。贾连翔认为："这类案件的记录，为讲清楚致死原因，都会在'物故'前加上'以某某辜（故）'一类的说明。"③黄宗茹指出五一广场简常见"以某人辜""以捽/格辜"，其中"辜"多作原因解，与死亡时限无关。④

可见，"辜"之所指在五一广场简中存在争议，需做考辨。

关于"辜""故"相通，以"厥心疾很，不克畏死。辜在商邑，越殷国灭无罹"（《尚书·酒诰》）⑤为例，于省吾在《双剑誃尚书新证》中表示：

辜，周初作故，《盟䙝》"有皋有故"周㬤读"故"为"辜"，证以《诗·十月之交》"无皋无辜"，谓文例与此同。是也。《盂鼎》"古天异临子"，"古"即"故"。《诗传》"姑且"，《玉篇》作"嫴且"；《玉篇》"鏷鏬"，《左传》作"仆姑"，从古从辜一也，是"古""故""辜"互通之证……上言"厥心疾狠，不克畏死"，下遂接以故在商之国都与其全国，灭亡而无所附丽，犹今人言死无立足之地也。若谓罪在国都与全国，则不词甚矣。⑥

于省吾认为《尚书·酒诰》这例"辜"通"故"，表原因，例证为：《盟䙝》所见"故"通"辜"，表示罪过；《诗传》所见"姑"通"嫴"，表示保任、宽宥；《左传》所见"姑"通"鏬"，为箭矢名。在原因义上，"辜"通作"故"的书证又见于：

a. 般纷纷其离此尤兮，亦夫子之辜也。《史记·屈原贾生列传》⑦

① 长沙市文物考古研究所等编：《长沙五一广场东汉简牍选释》，上海：中西书局，2015年，第122页。

② 马力：《长沙五一广场东汉简牍举劾文书初读》，《出土文献》第8辑，上海：中西书局，2016年，第215页；朱德贵：《长沙五一广场东汉简牍所见商业问题探讨》，《中国社会经济史研究》2016年第4期；吴雪飞：《长沙五一广场简牍法律用语续探》，《出土文献研究》第16辑，上海：中西书局，2017年，第306页。

③ 贾连翔：《五一简所见东汉刑事案件中的人身伤害问题初探》，五一简与东汉历史文化学术研讨会论文，北京，2021年10月，第212页。

④ 黄宗茹：《五一广场东汉简牍所见"强略人以为妻"相关案件浅析》，五一简与东汉历史文化学术研讨会论文，北京，2021年10月，第298页。

⑤ 孔颖达：《尚书正义》，上海：上海古籍出版社，2007年，第557页。

⑥ 于省吾：《双剑誃尚书新证》，北京：中华书局，2009年，第145-146页。

⑦ 《史记》卷84《屈原贾生列传》，北京：中华书局，2014年修订本，第3024页。

b1. 般纷纷其离此邮兮，亦夫子之故也！《汉书·贾谊傳》①

b2. 般纷纷其离此尤兮，亦夫子之故也。”贾谊《吊屈原赋》李奇注：“亦夫子不如麟凤不逝之，故罹此咎”，李善注：“亦夫子自为之故，不可尤人也。”②

a与b1、b2属于同义异文，a所见“辜”字在b1、b2中均作“故”，李奇、李善等注家亦理解为“故”。可见，传世文献已有“辜”通作“故”的例证，“辜”表原因，这种通假现象早在《尚书》中已存在；而在目前所见出土简牍中，最早在西汉时期出现“辜”通作“故”的用例（详见下文）。

一、五一广场简所见“辜”

五一广场简“辜”字13见，排除残漶不清者，③ 可将“辜”字分为两类：其一，“辜”表示罪过，目前见1例，即简2573+2555+2565+2870“妄殴击无辜”；其二，“辜”表原因，目前见8例。如：

（1）护踵追夜，夜斫伤尼，护其时刺夜，以辜立物故。（《五一广场简》（壹）97，113）

（2）东以范辜□时立物故，发觉。范持犯法矛去亡，于练山中臧匿。（《五一广场简》（贰）653，143）

（3）凡创十四所。林以拒辜立物故。贞辟则不问，即怗、闲等证·案：拒挟薫毒刃贼杀人，发觉，持犯法兵亡。（《五一广场简》（叁）1119，130）

（4）辅以康辜立物故。康解所依黄衣冠、绔絑履，握道旁草中，走入冢闲去亡。（《五一广场简》（叁）1132，134）

（5）□各二所，以肱寿辜立物故。肱（《五一广场简》（伍）1746，70）

上揭诸简中的死者“夜”“东”“林”“辅”均为“立物故”，即立即死亡。关于“保辜”，“保辜者，保留罪名之谓也。凡伤害罪伤情未定，皆立限以待，视行为后果明朗后，再予处断，称为保辜。……盖伤害人可利用辜限为被伤害人延

① 《汉书》卷48《贾谊傳》，北京：中华书局，1962年，第2224页。

② 《文选》卷6《吊屈原文》，北京：中华书局，1977年，第832页。

③ 简296、简1730、简2605、简3173。

医调治，减轻或平复伤情，以争取罪刑之减免也。”①可见，“保辜”发挥作用需满足三个条件：其一，受害者只是受伤，并未死亡；其二，司法机构作伤情鉴定；其三，伤人者负责医治被伤者。而上揭诸简的受害者均为立即死亡，这种情况根本谈不上、也来不及“保辜”，理解为“在保辜期内立即死亡”难以说通。

需注意的是，简257同时存在“二旬内”和“其时立物故”两个时间表述：

胡、冯、亥、建可，即俱之老舍门。泛令亥、建、冯入老舍，得一男子，将出，胡、亥将老出门。泛以所……建以所持矛刺老背，亥以☐建辜二旬内，其时立物故，泛、胡、建、冯、亥谋共贼杀人，已杀。泛本造计谋，皆行。胡……名数……冯□建格物故。亥、建(?)及泛等别劾。(《五一广场简》(壹)257，145)

简257是一起入室杀人案，罪犯为“泛、胡、建、冯、亥”5人，死者是“老”。关于“二旬内”，汉律保辜期为二旬，作为既定法定事实，在说明保辜期限时，原则上“二旬”不会和“辜”“保辜”等表述同时出现。如：

元光五年，侯德嗣，四年，元朔三年，坐伤人二旬内死，弃市。《汉书·高惠高后文功臣表》②

□□□□为县官有为也，以其故死，若伤二旬中死，皆为死事者，令子男袭其爵。毋爵者，其后为公士。(《张家山汉简[247号墓]·具律》369，59)

以上两例均为“二旬+死”，不用“辜+二旬”的表述。从现有简文看，简257“辜二旬内”与“其时立物故”是矛盾的：“泛、胡、建、冯、亥谋共贼杀人，已杀”说明“老”在案发时已死亡，若“辜”指保辜，受害者在案发时已死，谈何保辜？一种可能是，此处简文恰好残断，所以“☐建辜二旬内”和“其时立物故”的主语并非一人，“胡……名数……冯□建格物故”或说明该案还存在其他死者或细节，“泛以所……建以所持矛刺老背，亥以☐建辜二旬内”一句在“建辜”前简文残断(图1)，缺字数量不明，简257的“辜”字存疑待考。

① 刘俊文：《唐律疏议笺解》，北京：中华书局，1996年，第1483页。
② 《汉书》卷16《高惠高后文功臣表》，北京：中华书局，1962年，第568页。

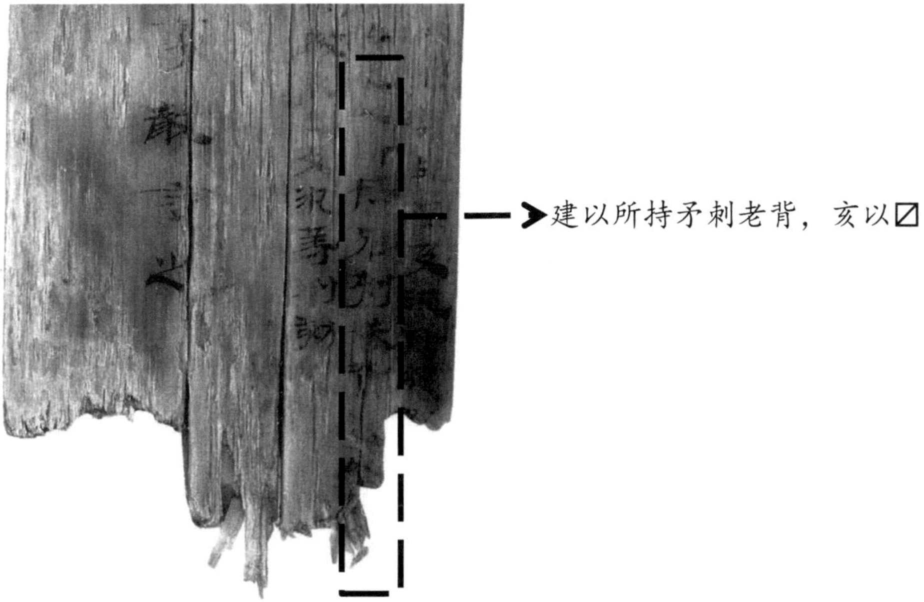

图 1　简 257 红外线图版(局部)

另，五一广场简见两例作“辜物故”者，“辜”亦表示原因：

(1)阳马亭长种言：掩捕小盗男子刘郎所有奴吉、官，官以矛刺种，种以所持刀斫官，创三所。官以格辜物故。(《五一广场简》[贰]538+393)①

(2)廷书曰：言考男子罗捽以矛刺陈绥，凡创九所，绥以捽辜物故，捽持矛亡。(《五一广场简》[伍]1719，65)

有学者将例(1)的“辜”视为“保辜”，认为阳马亭长“种”导致“官”死亡，所以“种”会受到处罚。② 我们认为例(1)的“辜”通“故”表原因，指“官”被阳马亭长“种”格杀，故死亡。首先，关于“格杀”，学者已指出“格”有斗、击、拒捍之义，“格杀”是指在对方有反抗拒捕的情形下或经过相互搏斗而将对方杀死的情形。③ “官以格辜物故”说明“官”被格杀，而“保辜”要求当事人受伤未死，还要接受一定时日的观察治疗。其次，自汉代便有“格杀无罪”的说

① 此为缀合简。参见汪蓉蓉：《〈长沙五一广场东汉简牍〉缀合(四)》，2019 年 11 月 13 日，http：www. bsm. org. cn/？hanjian/8166. html，访问日期 2024 年 11 月 19 日。

② 汪蓉蓉：《“君教”文书与东汉县廷治狱制度考论——从长沙五一广场东汉简牍说起》，《古代文明》2020 年第 4 期。

③ 闫晓君：《唐律“格杀勿论”渊流考》，《现代法学》2009 年第 4 期。

法，如：

凡盗贼军乡邑及家人，杀之无罪。（《周礼·秋官·朝士》）郑玄注："若今时无故入人室宅庐舍，上人车船，牵引人欲犯法者，其时格杀之，无罪。[①]

捕盗贼、罪人，及以告劾逮捕人，所捕格斗而杀伤之，及穷之而自杀也，杀伤者除，其当购赏者，半购赏之。（《张家山汉简［247 号墓］·贼律》152-153，29）

五一广场简中亦存在官员格杀犯人但认定为无罪的记录，如简 336 中待事掾"王纯"格杀犯人"黄""郭幽"后，仍然正常执行公务，未受处罚。[②] 可见，"格杀"属于正当防卫，无需受罚；"保辜"属于故意伤人，需量刑定罪。简 538+393 中"官"拒捕并刺伤阳马亭长"种"，造成"种"身上 3 处伤口，其后"种"将"官"格杀，该情形符合汉律"格杀无罪"的表述，"种"无需对"官"进行"保辜"，"种"无需受罚。

在汉代，"辜"也有作"保辜"讲的用例，如《急就篇》"疻痏保辜謕呼号"，[③] 前后的"疻—痏""謕—呼—号"均为近义词，"保"和"辜"亦当含义相近，所以这里的"辜"不表示罪过，而是指保任，与《说文·女部》"嫴，保任"之"嫴"，及《北京大学藏西汉竹书·苍颉篇》27"请谒任辜，礼节揖让"[④]之"辜"含义相同。五一广场简常见"保""保任""葆任"等表示担保某人、某事，如：

案：军粮重事，皮受僦米六百卅斛，当保米致屯营。……皮讼决，手械，部吏传诣武陵临沅，保入官米。（《湖南长沙五一广场东汉简牍发掘简报》例 5）[⑤]

左仓曹史薛憙诣曹，愿保任☐守史张普不逃亡，征召可得，以枲印为信。

---

① 《十三经注疏》整理委员会：《周礼注疏》，北京：北京大学出版社，2000 年，第 1104 页。

② 简文详见长沙市文物考古研究所等编：《长沙五一广场东汉简牍（壹）》，上海：中西书局，2018 年，第 164 页。

③ 史游：《急就篇》，长沙：岳麓书社，1989 年，第 26 页。

④ 北京大学出土文献研究所编：《北京大学藏西汉竹书［壹］》，上海：上海古籍出版社，2015 年，第 6 页。

⑤ 该简存在不同的释读和句读意见，本文从杨小亮的意见。杨小亮：《关于"王皮木牍"的再讨论》，《出土文献》2020 年第 4 期。

(《五一广场简》[陆]2572AB，124)

永元十七年四月甲申朔十二日乙未，书佐胡寔敢言之：愿葆任效功亭长胡详不桃亡，寔手书，敢言之。(《五一广场简》[壹]441，96)

我们注意到，悬泉汉简中有两例传马死亡的记录，在表示“保辜”时用“葆”不用“辜”。请比较以下内容。

(1)五凤四年二月壬寅朔庚戌，丞相霸告中二千石、二千石郡大守诸侯相，上五凤三年置传官用员马课有书。案：所剥卖马或不署，初病，缺年月日，负得筭数，又不上。官无畜积，马以辜死，告劾。(《悬泉汉简》Ⅱ90DXT0114④：335A)①

(2)律曰：诸乘置其传不为急及乘传者驿驾□令葆马三日，三日中死，负之。(《悬泉汉简》Ⅱ90DXT0115③：80-82)②

例(1)“以辜死”之“辜”表示原因，说的是官府无积蓄，传马因此死亡；而例(2)“葆”表示“保辜”，指的是保证传马存活超过三日，若马在三日内死亡，便要赔偿。

二、秦汉简牍所见“辜”

里耶秦简尚未见“辜”“嫴”相关用例，岳麓书院藏秦简“辜”字目前见1例，即《岳麓书院藏秦简(陆)》134：“有弗为，为而不谨，称以辜(嫴)为。贩(版)，坏殿垣人可道入，匠为者，完为城旦”，③“辜”的训释尚存争议，或认为指保辜，或认为是某种墙壁。④ 睡虎地秦简“辜”字2见，⑤ 表示罪过；“保

---

① 甘肃简牍博物馆等编：《悬泉汉简(叁)》，上海：中西书局，2023年，第521页。

② 转引自张德芳：《悬泉汉简中的“悬泉置”》，卜宪群、杨振红主编：《简帛研究二〇〇六》，桂林：广西师范大学出版社，2008年，第171页。

③ 武汉高校读简会：《〈岳麓书院藏秦简(陆)〉研读记录(二)》，2020年11月20日，www. bsm. org. cn/? qinjian/8320. html#_ edn14，访问日期2024年11月19日。

④ 武汉高校读简会：《〈岳麓书院藏秦简(陆)〉研读记录(二)》，2020年11月20日，www. bsm. org. cn/? qinjian/8320. html#_ edn14，访问日期2024年11月19日。

⑤ “辜”表示罪过：《睡虎地秦墓竹简·日书甲种》36背叁：“鬼恒宋傷人，是不辜鬼，以牡棘之剑刺之，则止矣。”《睡虎地秦墓竹简·日书甲种》52背贰：“人生子未能行而死，恒然，是不辜鬼处之。”

辜”义用“結”或“姑”表示：

兴徒以为邑中之红（功）者，令結（嫴）堵卒岁。（《睡虎地秦简·徭律》116，47）

戍者城及补城，令姑（嫴）堵一岁，所城有坏者，县司空署君子将者，赀各一甲（《睡虎地秦简·秦律杂抄》40，90）

上揭两简均是关于修墙的，要求工人保证墙体一年不损坏。又见1例作“胋”：

人奴妾治（笞）子，子以胋死，黥颜頯，畀主。相与斗，交伤，皆论不殴（也）？（《睡虎地秦简·法律答问》74，110）

其中“胋”字形作“”①，有学者据“公大夫昌苔（笞）奴相如，以辜死”（《张家山汉简·奏谳书》49）认为“以胋死”即“以辜死”，“辜”表示保辜。②“胋”同“辜”的观点十分正确，但我们认为这里的“胋”“辜”均表示原因义。《法律答问》74说的是奴隶鞭笞自己的孩子，孩子因此死亡；《奏谳书》49是奴隶“相如”被公大夫“昌”鞭笞，因此死亡。这种用法又见于《张家山汉简［336号墓］》，如：

父母驱（殴）笞子及奴婢，子及奴婢以驱（殴）笞辜死，令赎死。（《张家山汉简［336号墓］·贼律》41，169）

诸吏以县官事笞城旦舂、鬼薪白粲，以辜死，令赎死。（《张家山汉简［336号墓］·贼律》42，169）

囚以谅（掠）辜五日死，谅（掠）者完为城旦。（《张家山汉简［336号墓］·囚律》179，188）

据调查，其他秦简尚未见表原因的“辜”。③ 在汉简中，学界多将“以+辜+时间+死”中的“辜”释为“保辜”，我们认为这类“辜”亦通作“故”，表原

① 睡虎地秦墓竹简整理小组编：《睡虎地秦墓竹简》，北京：文物出版社，1990年，第55页。

② 朱红林：《张家山汉简〈二年律令〉集释》，北京：社会科学文献出版社，2005年，第32页；张伯元：《出土法律文献研究》，北京：商务印书馆，2005年，第156-157页。

③ 放马滩秦简338+335“得其月之剽，恐死；得其攻辜，得其吉善”之“辜”，程少轩发现是“瘁”之误释。可从。程少轩：《放马滩简〈钟律式占〉“建除占疾”复原》，《中国文字研究》第28辑，上海：上海书店，2018年，第72-75页。

因。如：

屋阑游徼当禄里张彭祖以胡刀自贼刺颈各一所，以辜立死。(《肩水金关汉简》(叁)73EJT30：6)[①]

在该简中，“张彭祖以胡刀自贼刺颈”，属于自杀，这种情况并不适用于保辜制度。“以辜立死”理应指用胡刀刺破脖颈，因此立刻死亡”，“辜”通“故”表原因。长沙走马楼西汉简牍中亦可见表原因的“辜”：

囚大男寂谅以辜一日死，辞不当证以辜死，狱未狱(断)，会五月乙未赦，以令复作……如律令(长沙走马楼西汉简 572)[②]

这枚简涉及汉代的一次赦令“五月乙未赦”，邬文玲对本次赦令有详细论述，[③] 据此，“寂谅”不是“在保辜期的第一天死亡”，后文“以令复作”亦说明“寂谅”经过“五月乙未赦”后得到减刑，在官府劳作。可见，这里的“辜”通“故”表原因，后文“辞不当证以辜死”否定的不是“一日死”，而是“以辜(故)死”，说的是囚犯“寂谅”因此被判一天后处死，供辞不能证明“寂谅”因此要被判处死刑，该案尚不能判决。

刘俊文《唐律疏议笺解》指出：“被伤害者之死与伤害有因果之关系也。凡在辜限外死者，或虽在辜限内但因他故(例如别增余患)而死者，各依本殴伤法，盖被伤害者之死与伤害无因果之关系也。”[④]保辜期是既定的法定事实、是众所周知的，无需再强调保辜时限。若受害者在保辜期内死亡，重点考虑的应是致死原因——施害者造成的伤害导致其死亡，还是他因致死，强调的是事件因果关系。

(1)元光五年，侯德嗣，四年，元朔三年，坐伤人二旬内死，弃市。《汉书·高惠高后文功臣表》[⑤]

(2)□□□□为县官有为也，以其故死，若伤二旬中死，皆为死事者，令子男袭其爵。毋爵者，其后为公士。(《张家山汉简[247号墓]·具律》369，59)

① 甘肃简牍博物馆等编：《肩水金关汉简(叁)》，上海：中西书局，2013年，第167页。

② 简文转引自邬文玲：《走马楼西汉简所见赦令初探》，《社会科学战线》2022年第4期。

③ 邬文玲：《走马楼西汉简所见赦令初探》，第114-124页。

④ 刘俊文：《唐律疏议笺解》，第1485页。

⑤ 《汉书》卷16《高惠高后文功臣表》，北京：中华书局，1962年，第568页。

（3）以兵刃、索绳它物可以自杀者予囚，囚以自杀、杀人，若自伤、伤人而以辜二旬中死，予者髡为城旦舂。（居延新简 EPS4. T2. 100，705）

（4）斗伤人，而以伤辜二旬中死，为杀人。（《张家山汉简［247 号墓］·贼律》24，11-12）

（5）父母殴笞子及奴婢，子及奴婢以殴笞辜死，令赎死。（《张家山汉简［247 号墓］·贼律》39，39）

（6）诸吏以县官事笞城旦舂、鬼薪白粲，以辜死，令赎死。（《张家山汉简［247 号墓］·贼律》48，15）

例（1）、例（2）在表示“保辜”概念时并未使用“辜”字，而是用“二旬内死”表示保辜期限，且《史记》《汉书》中不见保辜义的“辜”“嫴”。例（3）、例（4）说法相似，冨谷至认为例（4）、例（5）、例（6）及《睡虎地秦简·法律答问》74“以胋死”所见“辜”“胋”均通作“故”，表原因。[①] 我们赞同冨谷至的观点。

两汉简文中见“辜半日”“辜一旬”“辜二旬”等不同时限：

（1）云阳□秉以妻急恶，故怨怼。至邑杀妻，伤，已死。夜……尉大君以秉伤辜半日死，元夫增等皆亡，大司空隆心公邑发觉。（《敦煌汉简》219+220）[②]

（2）乃□□□申，第三□戍卒，新平郡苦县奇里上造朱疑，见第五隧戍卒同郡县始都里皇□☐袍所持铍，即以疑所持胡桐木支从后墨击意项三下，以辜一旬内立死。案：疑贼杀人，甲辰病心腹□☐（居延新简 EPF22. 326，273）

（3）斗伤人，而以伤辜二旬中死，为杀人。（《张家山汉简［247 号墓］·贼律》24，11-12）

有学者认为“辜限”为一旬的记载可能是不同时期不同地域的产物；[③] 有学者给出了两种理解：“一种理解是辜限 20 天，10 天不到被害者就死了；还有一种理解是辜限 10 天，10 天不到被害者就死了，正好在辜限之内。”[④]我们认

① 冨谷至编：《江陵张家山二四七号墓出土汉律令の研究》，京都：朋友书店，2006 年，第17 页。
② 张德芳：《敦煌马圈湾汉简集释》，兰州：甘肃文化出版社，2013 年，第 215 页。
③ 朱红林：《张家山汉简〈二年律令〉集释》，第 31 页。
④ 张伯元：《出土法律文献研究》，第 188 页。

为，“辜”后记录的不同时间，并非是不同的保辜期限，因为汉律中明确规定了保辜期是 20 天。“辜”应作“故”讲，表示因果关系，即因何种原因死亡，并据此判断凶手和责任人。正如贾连翔所言：“这类案件的记录，除了会有‘以某某辜（故）’一类的说明外，还会在‘物故’前加上与案件发生日期之间的时间间隔，以明确受害人的死亡是由这起案件直接导致的。”①

我们对部分秦汉文书简所见“辜”的用字习惯做了调查，如表 1 所示。

表 1　秦汉文书简“辜”用字习惯调查表

义项 / 时代	辜	{罪过}	{原因}	其他
战国-秦朝	《睡虎地秦简》	2	0	0
	《里耶秦简》壹—贰	0	0	0
	《岳麓秦简》壹—柒	0	0	1②
西汉初期	《张家山汉简[247 号墓]》	0	4	0
	《张家山汉简[336 号墓]》	0	4	0
西汉中期-东汉中晚期	《居延汉简》壹—伍 《居延新简集释》壹—柒	1	2	0
新莽时期③	《敦煌汉简》	1	1	0
西汉中期-东汉初期	《悬泉置汉简》壹—叁	0	1	1④
西汉后期-东汉初期	《肩水金关汉简》壹—伍	0	1	1⑤
东汉早中期	《五一广场简》壹—捌	1	7	5⑥
合计		5	20	8

据表可知，汉代文书简多见表原因的“辜”。然先秦时期便存在表原因的

① 贾连翔：《五一简所见东汉刑事案件中的人身伤害问题初探》，第 212 页。

② 《岳麓书院藏秦简（陆）》134“有弗为，为而不谨，称以辜（婞）为。贩〈版〉，坏殿垣人可道入，匠为者，完为城旦”的“辜”字尚存争议，或认为指保辜，或认为表示某种墙壁，存疑待考。武汉高校读简会：《〈岳麓书院藏秦简（陆）〉研读记录（二）》，2020 年 11 月 20 日，www. bsm. org. cn/?qinjian/8320. html#_ edn14，访问日期 2024 年 11 月 6 日。

③ 敦煌汉简所见两例“辜”见简 219+220+221+222+223 与简 497，存在“掌教大夫”“安众侯刘崇与相张绍等谋反”等记录，可判断出是新莽简。

④ 见 1 例作“保任”讲的“辜”，即《悬泉汉简》Ⅱ90T0314②：302“强友等皆对曰：‘不贳卖财物。’敦煌吏民所皆相辜证任，它如爰书，敢言之。”

⑤ 肩水金关汉简 73EJT8：41“南阳郡舞阴辜里”，“辜”作地名。

⑥ 简 296、简 257、简 1730、简 2605、简 3173 的“辜”文意不明，存疑代考。

“故”，汉代为何还要假借“辜”来表示该义？

我们以《张家山汉简[247号墓]》、居延汉简（含居延新简）、《敦煌汉简》、五一广场简为例，排除文意不明者，考察发现“故”在上述简牍中存在6个义项：{旧有的}{原因}{任务}{故意}{地名}{人名}。使用频率如表2。

表2 汉代文书简中“故”的义项分布

义项＼文献	《张家山汉简[247号墓]》	《居延汉简》壹—伍 《居延新简集释》壹—柒	《敦煌汉简》	《五一广场简》壹—捌	合计
{旧有的}	19	154	22	56	251
{原因}	25	40	29	31	125
{任务}	0	7	4	3	14
{故意}	9	0	0	0	9
{地名}	2	8	6	0	16
{人名}	4	1	0	0	5

对比“辜”在两汉简牍中的使用情况，表原因时“故”的使用频率远高于“辜”，这是否说明此时“辜”“故”是存在竞争关系的同义词？

我们发现，表原因时“辜”的语境相对固定，一般为“以+(某种方式/某人)+辜+时间+死/物故”，如下。

(1)父母殴笞子及奴婢，子及奴婢以殴笞辜死，令赎死。(《张家山汉简[247号墓]·贼律》39，39)

(2)以兵刃、索绳它物可以自杀者予囚，囚以自杀、杀人，若自伤、伤人而以辜二旬中死，予者髡为城旦舂。(居延新简EPS4. T2. 100，705)

(3)廷书曰：言考男子罗捽以矛刺陈绥，凡创九所，绥以捽辜物故，捽持矛亡。(《五一广场简(伍)1719，65)

例(1)是“以+某种方式+辜+死”，例(2)、例(3)是“以+辜+时间+死”，“辜”所处语境均是“某人因此死亡”；而“故”很少用于“某人因此死亡”的语境，在目前调查到的汉简中我们只发现了以下3例。

(1)为买茭，茭长二尺，束大一韦。马毋谷气，以故多物故。(《敦煌汉简》164)①

(2)□□□□为县官有为也，以其故死，若伤二旬中死，皆为死事者，令子男袭其爵。(《张家山汉简[247号墓]·具律》369，59)

(3)人生于清(情)，不智(知)爱其气，故多病而易(易)死。(《张家山汉简[247号墓]·引书》106，185)

“辜”本义表示罪过，《说文·辛部》：“辜，辠也。从辛古声。‘𣦸’古文‘辜’，从死。”又《说文·辛部》：“辠，犯法也。秦以辠似皇字，改为罪。”禤健聪指出：“楚卜筮祭祷简{辜}记写作‘⿰歺古’，又作‘𣦸’，简文‘不辜’皆指无罪而死之人，故从“歺”或“死”作以明义。”②可见，从一开始，“辜”便与“死”“罪”等密切相关。在先秦两汉的传世文献中，“辜”也主要用于表示{罪过}，如表3所示。

表3　先秦两汉传世文献中“辜”的义项分布

义项＼文献	今文尚书	诗经	左传	国语	孟子	庄子
{罪过}	14	7	7	1	1	0
其他	1{原因}	0	0	0	0	1{磔}
义项＼文献	荀子	韩非子	吕氏春秋	战国策	淮南子	史记③
{罪过}	1	4	6	0	8	11
其他	0	4{磔}	0	0	2{磔}、2{人名}	1{原因}
义项＼文献	盐铁论	新序	说苑	论衡	汉书	风俗通义
{罪过}	2	7	5	21	129	0
其他	0	0	1{磔}	0	1{必定}、3{总括}	0

段注：“辜本非常重罪，引申之凡有罪皆曰辜。”故我们认为，“辜”虽假借作

① 白军鹏：《敦煌汉简校释》，上海：上海古籍出版社，2018年，第203页。

② 禤健聪：《战国楚系简帛用字习惯研究》，北京：科学出版社，2013年，第116页。

③ 《史记》“十表八书”所见“辜”共两例，因“十表八书”本身内容存疑，故不纳入统计。

“故”，但因为“辜”本指极严重的罪行，上表所举文献中见“磔”（分裂肢体）的下场，在语源上本就与“死”“罪”等联系紧密，所以在表原因时，常用于表示原因中最严重者——死亡原因，虽然传世文献少见“辜”通“故”者，但在出土文献中我们有幸看到“辜”“故”在原因义上的分布情况，二者有所分工，各有侧重。

综上所述，五一广场简“以+（某种方式/某人）+辜+时间+死/物故”格式所见“辜”不表示“保辜”，“辜”通“故”，表原因。“辜”假借以表原因时，一般表示因此（死亡），语境固定；而“故”一般不用于当事人死亡的语境，说明“辜”“故”职能互补，故二者在两汉文书简中得以并存。

（作者：陈琅枭，北京语言大学北京文献语言与文化传承研究基地博士研究生，研究方向为文献语言学）

Textual Research on Gu(辜) on Wuyi Square Eastern Han Manuscripts in Changsha

Chen Langxiao

Abstract: It is common to see Gu(辜) on *Wuyi Square Eastern Han Manuscripts in Changsha*. In the past, academics regarded Gu(辜) as guarantee, which is unconvincing in many cases. The Gu(辜) which means the cause, can be seen in *Bamboo slips of Han Dynasty in Zhangjiashan*, Bamboo slips of Han Dynasty in northwest China and *Wuyi Square Eastern Han Manuscripts in Changsha*, while it has been mistranslated in the past. In the bamboo scripts of the Han Dynasty, there is a division of labor between Gu(辜) and Gu(故), which mean the cause. Gu(辜) often appears in the context of indicating death, while Gu(故) rarely appears in this context.

Keyword: Wuyi Square Eastern Han Manuscripts in Changsha; Gu(辜); guarantee; Gu(故); Tongjia words

方言与民俗研究

观音信仰对中国影戏的影响简论*

李跃忠

摘　要：中国影戏的起源、形成与发展都和民间信仰有着密切的关系。观音是我国民间供奉最为普遍的神灵之一。民间观音会及其他相关习俗为影戏的生存、发展提供了不少演出机会，成了我国影戏的一种重要生存方式；观音信仰也对部分地区影戏的演出程式、演出剧目创作、演出道具的雕制产生了较大的影响。

关键词：观音信仰；影戏；生存方式；影戏演出

前　言

影戏即人们俗称的皮影戏，是我国一项古老的非物质文化遗产，大致在晚唐五代时期形成①，是一种“利用玩弄影子表演出来的戏剧”②。它是由艺人操纵用动物皮革或硬纸等不同材质制作的影人（艺人演出时手中操纵的道具，也叫“影身”“影偶”），利用光源将影人之形象投影到影窗上进行说唱，并配以音乐伴奏，进而表演故事的一种艺术形式③。在我国民间，影戏并不仅仅是作为

* 基金项目：湖南省社会科学成果评审委员会项目“湖南古代剧场资料的搜集、整理与研究”XSP2023YSZ007）；湖南省语言资源研究基地（湘社科办〔2022〕17号）资助成果。

① 李跃忠：《从“手伎”到影戏》，《民族艺术》2005 年第 4 期。

② 佟晶心：《中国影戏考》，《剧学月刊》1934 年第 11 期。

③ 李跃忠：《“影戏”语意流变考》，《华南农业大学学报》（社会科学版）2008 年第 4 期。

一种表演艺术而上演，它还有着其他深层次的文化内涵，即广大民众请演影戏几乎都是为满足某种信仰需求。

纵观中国影戏千余年的发展历程，可以发现其起源、形成与发展，乃至今日之衰微，都和民间信仰有着密切的关系①。我国民间非常崇奉观音菩萨，清人蒲松龄在《关帝庙碑记》曾言："故佛道中惟观自在（即观世音），仙道中惟纯阳子（即吕洞宾），神道中惟伏魔帝（即关帝），此三圣愿力宏大，欲普渡三千世界，拔尽一切苦恼，以是故祥云宝马，常杂处人间，与人最近。"②正因为观音信仰深入民间，故而其对我国影戏的起源、形成与发展也都产生了较大影响。目前学术界在影戏研究的成果中，有不少介绍戏班敬奉观音菩萨习俗的，也有关于观音戏的研究，但对观音信仰与我国影戏之关系，尤其是就观音信仰对中国影戏演出影响的研究较少。

一、观音信仰与中国影戏的生存

在佛教经典中，观音的"法力"高强，据《妙法莲华经·观世音菩萨普门品》载，信士如遇到苦难，观音能应声为其解决："若有无量百千万亿众生，受诸苦恼，闻是观世音菩萨，一心称名，观世音菩萨即时观其音声皆得解脱。若有持是观世音菩萨名者，设入大火，火不能烧，由是菩萨威神力故；若为大水所漂，称其名号，即得浅处；……若复有人临当被害，称观世音菩萨名者，彼所执刀杖，寻段段坏，而得解脱。……"③正因为观音有这样的"法力"，所以她在中国民间受到了民众广泛、虔诚的供奉。如在衡山县，民众因观音"能普度众生，救苦救难，农民多向她祈福、求寿，免除疾病，保佑人口平安"④。

我国历史上，歌舞一直被用作敬神、娱神的手段，《周礼·大司乐》说"以

① 李跃忠：《影戏与民俗关系论略》，《文化遗产》2009年第1期。

② （清）蒲松龄：《关帝庙碑记》，盛伟编《蒲松龄全集》（第2册），上海：学林出版社，1998年，第14页。

③ 林世田、李德范编：《佛教经典精华》，北京：宗教文化出版社，1999年，第283页。

④ （民国）湖南省立衡山乡村师范学校编：《衡山县师古乡社会概况调查》，载李文海主编《民国时期社会调查丛编》（乡村社会卷二编），福州：福建教育出版社，2014年，第907页。

六律、六同、五声、八音、六舞，大合乐，以致鬼、神、示(祇)”[①]。戏剧形成后，更是受到神的“喜爱”。我国许多信仰习俗均成为古代戏曲的重要生存方式之一，如农业丰产仪式中的禳虫习俗[②]、中国古代的求子、育子等习俗均对我国古代戏曲的生存与发展产生了重要影响[③]。

我国影戏自唐末五代时期产生后，其生存方式就是多元的。传统的有庙会演出、节日演出、农业丰产仪式如土地神祭拜、求雨、禳虫等演出、商行祖师爷庆典与商铺开张演出、婚娶与生子、庆寿、丧葬等人生礼俗演出等，且其会随着时代的需求而作出相应的变化，如20世纪以来，产生了茶馆影戏、旅游观光影戏、“非遗”博览园等场合的展演等生存方式[④]。

作为中国民众最喜爱的神灵之一，观音信仰也对中国戏曲的生存和发展产生了重要的影响，而影戏作为一种特殊的戏剧，其受观音信仰的影响似乎更为明显。民间相传，观音菩萨的诞生日是农历2月19日，成道日是农历6月19日，出家日是农历9月19日，所以这三个日子的前后，都是人们敬奉观音的时间。在这段时间前后，观音庙庙管会或信士常会请影戏班在庙里演戏敬神。如湖南衡阳地区，民间观音会演影戏之俗就颇为兴盛。梁贤之说，1949年前衡阳县影戏“演出主要是平民人家的生日喜庆、婚丧嫁娶、添人进口或敬香还愿，如人遭瘟疫，猪发瘟病许下皮影戏。或者唱菩萨戏：如农历2月8日寿佛菩萨生日，3月15日财神菩萨生日，4月25日药王菩萨生日，2月19日观音菩萨生日，6月19日观音菩萨得道，9月19日观音菩萨登莲台，还有清明节扫坟祭祖、七月半中元大会供老客唱皮影戒”[⑤]。文中就提到了三次观音会都要演皮影戏敬神。而笔者2011年在衡山影戏艺人王冬林家了解的当地唱“观音戏”的习俗则更有说服力。在当地，唱“观音戏”并不限于这三个正日子，观音会之前半个月内演的敬奉观音菩萨的戏均称“观音戏”。王先生为便于妻子在

---

① (民国)黄公渚选注：《周礼》，上海：商务印书馆，1936年，第61页。
② 李跃忠：《禳虫习俗与中国戏曲的生存、发展》，《东疆学刊》2010年第3期。
③ 李跃忠：《湖南少数民族民俗文化丛书：礼仪民俗》，长沙：湖南大学出版社，2020年，第5-11、65页。
④ 李跃忠：《论中国影戏的生存方式及其变迁》，《中南民族大学学报》(人文社会科学版)2007年第1期。
⑤ 梁贤之：《衡阳皮影戏》，载衡阳县政协文史资料委员会《衡阳文史》(第14辑)，1996年，第191页。

他外出时方便别人电话或上门定戏，自2005年来便将演出旺季即农历二、六、九月演“观音戏”，七月演“接祖戏”的演出安排用纸记下贴在墙上。这样如有人来定戏，他妻子便可对着安排表与对方商定演出时间。王师傅家是2010年搬迁新居的，在新居厅屋神龛左下张贴有4张2011年的安排表，在旧居墙上贴有2005~2009年的近20张安排表。为说明“观音戏”在当地演出的频繁，我们不妨统计王师傅2009年里三次观音会的“订单”来加以说明。当年的三次“观音会”，他一共有49天在外演出，演出了87场戏，其中最多的一天演了4场。87场中除9月14日注明是“黄清明家生日”外，其他都是演戏酬观音的。① 在福田铺乡，除王冬林戏班外，还有几家戏班，我们完全可以想象每年的二、六、九月，当地演出“观音戏”会是一种怎样的盛况。

其他地区亦有观音会演影戏敬神之俗。如西南地区的四川、重庆民间有在观音会演出皮影戏的习俗。在四川民间观音会演观音戏时，“会首点演的剧目多为观音显圣救人的戏，如《双莲花》《碧玉簪》《收红孩儿》《通天河》等”②，重庆巫山县民间在每年的观音会期间则是请影戏班唱“集体的愿戏”③。

南方如此，北方亦然。如在滦州影戏流布区的黑龙江望奎县影戏，艺人相传每年农历的二月十九日是他们的佛祖圣宗佛观音的生日，因此每年的这一天，影箱的箱主都要在自己家的附近，集中班子，唱三天影。艺人的吃喝由箱主白供，村民们也免费观看。④ 其他如山西翼城县⑤、河南商城县⑥亦有这样的习俗。

除观音会演出影戏庆贺神诞外，民间还有因其他信仰供奉观音，并请演影戏的习俗。如在湖南浏阳素有向观音许愿求子的习俗，大多数情况下会请影戏班演出，以求观音保佑早生贵子，剧目也多是祈求早生贵子、子孙满堂的剧

① 考察时间：2011年12月10日；采访地点：衡山县福田铺乡中塘村王冬林家。考察人：李跃忠。
② 江玉祥：《中国影戏与民俗》，成都：四川人民出版社，2015年，第260页。
③ 黄飞峡：《非遗传承下的巫山皮影戏之功能探究》，《三峡论坛》(三峡文学．理论版)2013年第1期。
④ 韩世昌：《望奎县皮影艺术》，载黑龙江省艺研所《黑龙江省艺术史志集成》(第8期)，内部资料，1986年，第52页。
⑤ 武淑红：《山西皮影戏的历史脉络与艺术特色》，山西大学学位论文，2017年，第15页。
⑥ 张德光、叶照清：《皮影戏在商城》，载商城县政协文史资料委员会《商城文史资料》(第2辑)，内部资料，1991年，第129页。

目，如《观音送子》《麒麟送子》《七子贵》等。[①]

综上所述，可见观音信仰确实为我国各地影戏的生存、发展提供了不少演出时机，是民间影戏的一种重要生存方式。

二、观音信仰与中国影戏的演出

观音信仰不仅对中国影戏的起源、形成产生了一定影响，是中国影戏重要生存方式之一，也对中国影戏的演出产生了较大的影响。

1. 对演出程式的影响

程式是中国戏曲的重要特点之一，这不仅体现在角色行当、音乐唱腔、剧本创编，也体现在演出的程式安排等方面，影戏演出也是如此。

受观音信仰的影响，影戏在与观音信仰有关的演出场合，其演出程式安排亦呈现出其独特之处。如北京皮影在过去演唱观世音时，相关规矩很严："演唱观世音的演员，必须是班主。班主如果不在，可以由少班主代演。在班主和少班主都外出或患病的时候，才能由其他演员代演，这位演员必须是演员中年岁最大的老艺人。操纵观世音上场后，也有不少规矩。观世音上场的耍法和台步与其他影人大不相同。不准来回走台步，不准斗法、武打，不准用唱腔演唱，必须出场后就入座，念四句上场诗，然后用'白'叙事。后台必须肃静，严禁坐、蹲和说笑，大家规规矩矩地直腰站立，至于吃东西、喝茶和吸烟等就更不允许。等观世音念完四句诗以后，后台才能照旧进行工作。"[②]翁偶虹关于北京西派影演出观音的习俗与其相比，有同有异，二者相参，更能看出旧时北京皮影戏的演出程式受敬奉观音习俗的影响。翁偶虹说，北京西派皮影旧时称"'蒲团影'，演奏的艺人都要坐在蒲团上表演影人，因而形成许多规矩。例如在开演'打通'以前，不许支影窗，'打通'后才能支起影幕，然后挂上彩灯，铺上棕毯（代表蒲团），请出'压箱佛爷'（即观音），净面漱口，高诵赞经，才

---

① 龙开义：《乡民、艺人与仪式剧——浏阳民间皮影戏的艺术人类学研究》，北京：中国戏剧出版社，2009年，第223页。

② 关俊哲：《北京皮影戏》，北京：北京出版社，1959年，第7页。

能演戏。在演出中，不许敲鼓键子，不许乱串座位。凡是戏里出现观音形象时，演员必须全体肃立。演唱观音者，必须由德高望重的老艺人担任。观音影形上场，必须有座位，如《火云洞》一戏，观音出现在战斗场面里，也必须摆上云片，使观音倚云而坐。"①这是因敬奉观音而影响了皮影戏演出的"开台"和中间演出的相关程序。

观音信仰对皮影戏演出的"收台"习俗也产生了影响。如河北宽城满族自治县一带，唱愿影到最后一天晚上的末场时，按例要出状元或南海大士。南海大士手拿拂尘腾云而上，念："南海圣佛从南来，脚踩莲花朵朵开，今日了却心愿事，万世千年永无灾。"同时拿拂尘掸影窗（表示降甘霜之意），完后飘然下场。② 又如黑龙江一带，民间演出"愿影"最后的那天晚上，有出观音菩萨了愿的习俗。平日晚上煞台时，影匠把影卷在影窗上一戳，观众不散还得演，有时一直要演到天亮。但是最后一天晚上，就不能依着观众了。到煞台时，观音大士出现在影窗中，念念有词："观音老母从南来，脚踏莲花朵朵开，唱影了却心头愿，一年四季永无灾。诸事完毕，一到西天交旨。"众影匠接道；"遵法谕"。这才算了了愿，观众也不能再要求艺人加演了。③ 湖南衡东一带则在演出"新屋戏"时，在正戏结束后，要出观音影人，上香、焚纸、鸣炮，演出几分钟的仪式剧《观音扫台》，为主家赐福驱邪。④

2. 对影戏演出剧目创作的影响

观音信仰对影戏演出剧目创作的影响可从三个层面来看。

首先，为满足观音会的需要，艺人创编了一些敷演观音神迹的剧目。中国民间供奉的神灵非常多，既有纳入了政府祭祀大典体系的正统神，也有大量的源自道教、佛教的宗教神，当然更多的是其他五花八门的民俗神。一般来说，有神就会有庙，有庙就会有祭祀活动，而民间祭祀不外乎香火、茶果、酒肉等

---

① 翁偶虹：《路家班与北京影戏》，载北京市政协文史资料委员会《北京文史资料选编》（第23辑），内部资料，1985年，第192-193页。

② 《承德戏曲全志》编辑部：《宽城县戏曲志》，载《承德戏曲全志》，内部资料，1986年，第434页。

③ 高中兴：《解放前的东北皮影戏》，载黑龙江省政协文史资料研究委员会《黑龙江文史资料》（第8辑），内部资料，1983年，第122-123页。

④ 李跃忠：《演剧、仪式与信仰——仪式剧〈观音扫殿〉的文化功能简论》，《剧作家》2012年第2期。

物资供奉和鼓乐、曲艺、戏曲等精神奉献。明清以来，不同的庙会演剧活动对剧目要求也不一样，形成了很有特色的“庙会戏”，如在湖北地区，农历正月玉皇会演《天官赐福》《天下第一桥》等，二月观音会演《观音得道》，三月财神会演《财神归位》、老郎会演《韩湘子上寿》《大赐福》等，五月单刀会演《挑袍》《过关斩将》《古城会》等，龙舟会演《胭脂褶》《屈原投江》，七月盂兰会演《目连救母》。[①] 影戏，在迎神赛社中亦要根据场合演出不同的剧目，如川北地区的影戏，观音会演出《火烧百雀》（又名《香山还愿》），清明会演《高山上坟》，药王会多唱《妖妄传》，端阳节唱《白蛇传》，娘娘会唱《土地神》等[②]。

一般来说，在与观音有关的信仰活动演戏时，演的剧目多为敷演观音神迹的故事。如前面提及的四川民间观音会演戏时，会首点演的影戏剧目多为观音显圣救人的戏，剧目有《收红孩儿》《通天河》等。湖南民间“观音会”时演的戏，剧目亦需与观音有关。如 2012 年 2 月、2013 年 6 月“观音会”期间，笔者和指导的研究生左娟考察衡山县王东林戏班在观音庙唱“观音戏”时，唱的剧目即为《范丹南海朝观音》。湖南民间影戏班敷演观音的剧目较多，笔者在长年的田野调查中就收录有以下一些：①平江县李存义传承的《大香山》1 本。②衡东县向登高传承的连本戏《观音传》（又名《香山记》。共 4 本，依次为《取兴林国》《观音降生》《魂游地府》《种菠萝》）。③衡山县王东林传承的连本戏《香山记》（3 本，依次为《妙善降生》《妙善遇难》《庄王还愿》），以及单本《观音治眼救命》《范丹南海朝观音》等。此外，《平江影戏》一书收录有平江县影戏《观音游地府》[③]一剧，龙开义收录有流传在浏阳的连本戏《南游记》（4 本，依次为《化东土》《白雀寺》《种波罗〔菠萝〕》《朝香山》）[④]。

其次，在其他非专门敷演观音神迹的剧目中，观音以救苦救难的神灵反复出现在影戏舞台上。影戏是一种道具戏，故理论上任何题材的故事，艺人都可

---

① 《中国戏曲志·湖北卷》编委会：《中国戏曲志·湖北卷》，北京：文化艺术出版社，1993 年，第 474 页。

② 四川省南充地区文化局编：《川北皮影戏》，成都：四川文艺出版社，1989 年，第 23 页。

③ 余剑鸣：《平江影戏》，平江县：平江县湘岳新出准字（2011）第 045 号，2011 年，第 275 页。

④ 龙开义：《乡民、艺人与仪式剧——浏阳民间皮影戏的艺术人类学研究》，北京：中国戏剧出版社，2009 年，第 192 页。

通过雕制相应的影偶将其表演出来，正如民国二十四年(1935)《重修镇原县志》的编纂者所指出的那样，影戏"刻牛皮为鬼神、人物、山水、鸟兽之类，设色鲜明，种种臻妙，人在帐中演唱。最妙者演《封神》《西游》，奇奇怪怪，无一不备"[①]。因此，影戏的剧目极为丰富。如在湖南，据笔者较系统的搜集、统计，历史上湖南各地艺人上演过的连本戏、单本戏、折子戏就多达1023种[②]。在众多的剧目中，有各种各样的神异现象出现，充分体现了我国传统剧目"戏不够，神仙凑"的特点。而在各种灵异情形中，解救男女主人公出场最多的便是观音菩萨，其次是太白金星，再次就是各类道教的真人、祖师。[③] 如衡山影戏《贞节楼》、汉寿县《虎丘山》二剧中就都有观音在剧中关键情节时出场，为剧中主角解困解厄的情节。前者演罗狮破不了必天虎的飞刀，剧中便有观音到罗府指引，指点其用血衣破飞刀的情节；后者演钱子忠兄弟被火龙真龙喷火烧败后，子忠请师父观音相助，观音乃令善财童子带着甘露水，并借来罗刹公主的芭蕉扇，打败了火龙。

最后，在特殊场合演出时，以敷演简短的观音戏来为请戏主家实施驱邪禳灾、消灾了愿、祈福纳吉或者超度亡灵等仪式功能。驱邪禳灾、消灾了愿、祈福纳吉的习俗如前面举的河北宽城满族自治县唱愿影的末场、东北"愿影"最后一个晚上的了愿习俗、湖南衡东"新屋戏"时演出《观音扫台》的习俗，均属这种情形。

以观音戏超度亡灵的，则不多见。笔者目前在文献中仅看到东北地区丧葬演影戏时，需要演出一个很短的仪式剧《接引归西》以"荐亡超度"。《接引归西》的搬演过程如下：

观音：(上。摆放莲台。白)吾乃南海观音大士，在上天已知下界某人，一生行善，做好事，佛祖特下世为其超度荐亡，歌唱送行极乐世界。超度完毕归天去者。(动乐，观音飘云下)[④]

---

① 丁世良、赵放编：《中国地方志民俗资料汇编》(西北卷)，北京：北京图书馆出版社，1989年，第197页。

② 李跃忠：《民间文学视野下的湖南影戏剧本研究》，长沙：湖南人民出版社，2015年，第310页。

③ 李跃忠：《湖南影戏中的神异现象简论》，《三峡论坛》(三峡文学·理论版)2017年第2期。

④ 刘季霖：《影戏说——北京皮影之历史、民俗与美术》，东京：好文出版，2004年，第31页。

从引文来看，该剧内容极简，演出也很简单，只一个人物观音菩萨出场，念诵几句台词，言明亡灵由其超度升天。

3. 对影戏演出道具影人的影响

影戏是一种道具戏，其演出的道具是影人。观音信仰对影戏演出用的影人亦产生了一定影响：一是为满足影戏演出的需要，艺人雕制了观音菩萨的影人，二是滦州影戏的影人造型，受到了民间观音菩萨塑像造型之影响。对第二点，魏力群指出："滦州皮影的造型也必然与这种带有宗教性质的民俗信奉有着密切的关系；影戏中一些正面人物的脸谱，包括小旦、小生、老生等均是依照观音菩萨塑像的直鼻梁和环眉细目进行刻画的，这种造型也就成为滦州皮影的一种独特风格。"①

小　结

观音信仰不仅为中国影戏生存、发展提供了很多演出场合，是影戏的重要生存方式之一，而且对中国影戏的演出也产生了较大的影响。当然，我们也要看到，观音信仰之所以在我国民间深入普通百姓之心，也是像影戏、宝卷这样的民间艺术长期宣传的结果。对中国影戏，笔者一直不主张仅仅将其视为一种表演艺术，而认为其是一种融戏剧、工艺、仪式、信仰于一体的内涵丰富的民间文化。民间请演影戏，很少纯粹是为了耳目之娱，而一般都是为了满足他们的种种信仰需求。民众或以影戏酬神还愿，或以影戏祈福纳吉、祛邪禳灾。佛法无边的观音或被影戏传承人奉为祖师爷，或被编入戏中，将其"请"上影戏舞台，给广大民众救苦解难。

（作者：李跃忠，湖南科技大学"中国古代文学与社会文化研究基地"教授、硕士生导师。主要研究戏剧与民俗文化、新媒体与民俗文化传播）

---

① 魏力群：《中国民间皮影造型考略》，《河北师范大学学报》（社科版）1998年第3期。

A Brief Discussion on the Influence of Guanyin Faith on Chinese Shadow Play

Li Yuezhong

Abstract: It is said that the origin, formation, and development of Chinese shadow play are closely related to folk beliefs. Guanyin is one of the most widely worshipped deities in Chinese folk religion. Folk Guanyin associations and other related customs have provided numerous performance opportunities for the survival and development of shadow play, which becoming an important way of survival for Chinese shadow play; the belief in Guanyin has a significant impact on the ritual performance, the creation of performance repertoires, and the carving of performance props in some regional as well.

Keywords: Guanyin Faith; Shadow Play; Mode of Survival; Shadow Play Performance

“野鸡”的词义演变及“野鸡+NP”构式的产生与发展

贺卫国

摘　要：当前，“野鸡大学”一语使用较为普遍，其他“野鸡+NP”式组合也不罕见。“野鸡+NP”构式至迟在清末已经出现，“野鸡大学”也于20世纪20年代中期开始使用。“野鸡”本指禽类，引申指流娼，进一步引申又有“冒牌的，质量差的，不合规章而经营的”义，后者最初只是属性词，后来泛化为一般性形容词。把“野鸡”这样的常用词研究清楚，有助于辞书编纂与汉语词汇史的构建。

关键词：野鸡；野鸡大学；野鸡+NP；隐喻机制；类推机制

21世纪以来，每逢高考前后，总会听到、看到不少关于“野鸡大学”的议论与消息，导致各类官方媒体都不乏使用“野鸡大学”一词的文章标题，具体用例详见表1。

表1　使用“野鸡大学”的文章标题举隅

序号	文章标题	出处
1	“野鸡大学”乱象频发，为何屡禁不止?	《记者观察》2023年第19期
2	让“野鸡大学”从线上线下彻底消失	《日照日报》2019年7月8日第1版
3	治理“野鸡大学”追责十分关键	《中国商报》2018年6月29日第2版
4	“野鸡大学”何以滋生不绝	《人民日报》2016年5月25日第5版
5	野鸡大学的监管，这一次又落后了	《中国青年报》2011年7月5日第2版
6	美国“野鸡大学”假文凭泛滥	《检察风云》2005年第6期
7	警惕：美国“野鸡大学”的骗局	《世纪行》2003年第10期

语言研究者通常用“NP”指名词性词组，为方便表述，本文用“NP”指名词或名词性词组，用“野鸡+NP”统指野鸡大学、野鸡唱片公司之类结构。那么，除了“野鸡大学”，有无别的“野鸡+NP”构式呢？这类组合的来源及发展演变情况如何？构式中的“野鸡”到底是什么意思？其词义发展演变路径是怎样的？我们发现，上述问题很少有人关注，尚有讨论的必要。有鉴于此，本文拟就上述问题进行梳理。不妥之处，敬望方家指正。

一、“野鸡”由指禽类到指人

从笔者调查的语料看，先秦似乎未见“野鸡”用例，汉代以降，“野鸡”逐渐使用开来。最初，野鸡是“雉的异名”①，属于禽类。为什么称雉为“野鸡”，先贤们存在两种不同看法：一种以东汉荀悦、唐代颜师古等人为代表，认为称雉为“野鸡”，是为了避吕后之讳而开始使用的。另一种以顾炎武、王念孙等明清学人为代表，认为“野鸡”可用作雉的异名，但汉代不避吕后讳。从实际情况看，汉代既说“雉”，也说“野鸡”，明清学人的看法更令人信服。“野鸡”最初指禽类，后来又可指流娼，隐喻机制在其中起了最关键的作用。

认知语言学中的隐喻（metaphor）是基于概念结构的相似原则（principle of similarity），人们的概念体系中不同认知域之间的投射，是不同概念之间的相似性联想。②“隐喻既是人类的一种思维方式，同时也是语言的一种生成演变机制，在词语演变过程中，由于受到认知心理相似性或相关性隐喻机制的影响，词义从本义认知域向另一目标认知域投射，出现了词义由具体到抽象的演变。”③属于禽类的“野鸡”为了觅食，喜欢到处活动，栖止不定，而旧时的流娼行止不定，没有固定接客处所，两者有很大的相似之处，且“鸡”与“妓”音近，在隐喻机制的推动下，至迟清末以降，上海等地开始有人把“野鸡”由“动物”领域投射到“人”之领域，用来指流娼，具体用例详见表2。该词在《汉语大词

① 何九盈、王宁、董琨：《辞源》（第3版），北京：商务印书馆，2015年，第4145页。
② 赵艳芳：《认知语言学概论》，上海：上海外语教育出版社，2001年，第70页。
③ 王兴才：《汉语语法及相关问题研究》，北京：中国书籍出版社，2020年，第232页。

典》中释为“旧社会谓沿街拉客的游娼”，引现当代作家欧阳予倩《车夫之家》用例为孤证①，书证稍晚。

表 2 “野鸡”表“流娼”义用例

序号	用例	出处
1	你愿做野鸡，今儿便出去，只要给我五千元，便撂开手。	清·邹弢《海上尘天影》第 45 回
2	有一种流娼，上海人叫做野鸡。	清·吴趼人《二十年目睹之怪现状》第 3 回
3	头一个贾子猷，走在前面，一上扶梯，就被一个涂脂抹粉，脸上起皱的中年野鸡，伸手一把把他拉住。	清·李宝嘉《文明小史》第 19 回
4	所以上海那班爱打野鸡的人，略略上等些的，都是到南诚信去细细的物色那班住家野鸡。	清·张春帆《九尾龟》第 171 回

民国时期的一些学人已注意到用“野鸡”喻指流娼的现象。徐珂《清稗类钞·饮食类·茶肆品茶》云：“青莲阁茶肆，每值日晡，则茶客麇集，座为之满，路为之塞。非品茗也，品雉也。雉为流妓之称，俗呼曰野鸡。”②又《方言类》云：“野鸡，雉也，今喻妓之下等者为野鸡，以其随人求合，有类于雉也。”③《上海鳞爪》则云：“按鸡为禽类，在家豢养的曰家鸡，在郊野中自由生活的曰野鸡，毛羽较家鸡尤美丽，性喜翱翔，尝四出觅食，行止靡定。今人称此类娼妓为‘野鸡’者，因外表服饰之鲜华，其美相若；而深宵傍晚往往徜徉路旁或往返茶室间，川流不息，厥状很忙，似和在山陬荒僻中天然之野鸡相类。此所以呼三等娼妓为‘野鸡’，义即指此。”④皆其证。

① 罗竹风：《汉语大词典》(第 10 卷)，上海：上海世纪出版股份有限公司、上海辞书出版社，2011 年，第 415 页。

② 徐珂：《清稗类钞》(第 47 册)，北京：商务印书馆，1918 年，第 110 页。

③ 徐珂：《清稗类钞》(第 16 册)，北京：商务印书馆，1918 年，第 15 页。

④ 《上海鳞爪》原分上、下集及续编三册，由上海沪报馆分别于 1933 年 10 月与 1935 年 6 月出版，本例引自郁慕侠：《野鸡之释义》，《民国史料笔记丛刊：上海鳞爪》，上海：上海书店出版社，1998 年，第 8 页。

二、“野鸡”表属性及“野鸡+NP”构式的出现

流娼走街串巷，并无固定的接客处所，在旧时属于“妓之下等者”。就属性而言，流娼具有“营业之无行无帮、无统系者”“质量低劣”等特征，所以，在“野鸡”可表“流娼”义不久①，“凡营业之无行无帮、无统系者，皆为野鸡，如野鸡挑夫，野鸡东洋车，野鸡轮船皆是。故野鸡二字，可随意冠之各种名词之上也”②。换言之，“野鸡”一词以“流娼”义所隐含的[+无行无帮]、[+质量低劣]等义素为基础，进一步引申，又可充当属性词，指“冒牌的，质量差的，不合规章而经营的”。表该义时，“野鸡”通常与别的名词一起构成“野鸡+NP”组合，具体用例详见表3。

表3　清民时期“野鸡+NP”组合用例举隅

序号	用例	出处
1	因为膝下没个男女，你们大伙儿鬼混着，弄个野鸡孩子骗骗他。	清·李宝嘉《活地狱》第29回
2	便单以我党而论，今年派出的也有三千四百余人，区区野鸡政府，怎奈我何呢！	清·海上独啸子《女娲石》第6回
3	这轮船不是招商的，是一只野鸡轮船，不到数十里，便查舱验票。	清·遁庐《斯文变相》第8回
4	散在各处的马车行，要算最便宜，除此外，再要便宜就只有带钓桥停着的野鸡马车了，这是地段的不同。	清·陆士愕《十尾龟》第1回
5	我们这里编辑员常年养着一屋子，走到马路上，像盛杏荪大出丧一般，所以要编甚么是甚么，咄嗟立就，不比其他小书局，专收野鸡稿件。	民国·网蛛生《人海潮》第32回

表3例1“野鸡孩子”指冒牌儿子、领养的孩子，清代叶长龄等纂光绪九年（1883年）活字本《杨舍堡城志稿》卷六“‘继异姓子’曰‘野鸡’，又曰‘野猫’，

① 从笔者考察的语料看，“野鸡”表“流娼”义最早见于光绪二十年（1894）成书的《海上尘天影》，而表“冒牌的，质量差的，不合规章而经营的”义最早见于光绪三十年（1904）前后发表的《活地狱》《女娲石》等书，前者比后者早见10年左右。

② 徐珂：《清稗类钞》（第16册），北京：商务印书馆，1918年，第15页。

以别于亲生也”[①]之语可为旁证；例 2“野鸡政府”指不合规章成立的政府；例 3“野鸡轮船”指非法营运的轮船；例 4“野鸡马车”指简陋的马车、质量差的马车，《清稗类钞·舟车类·上海之车》“又有驾车往来于法租界之十六铺及三茅阁桥者，载人货以行，其制较陋，称野鸡马车”[②]之语即为明证；例 5“野鸡稿件”指质量差的稿件。

“野鸡”词条“冒牌的，质量差的，不合规章而经营的”释义，《汉语大词典》仅释为“指不合规章而经营的”，引邹韬奋《患难余生记》“野鸡汽车”用例为孤证[③]，释语不够全面，书证稍晚。据马承源《上海文物博物馆志》所言，邹韬奋于 1944 年开始在医院病榻上执笔撰写《患难余生记》，写至第三章便与世长辞[④]，创作时间明显晚于表 3 例 1 至例 4。若用《汉语大词典》的释语“不合规章而经营的”去理解例 1“野鸡孩子”、例 5“野鸡稿件”等语中的“野鸡”，亦无法讲通。

从地域看，“野鸡”暗指流娼最初可能仅见于吴语区，表 2 所列例 1 作者邹弢是江苏无锡人，例 3 作者李宝嘉、例 4 作者张春帆皆为江苏常州人即其证。例 2 作者吴趼人虽系广东佛山人，但文中直说“有一种流娼，上海人叫作野鸡”，更能印证上述说法。同样，“野鸡+NP”组合最初可能也主要见于吴语区，如表 3 所列各例，例 2、3 作者真实姓名与籍贯均不可考，但例 1、4、5 作者均为吴语区人。

三、作为“睡美人”的“野鸡”引申义和“野鸡大学”

鸦片战争以后，随着洋务运动的蓬勃开展，中国各地纷纷仿照西方教育模式，开办“洋学堂”。据研究人员统计，在 19 世纪，“从 60 到 90 年代，洋务派

---

① 张家港市党史地方志办公室：《张家港旧志汇编》，南京：凤凰出版社，2006 年，第 96 页。

② 徐珂：《清稗类钞》（第 46 册），上海：商务印书馆，1928 年，第 45 页。

③ 罗竹风：《汉语大词典》（第 10 卷），上海：上海世纪出版股份有限公司、上海辞书出版社，2011 年，第 415 页。

④ 马承源：《上海文物博物馆志》，上海：上海社会科学院出版社，1997 年，第 360 页。

共办洋务学堂20多所”①。这些“洋学堂”，“主要有外国语学堂、军事学堂和科学技术学堂三种，由此，开启了中国科学教育的新的一页”②。纵观史料，比较有代表性的外国语学堂如：京师同文馆(1862)③、上海同文馆(1863)、广州同文馆(1864)、新疆俄文馆(1887)、台湾西学馆(1887)等；军事学堂如：上海江南制造总局操炮学堂(1874)、广东军事科技学校(1880)、天津水师学堂(1880)、天津武备学堂(1885)、广东黄埔鱼雷学堂(1886)、广东水陆师学堂(1887)、天津军医学校(1893)等；科学技术学堂如：福州船政学堂(1866)、上海江南制造局机器学堂(1867)、福州电报学堂(1876)、金陵同文电学馆(1883)、湖北算术学堂(1891)、湖北矿务局矿业学堂及工程学堂(1892)、天津医学堂(1893)、山海关铁路学堂(1895)④等。

晚清兴起的“洋学堂”在学习科目设置、教学方式等方面已具有高等专门学校的一些特点。1922年以降，随着《学校系统改革案》的颁布实施，我国的高等教育逐步走向现代化，各式各样的“大学”不断涌现，其中不乏经营不善、办学质量不高者。不晚于20世纪20年代中期，人们按照“野鸡+NP”模式，类推出“野鸡大学”一语，并逐渐流行开来，具体用例详见表4。

表4　民国时期“野鸡大学”用例举隅

序号	用例	出处
1	野鸡大学师生打野鸡，法律小姐夫妻讲法律。	徐啸天《上海风月二集》第5回回目，上海时还书局，1925年9月出版
2	武汉的教育最不行。近年野鸡大学添了许多，国立省立的也不少。	胡适手稿《南行杂记》，1925年9-10月
3	可是因为住在他家，怕要把我自己滚入他那个野鸡大学的漩涡里去，所以于八点钟之前，就又逃回到了创造社出版部里来。	郁达夫《致王映霞》，1927-3-14

① 张锡勤：《中国近代文化思想史稿》(上册)，哈尔滨：黑龙江教育出版社，2004年，第175页。
② 孙宏安：《中国近现代科学教育史》，沈阳：辽宁教育出版社，2006年，第254页。
③ 括号里的阿拉伯数字指该学堂创办的时间。
④ 傅荣贤：《中国近代知识观念和知识结构的演进》，北京：知识产权出版社，2016年，第81-85页。

续表

序号	用例	出处
4	上海是“野鸡”的制造所，夜里马路上有许多可怜的拉人的“野鸡”，白天马路旁又有许多可厌的“野鸡”大学。	邹韬奋《夜大学》，首发于《生活》周刊第4卷第52期，1929年11月24日出版
5	许多朋友劝我进野鸡大学，我也极希望能有受高等教育的一天，不过进害人的野鸡大学，我不如进设备较完善的高级中学。	佚名《明年怎样》，首发寒松编《读者信箱外集》第2辑，《生活》周刊社，1931年7月出版

为表达需要，时人偶把“野鸡大学”简称为“野鸡”，如《复旦与野鸡》诗云：“学历无须一再提，但看钞票孰高孰低？早知‘复旦’真多事，何不当时说‘野鸡’。”①其中的“野鸡”就是指野鸡大学。

民国时期，什么样的大学会被称作“野鸡大学”呢？维生指出：“大学而有野鸡，其不洋乎？但此绝不是上海大马路口之卖弄风骚，生拉硬扯的妓女来作学生。乃因此大学，学生之众，教育之杂，校规之松，皆无以复加。”②上海记者郁慕侠则道：“本来大学是学府的最高机关，神圣尊严，万民瞩目，那能可以诋谓‘野鸡大学’呢？岂不罪过吗？其实办这种大学的人，他们的宗旨完全如交易所一样，以营业为目的，故对于校舍务求美观轩敞，对于学费则高昂非常，对于学生纯取放任主义，因此训育和教育都马马虎虎，寄宿学生可以出外住旅馆，上课点名可由他人代之，学生成绩怎样，他们也不注意。等到修业完毕，再马马虎虎给他一顶方帽子、一纸卒业文凭，就算尽他们的责任了。”③显然，当时的“野鸡大学”指校规不严、学风不好、人才培养质量不佳的大学，“野鸡”仍是“冒牌的，质量差的，不合规章而经营的”义。用此义去理解表4各例“野鸡大学”，均豁然可通。

中国共产党人一贯提倡男女平等，新中国成立后不久，就废除了娼妓制度。正如史林所说，“上海一解放，人民政府立即着手清除旧上海的社会病态

① 大郎：《复旦与野鸡》，《诚报》，1946年8月30日。

② 维生：《野鸡大学散记》，《学校生活特辑（十日谈号外增刊）》，上海：第一出版社，1934年，第90页。

③ 郁慕侠：《野鸡大学》，《民国史料笔记丛刊：上海鳞爪》，上海：上海书店出版社，1998年，第154页。

制度，重点就是娼妓制度和流氓帮会制度。首先宣布卖淫非法，并督令开业妓院到市公安局登记注册；严禁人口买卖，逼良为娼的活动；制止妓院主对妓女的剥削和虐待；老板要为妓女治疗性病，帮助妓女转业。同时，里弄家庭妇联也有意识地组织妓女参加各种社会活动，提高她们的觉悟，许多人都决心和妓女生涯告别。”①上述政策的贯彻执行，为上海市消灭娼妓制度奠定了极为坚实的基础。其后，通过数年的管理、限制、扫除和教育，“在半殖民地半封建的旧上海繁衍了100多年，达到登峰造极的娼妓制度终于被消灭”②。早在1953年，顾德鸿就明确指出：“我国自解放以后，由于社会制度根本改变，人民生活水平普遍提高，消灭了娼妓制度，妇女获得了与男子同等的劳动条件与生活条件，各种性病已大为减少，目前已不易发现初期梅毒病例。”③很明显，通过几年的努力，不独上海，全国各地都先后消灭了娼妓制度。

娼妓制度被消灭，滋生流娼的土壤不复存在，“野鸡”的“流娼”义及由此引申而来的“冒牌的，质量差的，不合规章而经营的”义自然而然进入沉睡期，与其紧密相关的“野鸡+NP”构式也罕见用例。同时，从新中国成立到20世纪九十年代初，我国一直实施以国家自主培养的精英化高等教育，风靡一时的“野鸡大学”不复有市场，也就难以出现新的用例。用Van Raan的观点来说，这个时期，“野鸡大学”与“野鸡+NP”构式成了“睡美人”④，但遇到合适时机，又可能“被唤醒”。在汉语发展史上，类似现象并不罕见，如史文磊就曾指出，“鉴于”这个语言形式“从汉代之后就处于沉睡状态，到清末民国以后，近乎突然地被唤醒，流行于各大报刊作者的笔端”⑤。

---

① 史林：《洋场百年》，北京：中国言实出版社，1998年，第500页。参见孙国群：《旧上海娼妓秘史》，郑州：河南人民出版社，1988年，第113页。

② 史林：《洋场百年》，北京：中国言实出版社，1998年，第500-501页。

③ 顾德鸿：《实用临床血清学检验法》，北京：人民卫生出版社，1953年，第58页。

④ Van Raan：《A-F J. Sleeping Beauties in Science》，《Scientometrics》第59卷（2004年）第3期，第467-472页。Van Raan在该文指出，科学研究中存在一种“睡美人”现象（Sleeping Beauties in Science），指某一论文发表后在很长时间内乏人关注（“陷入沉睡”），之后突然引起了大量关注和征引（“被王子唤醒”）。类似地，我们在这里化用“睡美人”一词来说明“野鸡大学”类词语的产生与发展过程，因为该形式在清末民初流行一段时间后就陷入沉睡，20世纪90年代突然被唤醒，并日益盛行。

⑤ 史文磊：《“鉴”“鉴于”“有鉴于”异同考辨——兼论跨层结构词汇化问题与词汇史上的“睡美人”现象》，《辞书研究》2019年第5期。

四、“野鸡+NP”构式的“复苏”与“野鸡”的形容词化

20世纪80年代以来，中国加大改革开放力度，政治、经济、文化等各方面建设都取得了举世瞩目的成效。与此同时，拜金主义、自由主义、享乐主义、个人中心主义、历史虚无主义等西方不良思潮涌入境内，弄虚作假、卖淫嫖娼等不良社会现象开始死灰复燃。这些现象的出现，为“野鸡”一词的“流娼”义、“冒牌的，质量差的，不合规章而经营的”义及“野鸡+NP”构式的“复苏”提供了可能。

20世纪90年代中期，我国高等教育逐渐向大众化转变，不仅新增了大量高等学校，还允许民间办大学，高校扩招与家长送子女去国外就学成为常态，难免有人浑水摸鱼，借“大学”之名行欺骗之实，牟取暴利。这样，“野鸡大学”一语“被唤醒”，重新进入国人视野，进而家喻户晓，其内涵也有了一定变化。目前，“野鸡大学”一般指“没有得到国家权威认证机构认证的情况下授予欺诈性的或毫无价值的学位的学校”①或“高校中未经教育部认可、无教学场地、无师资、无教学经验的三无学校”②，表1各例“野鸡大学”都属于此类。当然，就本质而言，当前流行的“野鸡大学”中的“野鸡”仍是“冒牌的，质量差的，不合规章而经营的”义。

随着“野鸡大学”的火爆流行，人们又仿照该词，不断新造“野鸡+NP”式组合。仅以北京语言大学BCC语料库而言，我们能找到“野鸡+NP”构式的就有：野鸡党、野鸡店、野鸡台、野鸡班子、野鸡队伍、野鸡公司、野鸡机构、野鸡快递、野鸡旅店、野鸡马车、野鸡媒体、野鸡书局、野鸡数据、野鸡司机、野鸡私塾、野鸡项目、野鸡校训、野鸡学校、野鸡学院、野鸡医院、野鸡院校、野鸡资料、野鸡电脑店、野鸡建筑队、野鸡交易所、野鸡救护车、野鸡拉客车、野鸡杂耍团、野鸡唱片公司、野鸡电动自行车、野鸡秘书学校等。

---

① 陈铁源：《留学&垃圾：来自中国海外留学生问题报告》，北京：世界知识出版社，2004年，第131页。

② 曲伟、韩明安：《当代汉语新词词典》，北京：中国大百科全书出版社，2004年，第992页。

“野鸡+NP”组合的使用自然也不再限于吴语区。表 5 所列是一些具体的例子。

表 5　20 世纪 90 年代以来“野鸡+NP”构式用例举隅

序号	用例	出处
1	什么叫野鸡公司？俗称皮包公司，只设公司名号，没有资本，企图假别人的资本做生意或骗人上当的“公司”。	何成云《最新市场营销 2100 问》第 386 页，冶金工业出版社，1993 年
2	随意发几份问卷，随意在网上设几个问题，然后就敢说“有多少民意反对某个政策”，缺乏对统计方法和规范的基本尊重，我把这种统计得出的结果称作“野鸡数据”。	曹林《时评写作十讲》第 215 页，复旦大学出版社，2011 年
3	像韩寒，标准说就是初中学历，人家方舟子也不过是美国“野鸡博士”照样活得有滋有味，还都成星了。	金山《听见》第 96 页，山东画报出版社，2013 年
4	谢胜挑衅一笑：“服吗？你们输定了，半路出来的野鸡队伍，等着跪下叫爸爸吧。”	海殊《无法阻挡傲娇的他》第 249－250 页，贵州人民出版社，2019 年
5	好像全天下的女性都怀孕困难，好像全天下的男性都阳痿不举，好像去了这野鸡医院就能百病包除。	马金莲《眩晕》，王昕朋主编《午后来访的女孩》第 213－214 页，中国言实出版社，2021 年

用百度、读秀等常用搜索引擎进行搜索，能找到的“野鸡+NP”构式用例更是不胜枚举，甚至能看到大量使用“野鸡+NP”构式的文章标题，例如表 6。

表 6　使用“野鸡+NP”构式的文章标题举隅

序号	文章标题	出处
1	从“野鸡文凭”到“野鸡院士”说明啥	2024-5-8《济南日报》第 2 版
2	野鸡证书过招考，哪些环节失了守	《人民周刊》2021 年第 6 期
3	“野鸡比赛”为何在大学校园畅通无阻	2018-1-3《中国青年报》第 2 版
4	“野鸡医院”的 7 个特征	《婚育与健康》，2016 年第 5 期
5	堂堂《大家》缘何出“野鸡版”敛财？	2012-6-28《西宁晚报》第 9 版
6	被“野鸡培训机构”葬送的青春	《政府法制》，2010 年第 27 期

“野鸡+NP”式组合越来越多见，使用愈来愈普遍，又有语言使用者突破“野鸡+NP”框架，构成“程度/否定副词+野鸡”式新组合，进一步扩大“野鸡”

的使用范围，让表属性的“野鸡”逐渐走上了形容词化的道路，具体用例详见表7。

表7 “副词+野鸡”用例举隅

序号	用例	出处
1	他的算学和英语很不得意，所以几次参加考试都无法考上艺术系里去，便只得被分发在一个十分野鸡的大学里的法律系里挂着学籍。	陈映真《苹果树》，《陈映真文集·小说卷》第62页，中国友谊出版社，1998年
2	我是高不成低不就，但凡有点名气的公司，口径一致地不要我，太野鸡的公司，我又心有不甘，一咬牙拿出所有积蓄成立了一间小公司，我只想凭自己的能力赚钱，谁想还是……	崔发《那一场绝望恋爱》第219页，线装书局，2013年
3	别逗了我亲爱的*Anny*，你以为咱那个啥艺术学院不野鸡啊？说白了不就是个拿钱买个证吗？都是花钱买的，真的假的有啥区别？	徐则臣《啊，北京》第395页，安徽文艺出版社，2015年
4	伊利诺伊大学香槟分校：这名字实在是不能更野鸡了。又伊利又香槟的，这都掩盖不了这是一所玉米种植大学的本质。	佚名《名字像“野鸡学校”的国外一流大学》，《意林》编辑部编《没有梦想，不言青春》第56页，吉林摄影出版社，2015年
5	等到我知道杨慎，并且也知道滚滚长江东逝水是他的大作时，我已经上大学了。一所非常野鸡的大学，起伏的丘陵中间，几座山被不辞辛苦地推平了，树了几座楼。	聂作平《附编：作平记》，《青山夕阳——大明文宗杨升庵》第337也，四川文艺出版社，2021年
6	确实……就是一则短消息，很敷衍的样子，还专门挑那种看起来就很野鸡且没流量的小站来发，自己的各平台官方账号上却一个字儿都没提！	萌晞晞《时光的手稿》，《初恋在逃中》第252页，江苏凤凰文艺出版社，2022年

表7例1说“十分野鸡”，例2说“太野鸡”，例3说“不野鸡”，例4说“更野鸡”，例5说“非常野鸡”，例6说“很野鸡”。很明显，上述6例“野鸡”仍是表“冒牌的，质量差的，不合规章而经营的”义，但不再是属性词，而成了一般性形容词。《现代汉语词典》“野鸡”条第三义释语为“形属性词。指不合规

章而经营的：~大学丨~汽车丨~公司。”[①]根据上面的分析不难看出，《现代汉语词典》把该义概括为“不合规章而经营的”，并定性为“属性词”，已不太符合语言事实。

结　论

综上所述，“野鸡”本来指雉，后可喻指流娼，最初主要见于吴语区，进一步引申，又有“冒牌的，质量差的，不合规章而经营的”义。该义最初仅充当名词的修饰语，后来泛化为普通形容词，可受“更”“很”“太”“非常”“十分”等程度副词及否定副词“不”的修饰。目前广为流行的包括“野鸡大学”在内的“野鸡+NP”式组合是清末民初“野鸡+NP”构式的继承和发展。从社会语言学的角度看，“野鸡+NP”式组合比较含蓄地揭露了人类社会的某些灰暗面，又贴近语言使用者求新猎奇的心理，故能较多吸引人们的眼球，很快传播开来。

戊戌政变到五四运动属于近代汉语与现代汉语的交叉时期。该时期产生的大量新词、新语或新义，既“为汉语从文言文向口语文的过渡、实现语言由近代向现代的转化在词汇上做好了准备”，也“为汉语词汇的进一步发展准备了一批造词成分和造词模式”[②]。把这时期产生的新词、新语及新义研究清楚，不仅有助于辞书编纂与汉语词汇史的构建，能为科学审视当前不断涌现的新词新语提供一些有益的参考，对文献学、中国近代史、近代科技史、近代教育史、近代思想史等学科的研究也不无裨益。本文所探讨的“野鸡”及包括“野鸡大学”在内的“野鸡+NP”构式只是“戊戌政变到五四运动”产生、五四运动以后巩固下来的新词、新语或新义中的一个个案，我们期待，未来会有更多学者关注这一时期的词汇现象。

（作者：贺卫国，河池学院文学与传媒学院教授、广西师范大学硕士生导

① 中国社会科学院语言研究所词典编辑室：《现代汉语词典（第 7 版）》，北京：商务印书馆，2016 年，第 1528 页。

② 沈国威：《近代中日词汇交流研究》，北京：中华书局，2010 年，第 5 页。

师，主要研究近代汉语词汇与语法）

The Evolution of the Meaning of "Yeji(野鸡)" and the Emergence and Development of the Phrase of "Yeji(野鸡)+NP"

He Weiguo

Abstract: At present, the phrase of "Yeji Daxue(野鸡大学)" is widely used, and such terms as "Yeji(野鸡)+NP" has also become popular. From the historical perspective, such terms as "Yeji(野鸡)+NP" have been seen since the late Qing Dynasty, and the phrase of "Yeji Daxue(野鸡大学)" also began to be used in the mid-1920s. The original meaning of the word of "Yeji(野鸡)" refers to a kind of bird, and by extension refers to itinerant prostitutes, and then it also means "counterfeit, inferior, operating in violation of regulations" which were originally only an attribute word and later generalized to a general adjective. A clear study of such common words as "Yeji(野鸡)" is helpful to the compilation of dictionaries and the construction of Chinese vocabulary history.

Key words: Yeji(野鸡); Yeji Daxue(野鸡大学); "Yeji(野鸡大学)+NP"; Metaphor mechanism; Analogy mechanism

域外汉籍研究

日本汉字的字形研究

——以日本最早“自写本”的字形为主

海村佳惟

摘　要：本文主要是研究日本现存最早“自写本”的字形，以探索其在汉字文化圈里的传播、模仿、再生、以及演变的过程，并以此考察“自写本”的日本汉字（从中国的角度来说，即“域外汉字”）字形在汉字文化圈里所起的作用。众所周知，日本汉字由“字形”“字音”“字义”等三要素构成，其中“字形”则为汉字之实体，而“字音”和“字义”仅是汉字之属性。为了阐明日本现存“自写本”的日本汉字字形的形成及其作用，本文将从中国文字的诞生及其一路走来的历程来溯源探讨。

关键词：中国文字；日本汉字；自写本；字形

一、中国文字诞生传说的多元性

关于中国文字诞生，《易经》中记载为“圣人创造说”，后汉许慎《说文解字》记载的是“仓颉创造说”，西晋卫恒《四体书势》记载的是“仓颉、沮诵创造说”，这些内容传递了两种信息。其一，《易经》与孔子有关，故形成了“圣人创造说”，《易经》有卜有卦，而甲骨文虽无卦但有卜，还传出了“八卦起源说”“河图、洛书起源说”。其二，仓颉、沮诵两位都是黄帝的史官，而黄帝又被视为老庄、道家的始祖，故“仓颉、沮诵创造说”与老庄有关。

总之，这些记载说明了汉字从其诞生的那一天起就呈现出多元化的趋势。

到了战国七雄时代，各国都使用各自的汉字，使汉字字形出现了多元繁荣的现象，各显风采。《说文解字》里还保存着籀文和古文的字形，王国维亦有“战国时秦用籀文六国用古文”说(《观林堂集》卷七《战国时秦用籀文六国用古文说》)。

二、国家文字政策下的汉字字体多元化

秦始皇统一七国之后，建立了中国有史以来的第一个中央集权制皇朝，所以必须实施文字政策——书同文，由秦朝宰相李斯作《苍颉篇》以小篆定“同文”之“书”，即以小篆定文字字形，以保证政令下达通畅。由此可见，文字政策是维持政权的一个重要手段。

维持皇统的小篆被誉为“皇帝汉字”。[①] 皇令下达的“皇帝汉字”小篆因其字形繁杂、曲线笔画影响了行政官员的书写速度，所以“初有隶书以趣约易”(《说文解字・序》)，因此“古文由此绝矣”(《说文解字・序》)。隶书也称为“官员汉字”。[②] 关于“隶书”之称，中国自古就有多种研究成果。(见汉班固《汉书》；唐张怀瓘《书断》等)神田喜一郎认为：“小篆是国家制定的正体字，而隶书则是一般民间使用的简略体。因为鄙视这种书写方式便称之为‘徒隶之书’，后简称隶书”。[③]

尽管在首次文字政策的高压之下，文字字体也出现了空前的多元化现象。据《说文解字・序》记载：“秦书有八体，一曰大篆；二曰小篆；三曰刻符；四曰虫书；五曰摹印；六曰署书；七曰殳书；八曰隶书。”春秋战国时代通过各自国家的文字字形表达思想的诸子百家更是百花齐放。那时的日本列岛还是没有文字的绳文时代。

---

① 大岛正二：《汉字与中国人》，东京：岩波书店，2003 年，第 9 页。
② 大岛正二：《汉字与中国人》，东京：岩波书店，2003 年，第 11 页。
③ 神田喜一郎：《中国书道史》，东京：岩波书店，1985 年，第 19 页。

三、首部字书《说文解字》的诞生——字书的金字塔、学者人文关怀的结晶

中国文字的首部字书《说文解字》于公元 100 年诞生。日本列岛也在此前 43 年，即公元 57 年接受了汉武帝所赐的金印“汉委奴国王”①，此五字拉开了日本汉字的序幕。《说文解字》的诞生并非源于国家的意志，而是出自一位学者的人文关怀。中国文字研究者中无人不晓的《说文解字》编著者许慎，其传记仅有 85 个字②，简单得连生卒年月、基本事迹的信息都没有。我们目前所知许慎的真实信息，还是来自其子许冲在建光元年（121）代替卧病在床的父亲向朝廷呈献《说文解字》的上奏文，故有多种关于许慎生卒年的猜测。

尽管如此，中国文字诞生以来的首部字书《说文解字》所体现的许慎的人文关怀则永垂青史。许慎对中国文字研究的贡献虽然历经了近二千年，但是还未有学者能攀上这座字书的金字塔。中国文字以甲骨文的形式出现在中华大地至许慎的时代大约经历了 1700 年的岁月，许慎把收集到的 9353 个字头（亲字）以自创的“部首”来分类配列，并把文字的字形按其自创的“六书”来分析、解说汉字的本义，本文共有十四卷，加上自序一卷，总共十五卷，其解说所用汉字总数共有 133441 个。从字数来看，《说文解字》的书写载体可能是“纸”，因为《说文解字》里已经有了“纸”的解说了；当然“帛”的可能性更大。在过了不到九百年之后，北宋的徐铉（916—991）奉旨校《说文解字》十五卷，986 年完成，并刻板问世，世称“大徐本”。大徐本的字头是 9431 个，③ 增了 78 字，解说所用汉字总数是 122699 个，④ 减了 10742 字。由此可见，原本流传的出入极大，因为有原本之序，我们才知道其中流传的出入。

《说文解字》非常包容地对待中国文字字形的多元化问题，以“籀文”“古文”“重文”“篆文”“奇字”等概念来诠释字形多元化的问题。同时以小篆为字头书体，意承李斯之“书同文”。

---

① 其中“汉委国王”是中国文字，“奴”是日本汉字，发音为 na。
② 参阅《后汉书・儒林传》。
③ 据段玉裁《说文解字注》统计。
④ 据段玉裁《说文解字注》统计。

《说文解字》后来“重文”的称呼变为了“异体”，中国文字字形出现了正异之分、正俗之别的否定中国文字多元化的现象。

四、《五经文字》《九经字样》的问世

近年来，出土文献的不断出现，时而也更新了一些旧学之说。《说文解字·序》记载：“秦书有八体，一曰大篆，二曰小篆……八曰隶书。”1975 年湖北省云梦县睡虎地秦代墓葬里出土了一千多篇隶书竹简。其书写年代均在李斯实施统一文字政策之前，也就是说隶书早在战国时代的秦国就开始出现并流行于世。

出土文献的不断出现还给我们带来了书写材料变迁的信息。龟甲质、牛骨质、青铜质、石质、木质、竹质、帛质等书写材料的呈现，让我们领略了书写材料和书写内容、文字书体以及字形的有机互联。尤其是经过蔡伦改良了造纸方式之后，由于书写载体的轻、薄、再造性强，文字的书写量有了一定程度的增多，甚至出现了“洛阳纸贵”的现象。

与此同时，书体也由篆隶向着草、行、楷发展，由此，在其演变的过程中出现了文字字形的无意的混乱和有意的创改。比如，中国史上首位女皇武则天（624？—705）在位 15 年（689—705），动用文字政策一共改动了 17 个汉字，后世称之为“则天文字”。

“则天文字”改字形而不改字音和字义，可见字形的重要性，如改“照”为“曌”，改“星”为“〇”，改“国”为“圀”。“则天文字”公布于天下时，随即由遣唐使带回日本，日本至今仍有使用“圀”为人名，最为有名的是江户时代的水户藩主德川光圀。

南北朝文人颜之推（531—602）与后汉的许慎一样，具有强烈的人文关怀精神，他在《颜氏家训》里对由来已久的世间字形混乱状况严肃地指责道：“世间小学者，不通古今，必依小篆，是正书记；凡《尔雅》《三苍》《说文》，岂能悉得苍颉本指哉？亦是随代损益，互有同异。西晋已往字书，何可全非？但令体例成就，不为专辄耳。考校是非，特须消息。至如“仲尼居”，三字之中，

两字非体，三苍“尼”旁益“丘”，说文“尸”下施“几”：如此之类，何由可从？古无二字，又多假借，以中为仲，以说为悦，以召为邵，以間为闲：如此之徒，亦不劳改。自有讹谬，过成鄙俗，“乱”旁为“舌”，“揖”下无“耳”，“鼋”、“鼍”从“龟”，“奋”、“夺”从“雈”，“席”中加“带”，“恶”上安“西”，“鼓”外设“皮”，“凿”头生“毁”，“离”则配“禹”，“壑”乃施“豁”，“巫”混“经”旁，“皋”分“泽”片，“猎”化为“獦”，“宠”变成“寵”，“业”左益“片”，“灵”底着“器”，“率”字自有律音，强改为别；“单”字自有善音，辄析成异：如此之类，不可不治。吾昔初看说文，蚩薄世字，从正则惧人不识，随俗则意嫌其非，略是不得下笔也。所见渐广，更知通变，救前之执，将欲半焉。若文章著述，犹择微相影响者行之，官曹文书，世间尺牍，幸不违俗也。”（参阅《颜氏家训·书证》）

对于名人的字形颓废，颜之推更是义愤填膺地指斥道：“晋、宋以来，多能书者。故其时俗，递相染尚，所有部帙，楷正可观，不无俗字，非为大损。至梁天监之间，斯风未变；大同之末，讹替滋生。萧子云改易字体，邵陵王颇行伪字；朝野翕然，以为楷式，画虎不成，多所伤败。至为一字，唯见数点，或妄斟酌，逐便转移。尔后坟籍，略不可看。北朝丧乱之余，书迹鄙陋，加以专辄造字，猥拙甚于江南。乃以百念为忧，言反为变，不用为罢，追来为归，更生为苏，先人为老，如此非一，遍满经传。”（参阅《颜氏家训·杂艺》）

颜之推也有宽慰之时：“唯有姚元标工于楷隶，留心小学，后生师之者众。洎于齐末，秘书缮写，贤于往日多矣。”（参阅《颜氏家训·书证》）《颜氏家训》作为家训也是卓有成效的，颜之推的孙子颜师古（581—645）在校订《五经正义》时痛感祖父家训之期待，以当时的书体“楷书”为正体来正历时的重文，留下了一本珍贵的笔记，时人称之《颜氏字样》。此书未能流传下来，但是，颜师古弟弟的孙子颜元孙以《颜氏字样》为底本编撰了《干禄字书》，此书收录了 1658 个楷书及其重文，并按其用途分成“俗”“通”“正”三体。颜元孙的侄子颜真卿（709—785）以其自笔的楷书抄正了《干禄字书》，并刻石传世。众所周知，《干禄字书》因颜真卿之名加重了分量，到了宋代刻板问世流传广泛。

顺便提一下，《干禄字书》见于《日本国见在书目录》（891），日本平安中期的《新撰字镜》以及镰仓初期的《类聚名义抄》都引用过《干禄字书》。由此可见，颜氏家族对汉字文化圈所起的作用是不言而喻的。

五、日本最早“自写本”字形的形成及其意义

言归正传，在上述中国文字书体变迁和字形多元的大背景下，中国已经进入了纸质作为汉字的书写媒体的时代，日本才在全国范围内使用汉字，圣德太子于600年正式地向隋朝派遣使者取经学习，后世称之“遣隋使”。

这些遣隋使者们带回的写本刺激了日本的政界、学界和佛教界。由此，日本汉字进入了国家管理系统和佛经抄写系统。僧侣以日本汉字抄写佛经书写佛事；学者官僚也积极地试图利用汉字来做学问和理政；所以留下了他们的各种书写痕迹，包括“自写本”的写本。本文研究的重点对象是现存最早的，即飞鸟时代(574—709)、奈良时代(710—793)“自写本”的汉字字形，以此来分析考察其与当时中国文字字形以及今日流通的日本汉字字形的关系。

日本现存最早的写本可分为“隋唐写本”“他写本”和“自写本”三种。这是我们在整理分类日本写本时自创的概念用语。所谓“隋唐写本”是指隋唐中国和朝鲜半岛传至日本的写本，如岩崎文库所藏的《古文尚书》；“他写本”是指日本人赴中国和朝鲜半岛时所抄录的写本，如太宰府天满宫所藏的《翰苑》；所谓“自写本”是指当时日本人用汉字写作或抄写的写本，如传圣德太子所书的《法华义疏》(615，图1)等，以及抄写佛典佛经等的写经，如《净名玄论卷六》(706，图2)等。下面就具体地考察日本“自写本”的字形。

首先考察“万”字字形，因为没有留下唐代的纸质写本，所以本文选择与纸质以外的媒体字形进行比较。按《汉魏六朝隋唐五代字形表》(下面简称《字形表》)的“万”字字形汇集，共有3种书体66个字形，其中篆书5个，无“万”字形；隶书43个，有4个“万”字形；楷书18个，有3个“万”字形。[①] “万”字共有7个，占“万”字总数的10.6%。现代日本汉字中的“万”字是“教育用汉字”，

① 臧克和：《汉魏六朝隋唐五代字形表》，广州：南方日报出版社，2011年，第1301页。

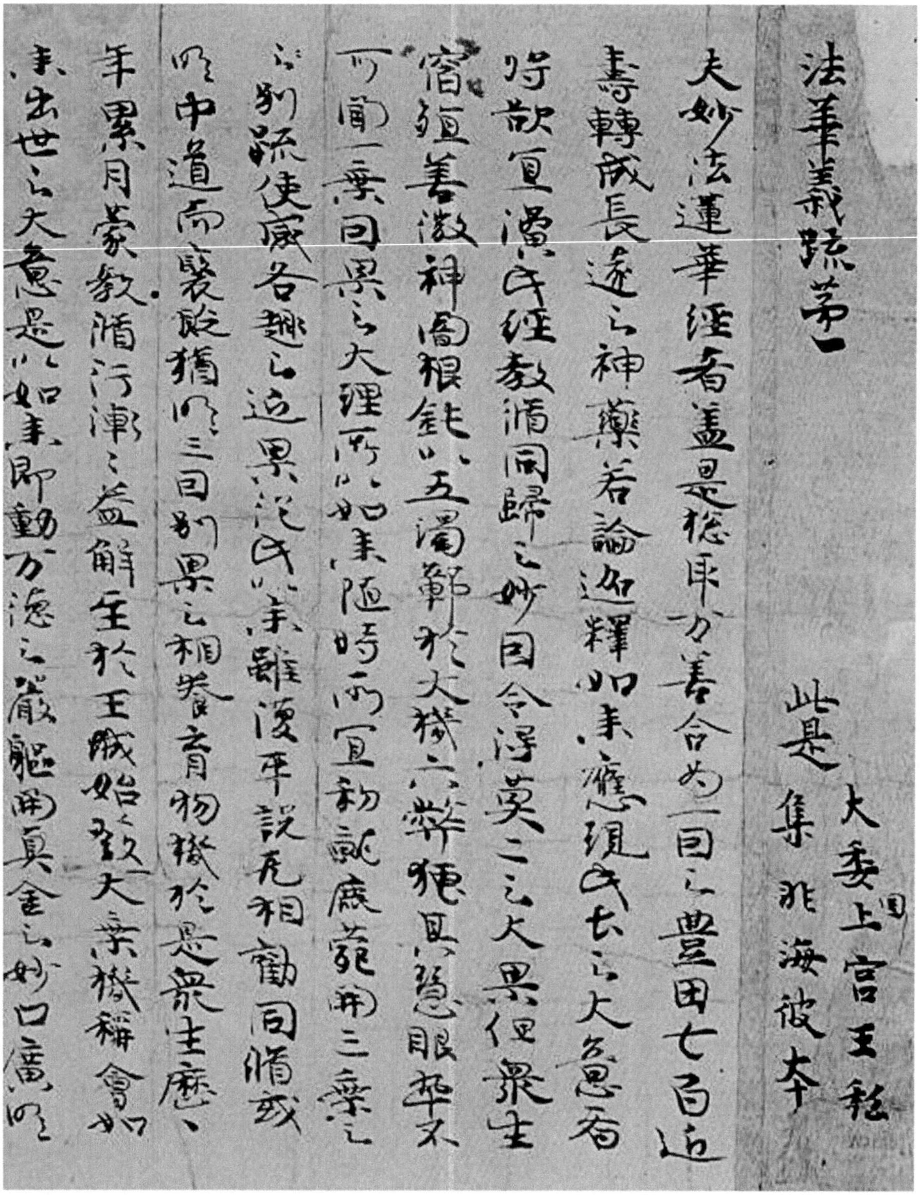

图1 《法华义疏》局部

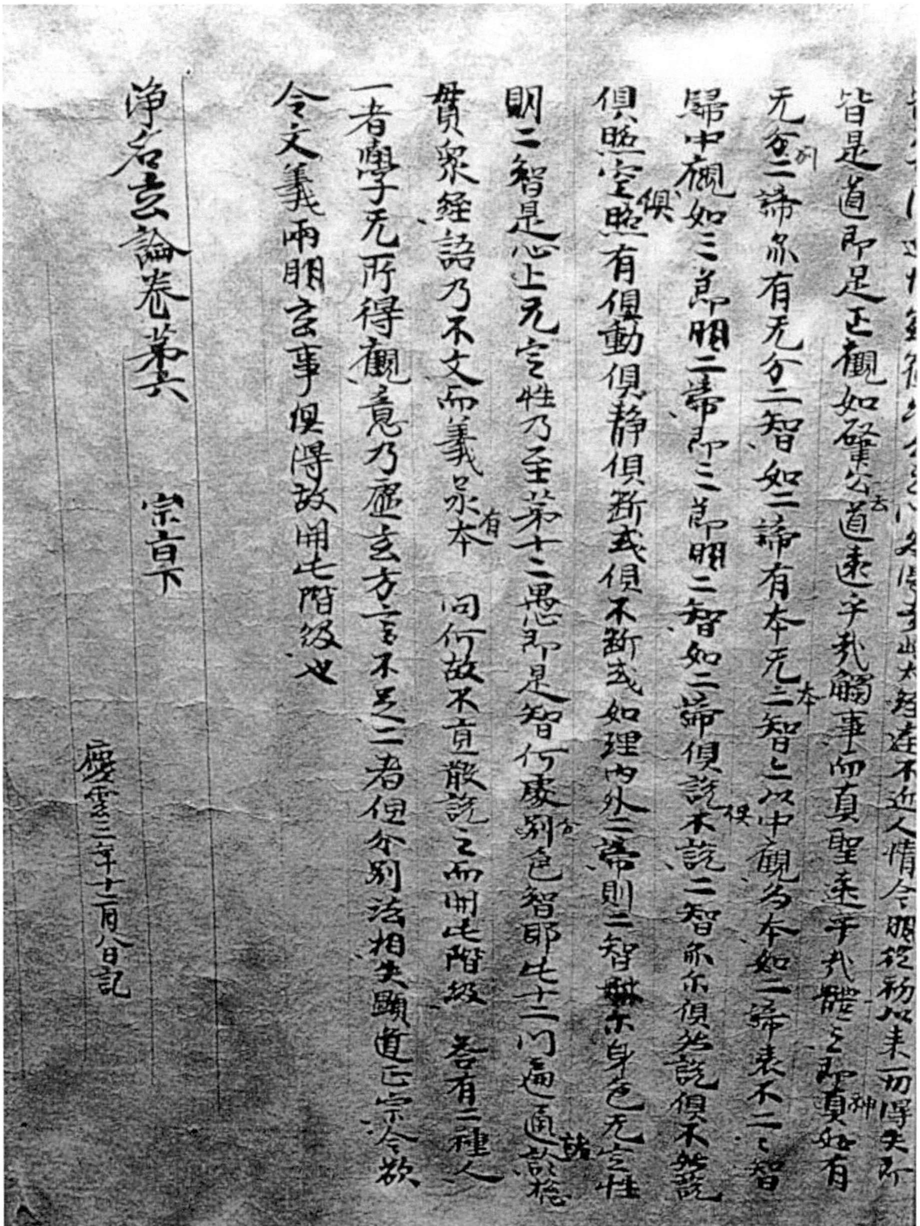
皆是道即是正觀如肇公云道遠乎哉觸事而真聖遠乎哉體之即真如有
无分二諦亦有无分二智如二諦有本无二智亦从中觀為本如二諦表不二之智
歸中觀如三節明二諦即三節明二智如二諦俱說不說二智亦亦俱說俱不說
俱照空照有俱動俱靜俱斷或俱不斷或如理內外二諦則二智亦身色无空性
明二智是心上无空性乃至第十二愚即是智何處別色智耶此十二門遍通諸悟
貫衆經語乃不文而義亦本 問何故不直散說之而用此階級 答有二種人
一者學无所得觀意乃歷玄方言不足二者但分別諸相失顯道正宗令欲
令文義兩明玄事俱得故用此階級也
淨名玄論卷第六　宗旨下
慶雲三年十二月八日記

图 2 《净名玄论卷六》局部

属于一部；[①]“萬”字是旧汉字，属于艹部。[②] 如表 1 所示，圣德太子《法华义疏》的两个“万”字字形源于北齐（550—577）的《窦泰墓志》。而旧汉字“萬”字字形则源于唐《石经周易》。

表 1　石质媒体与纸质媒体的“万（万）”字

萬 万	 北齐《窦泰墓志》	 唐《石经周易》	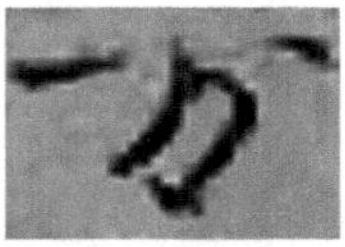 《法华义疏》（615）	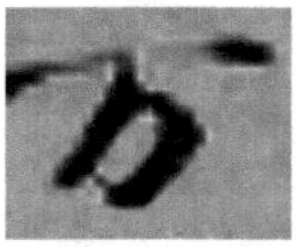 《法华义疏》（615）

“宜”字字形，按《字形表》统计，共有 3 种书体 57 个字形，其中篆书 2 个，无“宜”字形；隶书 42 个，有 26 个“宜”字形；楷书 13 个，有 10 个“宜”字形。[③]“宜”字共有 36 个，占“宜”字总数的 63. 2%。现代日本汉字中的“宜”字是“常用汉字”，属于宀部，其字形源于前汉《马王堆老子》甲后；[④]“宜”是“宜”之本字，“宐”则是俗字，[⑤] 即《说文解字》的重文，属于冖部，“宜”字多见于人名。如表 2 所示，圣德太子《法华义疏》的两个“宜”字字形还早于唐代（618—907）《张洛墓志》。

表 2　石质媒体与纸质媒体的“宜（宜）”字

宜 宜	 唐《张洛墓志》	 前汉马王堆老子甲后	 《法华义疏》（615）	 《法华义疏》（615）

“卒”字字形，按《字形表》统计，共有三种书体 88 个字形，其中篆书 2 个，无“卆”字形；隶书 41 个，有 2 个“卆”字形；楷书 45 个，有 8 个“卆”字

① 小川环树・西田太一郎・赤冢忠：《新字源》，东京：角川书店，2010 年，第 14 页。
② 小川环树・西田太一郎・赤冢忠：《新字源》，东京：角川书店，2010 年，第 861 页。
③ 臧克和：《汉魏六朝隋唐五代字形表》，广州：南方日报出版社，2011 年，第 418 页。
④ 小川环树・西田太一郎・赤冢忠：《新字源》，东京：角川书店，2010 年，第 274 页。
⑤ 镰田正・米山寅太郎：《新汉语林》，东京：大修馆书店，2005 年，第 356 页。

形。[①] “卆”字共有 10 个，占“卒”字总数的 11.4%。现代日本汉字中的“卒”字是“教育用汉字”，属于十部；[②] “卆”字是俗字，也属于十部，“卆”字多用于九十岁生日的祝贺语“卆寿”一词。如表 3 所示，圣德太子《法华义疏》的一个“卆”字字形源于西魏(535—556)《邓君墓志》。“教育用汉字”“卒”字字形源于唐代《石经尚书》。

表 3　石质媒体与纸质媒体的“卒(卆)”字

卒 卆	 西魏《邓君墓志》	 唐《石经尚书》	 《法华义疏》(615)

“为”字字形，按《字形表》统计，共有三种书体 105 个字形，其中篆书 8 个，无“为”字形；隶书 59 个，有 3 个“为”字形；楷书 38 个，有 2 个“为”字形。[③] “为”字共有 5 个，占“为”字总数的 4.8%。现代日本汉字里的“為”字是“常用汉字”(新汉字)，属于爫部；“爲”字是旧汉字，亦属于爫部，此部首分类见于日本以中国语、中国文学学界为主的辞书《新字源》。[④] 而在以国语、国文学学界为主的辞书《新汉语林》里，“為”和“爲”均属于灬部，“為”字是“常用汉字”(新汉字)，“爲”是人名用汉字。[⑤] 圣德太子《法华义疏》的一个“为”字字形源于汉晋(25—316)《流简纸》；而《长屋王愿经》(712，图 3)的一个“為”字字形源于晋(265—420)《洛神十三行》，见表 4。顺便说一下，“为”在现代日本汉字里已经消失了，而在现代中国语里则为简体字。

① 臧克和：《汉魏六朝隋唐五代字形表》，广州：南方日报出版社，2011 年，第 42 页。
② 小川环树·西田太一郎·赤冢忠：《新字源》，东京：角川书店，2010 年，第 139 页。
③ 臧克和：《汉魏六朝隋唐五代字形表》，广州：南方日报出版社，2011 年，第 847 页。
④ 小川环树·西田太一郎·赤冢忠：《新字源》，东京：角川书店，2010 年，第 631 页。
⑤ 镰田正·米山寅太郎：《新汉语林》，东京：大修馆书店，2005 年，第 825 页。

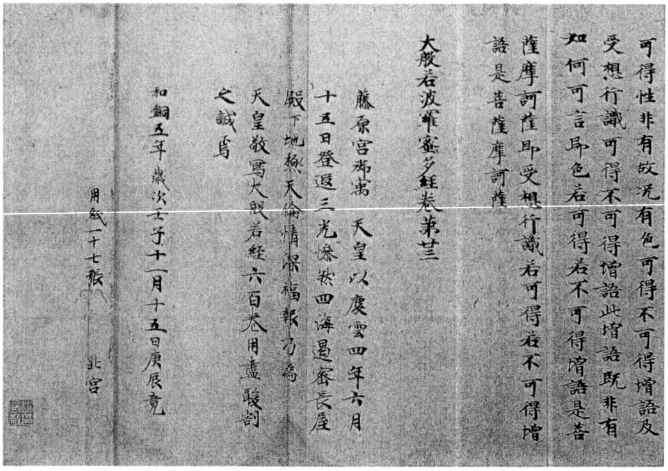
可得性非有故况有色可得不可得增語及
受想行識可得不可得增語此增語既非有
如何可言即色若可得若不可得增語是菩
薩摩訶薩即受想行識若可得若不可得增
語是菩薩摩訶薩
大般若波羅蜜多経巻第廿三
藤原宮御寓 天皇以慶雲四年六月
十五日登遐三光惨然四海遏密長屋
殿下地極天倫情深福報乃為
天皇敬寫大般若経六百巻用盡酸割
之誠焉
和銅五年歳次壬子十一月十五日庚辰竟
用紙一十七張 北宮

图 3 《长屋王愿经》局部

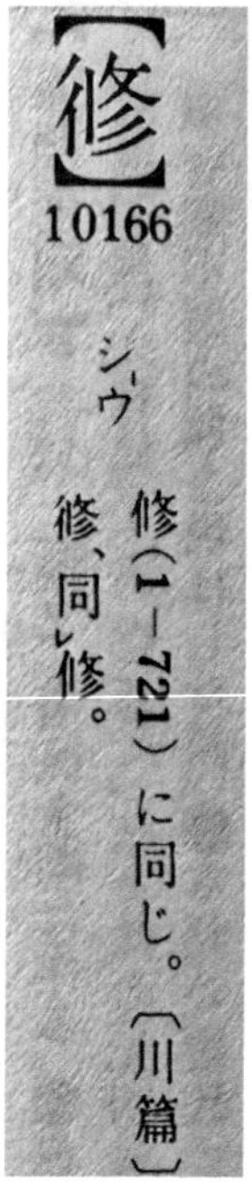

图 4 《大汉和辞典》（1955）

表 4 石质媒体与纸质媒体的“為(为)”字

為 为	 汉晋《流简纸》	 晋《洛神十三行》	 《法华义疏》(615)	 《长屋王愿经》(712)

“脩”字字形，按《字形表》统计，共有 3 种书体 87 个字形，其中篆书 1 个，隶书 62 个，楷书 24 个。① 表 5 的字形在唐代《严令元墓志》之后，有可能消失，而以同义异形(图 4)保存在《川篇》。② 关于《川篇》，梁春胜在《〈新修玉篇〉〈四声篇海〉引书考》(复旦大学出土文献与古文字研究中心，2008)中认为此书全名为《会玉川篇》。此书先已不存，其内容被《龙龛手镜》《五音篇海》

① 臧克和：《汉魏六朝隋唐五代字形表》，广州：南方日报出版社，2011 年，第 96 页。
② 诸桥辙次：《大汉和辞典》卷四，东京：大修馆书店，2005 年，第 901 页。

所引。小川环树在《宋辽金时代的字书》(《中国语学研究》，创文社，1962 年）中认为此书可能是四川省刊行的一种《川篇》。现代日本汉字中的“脩”字是“人名用汉字”，属肉部；① “脩”字和“修”字是同音同义字，“修”是教育用汉字，属彡部。② 如表 5 所示，圣德太子《法华义疏》的两个“脩”字字形源于北魏(386—534)《胡明相墓志》，早于唐代《严令元墓志》，作为日本汉字“脩”字字形显得格外珍贵。

表 5　石质媒体与纸质媒体的“脩”字

脩	 唐《严令元墓志》	 北魏《胡明相墓志》	 《法华义疏》(615)	 《法华义疏》(615)

“無”字字形，按《字形表》统计，共有三种书体 109 个字形，其中篆书 8 个有 3 个“无”字形；隶书 63 个有 12 个“无”字形；楷书 38 个有 9 个“无”字形。③ “无”字共有 24 个，占“無”字总数的 22.0%。现代日本汉字中的“無”字是“教育用汉字”，属于火部；④ “无”字是“無”字的略字，属于旡部。⑤ 如表 6 所示，《净名玄论卷六》(706)的一个“无”字字形源于北齐(550—577)的《张思文造像》；《圣武天皇杂集》(731)的一个“無”字字形源于北魏《司马氏墓志》。

表 6　石质媒体与纸质媒体的“無(无)”字

無 无	 北齐《张思文造像》	 北魏《司马氏墓志》	 《净名玄论卷六》	 《圣武天皇杂集》⑥

① 小川环树·西田太一郎·赤冢忠:《新字源》，东京：角川书店，2010 年，第 823 页。
② 小川环树·西田太一郎·赤冢忠:《新字源》，东京：角川书店，2010 年，第 344 页。
③ 臧克和:《汉魏六朝隋唐五代字形表》，广州：南方日报出版社，2011 年，第 912 页。
④ 小川环树·西田太一郎·赤冢忠:《新字源》，东京：角川书店，2010 年，第 621 页。
⑤ 小川环树·西田太一郎·赤冢忠:《新字源》，东京：角川书店，2010 年，第 458 页。
⑥ 参阅图 5。

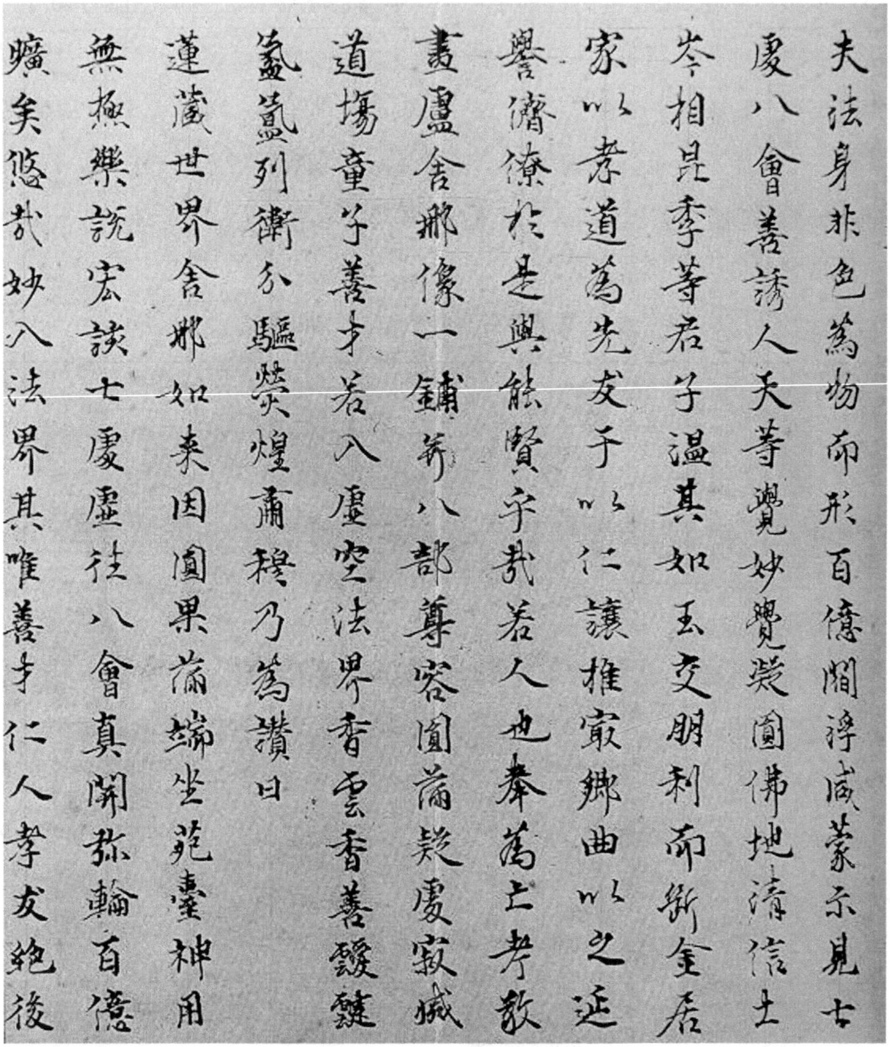

夫法身非色爲物而形百億閻浮咸蒙示見七
處八會善誘人天等覺妙覺凝圓佛地淸信士
岑相見季等君子溫其如玉交朋利而行金居
家以孝道爲先友于以仁讓推家鄉曲以之延
譽濟濟於是與能賢乎哉若人也奉爲上孝敬
畫盧舍那像一鋪并八部尊容圓滿凝處寂臧
道場童子善才若入虛空法界香雲香蓋[illegible][illegible]
氤氳列衛分驅熒煌肅穆乃爲讚曰
蓮藏世界舍那如來因圓果滿端坐苑臺神用
無極樂說宏談七處虛往八會真開弥輪百億
曠矣悠哉妙入法界其唯善才仁人孝友絕後

图 5 《圣武天皇杂集》局部（731）

综上所述，从共时性和历时性角度对上述六个日本最早“自写本”的字形进行个案考察，发现其字形均有出典，其简化和略化的现象亦自古就有，且较为频繁。字形的演变有着时代的烙印和文化的基因，源于中国文字的日本汉字自成一体，并与假名一起承载着日本列岛的历史和文化。

（作者：海村佳惟，日本/久留米大学教师）

Research on the Character Form of Japanese Kanji
——Mainly based on the earliest Self-written Chinese character forms in Japan

Amamura Kai

Abstract: This paper mainly studies the earliest existing written Chinese character forms in Japan, mainly focusing on "self-written" forms, to explore the process of dissemination, imitation, regeneration, and evolution of Chinese character forms in the Chinese character cultural circle, and to examine the role of "self-written" Japanese characters (from the perspective of mainland China, "foreign characters") in the Chinese character cultural circle. As is well known, Chinese characters are composed of three elements: "form", "sound", and "meaning". However, "form" is the entity of Chinese characters, while "sound" and "meaning" are only attributes of Chinese characters. In order to clarify the formation and function of the existing "self-written" Japanese kanji characters in Japan, this paper will trace and explore the origin and history of Chinese characters.

Keywords: Chinese characters; Japanese Kanji; Self-written

从唐宋并称到唐明比肩
——从《诸体诗则》看日人林东溟的明诗观

王　平

摘　要："唐宋诗之争"一直是中国文学理论批评史上经久不衰的命题，中国诗歌在传入日本之后，江户时期也出现了唐宋诗之争。荻生徂徕创始的萱园诗派提倡唐明诗，主张"格调"说，其后学林东溟进一步提出"唐兄明弟、因明学唐"的诗学主张，从学古的对象和师古的方法两个方面丰富了古文辞派"格调"说的意义外延，进一步提高了明诗的地位，为汉诗学习者提供了具体可学的典范和更易操作的捷径，推动了汉诗的普及与下移，同时也展现了中国诗歌在传入日本后呈现出根植于异域文化的独特样貌。

关键词：唐宋诗之争；唐明诗；格调说；《诸体诗则》

"唐宋诗之争"一直是中国文学批评史的重要命题，早在南宋时就已经论及唐宋诗之争，至今仍不绝于耳。当中国的诗歌漂洋过海传入日本、朝鲜半岛以后，深受汉文化圈影响的日韩两国也对此有着长期的争论。东亚古代诗学同源异流。无论朝鲜还是日本都深受中国诗学的影响，"唐宋诗之争"也是东亚古代诗学的重要论题，成为东亚诗学史上独有的现象。① 与中国"唐宋诗之争"在诗歌的美学风格之争不同，作为学习者的日韩诗人更强调诗歌创作的师法与

---

① 关于日本"唐宋诗之争"目前国内的研究有谭雯《从日本诗话看唐宋诗之争》(《山东教育学院院报》，2007年4期)、陈广宏《明代文学东传与江户汉诗的唐宋之争》(《上海师范大学学报(哲学社会科学版)》，2010年6期)、何振《日本江户时期诗话中的唐宋诗之争研究》(华东师范大学2017年硕士毕业论文)的三篇论文和孙立先生的专著《日本诗话中的中国古代诗学研究》第三章江户明治时期的唐宋诗等；关于朝鲜"唐宋诗之争"有李岩《域外接受与变革：朝鲜朝唐宋诗之辨审美趣向探析》(《文学评论》2022年第4期)、朴哲希《朝鲜朝中期"唐宋诗之争"研究》(《外国文学研究》2021年第3期)等。

策略，因此展现出明显的“融合唐宋、转益多师”①的整体特点。

“江户时期是日本汉诗鼎盛时期，此时期又可分为儒者文学的兴起（1603—1708）、古文辞复古派的盛行（1709—1750）、清新宋诗风的勃兴（1751—1803）和日本汉诗的极盛期（1804—1868）等四个阶段。”②第二阶段，即以荻生徂徕为首的古文辞派提倡唐诗、明诗的时期。第三时期日本汉诗界开始提倡宋诗，逐渐与唐诗抗衡。日本诗话大盛于江户时代，而到了江户时期，其作者便突破了儒士的圈子而呈现出民间化、普遍化的趋势。而林东溟《诸体诗则》也正在潮流中应运而生（以下简称《诗则》）。

林东溟，生于宝永五年（1708），卒于安永九年（1780），江户中期诗人。长门人，名义卿，号东溟、紫碧仙叟。师事山县周南，与泷鹤台、和叟东郊同称“周南门下三杰”，著有作为荻生徂徕的再传弟子，信奉荻生徂徕之学，因其弟子伪作徂徕与服部南郭论文章之《国字书》受牵连而遭到服部南郭、太宰春台等人排挤③。曾讲授于京都及江户，著有《明官古名考》《国字牍》《东溟诗稿》等。其以汉文写成的《诸体诗则》，在当时产生了不小的影响，其序言中说：

“东溟林先生者，以古文辞倡洛摄之间，往以谒焉。始得亲与闻徕翁、周南之奥旨，遂信之甚矣，犹公之于周南也。……凡京畿之间操觚周旋艺苑者，稍知修萱园之业者，实公之嚆矢也。其功不亦伟乎？间者著《诗则》，汉魏暨盛唐之则具备，好文之士一读之，乃曰世始有诗则。”

《诗则》分为上下两卷，上卷阐述其具体诗歌创作与鉴赏方法，分诗门、明诗、诗体、诗法、命题、句法、造语、下字、双字、押韵、用事、属对、沿袭、音韵共十四门。下卷则按体裁阐释其分体论，分四言古诗、楚辞、乐府、五言古诗、歌行、律诗、绝句七种体裁，最后附书品（即推荐阅读书目）。《诗则》是林东溟教授学生学习汉诗所用教材，同时也是体现他诗学理论的诗学论著。通过此书，可以看到林氏在深刻学习中国古典诗论的诗法论、诗格论，并

---

① 朴哲希：《朝鲜朝中期“唐宋诗之争”研究》，《外国文学研究》2021年第3期。

② 马歌东：《日本诗话二十种》，广州：暨南大学出版社，2014年，第11页。

③ 其事参见（日）古事类苑出版事务所编《古事类苑》，1914年，文学部四十，第464页。

在荻生徂徕的诗论基础上形成了自己的诗论建构。从其诗论建构出发，管窥中国古典诗歌在日本的受容与变容。

一、以格调说为中心——《诗则》的诗论建构基础

荻生徂徕是江户元禄年间的著名学者，也是日本汉文学的一代巨擘。徂徕步武李攀龙，创立了影响极大的古文辞学派，将明代的格调说发扬光大，以其号命名的"萱园诗派"声名鹊起。因尊崇李攀龙、王世贞，重视表现技巧，专从形式上模仿古人，即所谓"格调"，所以古文辞学派又称"格调派"。荻生徂徕标举盛唐格调说，可谓旗帜鲜明，一呼百应，很快便风靡江户诗坛。在谈及其影响时，《诗则》序说："夫子虽已殁，夫子未殁也。士之游事其门者，亡论咸是翩翩一时之隽，虽应门五尺童亦能知晚唐宋元为丑也，巨矣哉萱园之化也"[①]。"日本诗话热衷于谈论音韵格律，这也和当时风靡一时的荻生徂徕古文辞学派有意识地推动有关"[②]。

荻生徂徕以明代李攀龙、王世贞的格调说论唐诗："盖诗以格为别：高华雄浑，古雅悲壮，是盛唐所尚也……流畅圆美，宛切动人，是中唐所长也……新奇尖巧，刮目快心，是晚唐所擅。……大抵格犹人之品也，故贵高。调犹人之仪也，故贵称"[③]。徂徕在这里所说的格即诗歌呈现的一种内在美学风格，调类似人的外在仪表，是诗歌所展现的外在形式。徂徕这里把"格"与"调"的关系比作人的品格和仪表，类似于孔子在《论语·雍也》篇所说的"文质彬彬，然后君子"，偏重于强调文学的内容与形式兼美。

原田东岳就曾引用荻生徂徕的话说"徂徕先生有言，曰：本邦之人不识华音，读书作诗，一唯和训是凭，故其弊也，视'丽'若'华'。"[④]在当时多数日本人学习汉诗还是利用训读法，即用日语意思读汉字，而忽略汉字读音，使得

---

① 赵季、叶言材、刘畅辑校：《日本汉诗话集成》，北京：中华书局，2019年，第707页。
② 祁晓明：《江户时期的日本诗话》，北京：中国社会科学出版社，2009年，第233页。
③ （日）物茂卿：《徂徕集》（第三册），南京：江苏大学出版社，2018年，第190页。
④ （日）原田东岳：《诗学新论》载《日本汉诗话集成》，北京：中华书局，2019年，第1024页。

对汉诗的学习仅停留在文字上，而不得其声韵之美。徂徕还创立了反训读之“唐音直读”的汉文经典解读法而著称于世。需要说明的是，徂徕要求学习诗歌创作必须要通华音的这种想法在当时“锁国”的条件下是难以实现的，受制于客观条件，故而徂徕中年以后以“译文之学”为退而求其次的解读方法。但我们也要看到徂徕表达了对诗歌创作中的声韵之美的追求。

作为古文辞学派的开创者，除了对诗歌创作的美学风格和音韵，徂徕还十分重视辞，认为情感的表达必须借助词语，也必须落实到词语上，十分强调古文辞的重要作用：

“夫诗，情语也。喜怒哀乐，郁乎中而发乎外，虽累百千语，其气不能平。……得意而不得语者之不能尽夫诗也，审矣。且夫情唯喜、怒、哀、乐、爱、恶、欲，而意之曲折万变。然意之曲折万变可言而尽，无复余蕴。至于情，其名虽七，而态度种种不可言而尽，唯语之气格风调、色泽神理庶几可以发而出之。以此观之，得意而不得语者之不能尽夫情也，亦审矣。故予断以为学诗之法，必主情而求之语是已。”①

林东溟作为古文辞学派荻生徂徕的再传弟子和其学的大力鼓吹者，其诗论核心也是以“格调说”为中心的，其诗论中的“格”与“调”又与荻生徂徕有所不同。《诗则》的“格调”，“格”有两层意思，一方面不同文学体裁有其特定的表达方式，另一方面不论何种体裁，都应该呈现出一种昂扬向上追慕盛唐的美学风格。“调”即诗歌的音韵，林氏继承了荻生徂徕对诗歌声韵之美的追求，但又要求作诗严于声律而不拘于声律。林氏论诗以“格调”为中心，认为明诗尽得唐人格调“明不致工于作而致工于述，不求多于专门而求多于具体，所以度越宋元，苞宗汉唐。”②，其“格调”主张及对明诗的高度评价为因明学唐说奠定了基础。

作为江户时期日本诗话诗格、诗法、诗律著作中规模较大的一本，《诗则》着眼于指导汉诗的鉴赏与创作，故“格”在风格之外也十分强调格制、体

① （日）物茂卿：《徂徕集》（第三册），南京：江苏大学出版社，2018年，第260页。
② 赵季、叶言材、刘畅辑校：《日本汉诗话集成》，北京：中华书局，2019年，第715页。

格。林氏在下卷专设七种体裁，各体裁下又区分诸多诗格，如四言古诗下分补亡体诗格、朔风体诗格、二韦长篇诗格，律诗分于鳞五言律格、于鳞七言格、于鳞五言律格、于鳞七言律格等。《诗则》在“诗有句法”一门中引王直方《归叟诗话》：“作诗有句法。平淡不流于浅俗，奇古不邻于怪僻，题咏不窘于物象，叙事不病于声律。比兴深者通物理，用事工者如己出。格见于成篇，浑然不可镌；气出于言外，浩然不可屈。此作诗之法也”①。在风格上强调诗歌要深入浅出、意蕴丰富、古雅质朴，在表达上不能停留在事物表面，合乎声律又不为之所拘，用事自然，诗篇整体要追求浑然一体，文气顺达通畅。其评论当时诗坛学习荻生徂徕的诗作“故专学先生律绝者，虽格不落开元以下，调或见不可名者也。非经廷礼再生之品选，不可为初学之法者多矣”②。其评论诗歌创作也是以“格调”为标准的，在风格上推崇盛唐诗风，在声律上要求声韵和谐，追求格调兼备、二者不可偏废。

林氏认识到诗歌声韵“不缓不促”。押韵则要稳健，稳健才有精神，才能表现诗歌的格。同时，林氏反对和韵，认为和韵会影响诗歌的自由表达，“和韵非古也，盖中唐元白皮陆以下之丑也。古者赓和，答其意而已，初不为韵所束缚。……故于鳞集无一诗和韵者。而本邦学士尤效中晚宋元之久，岂徒己欲之，又责之于人。是以虽徂徕先生亦有不可辞者乎？间有次韵，是亦猎较之道已。学者勿效尤”③。林氏虽然提倡“格调”而并未为其所拘，推崇诗歌的自由表达不仅是在诗歌用韵上，还表现在他诗歌的命题的认识上：“古者无题。感物以抽辞，既感物，物即为之题。上古诸歌，不其然乎？是后世所以命题也。诗不必著题，必著题则局矣”④。但林氏以古时的有无即“和韵非古”“古者无题”作为立论的基础，仍然还是在复古主义主张下提倡诗歌创作的自由限度，这与他追求严密的诗法并不矛盾。

与荻生徂徕的“主情求语”不同，林氏将情与辞放置于同一高度，引入“本

① 赵季、叶言材、刘畅辑校：《日本汉诗话集成》，北京：中华书局，2019 年，第 714 页。
② 赵季、叶言材、刘畅辑校：《日本汉诗话集成》，北京：中华书局，2019 年，第 722 页。
③ 赵季、叶言材、刘畅辑校：《日本汉诗话集成》，北京：中华书局，2019 年，第 714 页。
④ 赵季、叶言材、刘畅辑校：《日本汉诗话集成》，北京：中华书局，2019 年，第 723 页。

色”为对赋的评价标准，认为“古赋”可贵，是因为其能得“本色”，而俳赋以下三赋则大失“本色”。而何为“本色”？考其对古赋的认识，“古赋，贵情与辞，不坠声律、俳语、议论者。”情辞兼备，是赋体“本色”，继而指出俳赋、律赋与文赋问题之所在：

又四品之赋，惟古赋可贵也。至俳赋以下三赋则大失本色矣。故虽胡元已不取，况明之文士乎？盖俳、律二体，始于沈约四声八病之拘，中于徐陵、庾信隔句作对之陋，终于隋唐取士限韵之制也。至文赋，宋人之陋，而议论文中押韵者耳，最不取也。故古人之品题，虽子云之《长杨赋》、士衡之《文赋》，不列之古赋者，以其为后世文、俳二赋滥觞也。若夫《病暑》《黄楼》，则虽后世所就，厕之古赋者，以其能得本色也。①

《诗则》广泛引用中国古代诗话，大量引用了胡应麟的《诗薮》，而胡应麟在《诗薮》中重点关注“才”与“格调”的关系。《诗薮》外编卷四云：“今人于唐专论格不论才，于近则专论才不论格，皆中无定见，而任耳之过也。”②胡应麟在评价诗人诗作时，认为“才”与“格调”二者要兼顾。他将“才”放置于首位而“格”紧随其后。由此可见，胡应麟认为作者的才决定作品的格调。才与格相比，才是第一位的。而林氏《诗则》有意略去胡氏对“才”的论述，并强调认为诗人作诗不在才气，诗歌创作就要追求精工，一首好诗就要精雕细琢：“诗不以敏捷称，以精工称也。苟不精工，则虽一日千首，奚以为”③。还以荻生徂徕为例强调徂徕对“李杜王李”的学习对其诗歌生成的重要作用，更突出诗法的学习在诗歌创作中的作用。这和他的私塾讲学先生的身份有关，同时也在客观上鼓励更多普通人参与到汉诗创作中，推动了汉诗下移，促进了汉诗的民间化进程。

---

① 赵季、叶言材、刘畅辑校：《日本汉诗话集成》，北京：中华书局，2019 年，第 757 页。
② 胡应麟：《诗薮》，上海：上海古籍出版社，1958 年，第 185 页。
③ 赵季、叶言材、刘畅辑校：《日本汉诗话集成》，北京：中华书局，2019 年，第 714 页。

二、越宋续唐，唐兄明弟，由明入唐——《诗则》的诗史观

“唐明之狱不断者久矣，余尝断之以兄弟之间。夫明人取材于《选》，效法于唐。取材于《选》者，与唐共其父母也；效法于唐者，以唐兄从之也。其趣与唐少异者，兄弟之面不必相似也。不必相似者，以各有其性所不可变化者”①。古文辞派几乎与林东溟同时期的另一位诗论家原田东岳也有类似“明诗可以与唐诗比肩”的看法。在《诗学新论》中赞叹明代诗道复兴，曰：“爰洎明祖膺箓，斯道复兴，或曰：明犹唐也，唐犹明也，而其间虽绵世浸远，治乱不同乎，方其调相契，几如鲁卫之政兄弟也”②。他们认为明诗和唐诗都是继承了从诗骚发源历经汉魏以至于六朝的中国古典诗歌传统：即以表情达意、抒情言志为核心的精神内核，温柔敦厚追求言外之意的艺术风格以及相对稳定的艺术表达形式。林氏提倡以汉魏晋盛唐为诗，极力排斥宋元诗歌。认为其是“妄作”，而认为明诗和唐诗是继承古典诗歌传统的。在对宋诗的认识上：“诗人儒生气象言语，非诗本色。曰仙曰禅，诗中本色。惟儒生气象，一毫不得著诗；儒者言语，一字不可入诗……明唐以上之祖述，宋元自家之妄作”③。林氏排斥宋诗，是因为其‘儒生气象言语’损害了诗歌本质，即严羽《沧浪诗话》所说的“以文字为诗、以议论为诗、以才学为诗”。在林氏之前徂徕的学生服部南郭就在为徂徕的《唐后诗》的序言中认为汉魏和唐诗都必须学，而“明人并兼之”④。服部南郭、林东溟等人肯定明诗，对明诗评价之高可见一斑。“有关唐、明之诗如同兄弟的定位是古文辞派的基本立场，也代表了江户时期从正德到宝历数十年日本世界的主流汉诗认识”⑤。

基于其“唐兄明弟”的认识下，他提出了“越宋续唐、因明学唐”的新主张：

---

① 赵季、叶言材、刘畅辑校：《日本汉诗话集成》，北京：中华书局，2019 年，第 715 页。

② （日）原田东岳《诗学新论》载《日本汉诗话集成》，北京：中华书局 2019 年，第 1011 页。

③ 赵季、叶言材、刘畅辑校：《日本汉诗话集成》，北京：中华书局，2019 年，第 714 页。

④ 参见贾飞《荻生徂徕对王世贞文学思想的接受——兼谈日本文学复古的走向》，《四川师范大学学报（哲学社会科学）》2023 年第 5 期。

⑤ 孙立：《日本诗话中的中国古代诗学研究》，北京：北京大学出版社，2012 年，第 137 页。

“唐得即景造意，明得用事三昧。故因唐学唐，则虽如易入，其弊也放纵浅俗。因明学唐，则虽如难入，自然明密高妙。而其觉唐易入、明难入者，学力未至也。而其实则明易入，唐难入矣”[①]。在这段话中，林氏认为唐人擅长即景造意，明人擅长用事。从初学者模仿学习的角度来看，认为学唐人诗歌的“即景造意”但其难于“触物比类，宣其性情，恍惚有眼，往往无定。”故而虽看似易入，但由于其无定也易落入无端放纵表达与意义浅俗之弊。而明诗因注重用事则更需“学力”，明诗可通过不断学习提高“学力”而入。祇园南海也认为明诗是理解汉唐阶段的跳板，他直言：“汉唐之诗难学难解，明人之诗易学易解……不如先读明诗之易成功耳。”林氏在律诗中设“于鳞五言律格”“于鳞七言律格”“于鳞五言排律格”“于鳞七言排律格”“于鳞五言绝句格”“于鳞七言绝句格”等节，简单统计李攀龙的律诗创作并详细说明了李攀龙诗律的特点并与唐人一一比较：“忌一平（此亦古今所忌也。不三五同声则自无斯病。于鳞五律中不得已而犯之者六句，唐人亦不太多）。忌仄间平（非所谓挟声之谓。凡一句中分明二三四五外，忌两仄间有一平字也。此唐人不太拘，而于鳞严之。盖斯病得句所必有不易避者也。然于鳞五律中无一句犯之者。）……”[②]。从林氏的分析来看，明律相较唐律更严谨，这也为他的“因明学唐”说提供了理论依据。从学习者的角度来说，的确诗律要求更严、诗法严密的明诗相比汉唐之诗为初学者树立了可供借鉴与学习的典范。

明代诗歌“诗必盛唐”的文学复古运动尽管在后世有许多批评的声音，但我们也必须看到明代诗歌在总结唐诗的诗法、诗律等方面的艺术成就有其特殊的贡献。孙学堂《明代诗学与唐诗》一书中说“重格调者对唐诗的接受、论评，虽然有好高好大好雄壮的审美偏颇，但也自不乏实事求是的辨体批评。胡应麟、胡震亨、许学夷，对唐诗风貌体察入微的评论，虽然也强调盛唐诗歌的雄壮之美，但已经接近盛唐诗的本来面目，所论比较可观。既代表了格调派的唐诗观，亦堪称盛唐诗评的经典，都是复古思潮和辨体批评风气带来的十分珍贵

① 赵季、叶言材、刘畅辑校：《日本汉诗话集成》，北京：中华书局，2019 年，第 716 页。

② 赵季、叶言材、刘畅辑校：《日本汉诗话集成》，北京：中华书局，2019 年，第 790 页。

的唐诗研究成果”[①]。林氏总结了古文辞一派对唐明诗的认识，提出他对明诗的认识：“越宋续唐，唐兄明弟，由明入唐”。从学古的对象和师古的方法两个方面对“格调说”的复古进行了新的开拓，其“由明入唐”说所展现的对唐诗认识方式与学习路径的认识体现了日本人在接受和学习汉诗时的独特的思维。

三、积学以储宝，驯致以绎辞——诗学实践论

《诗则》的最后附有《书品》，相当于今天老师给学生开的推荐阅读书目，共分十一类，详细评论中国各种诗歌总集、选本、注本和各类理论著作，分别是采摭精详，序次整密、古今最上精选、犹可列精选、薰莸错杂失卤莽、终身不可读、他岐旁门大害正调、古今名家集宜枕藉、古今诗话宜玩、注解书宜玩、古今明题书宜玩、初学宜玩诗韵诗材书。林东溟给初学者推荐这些书目，一方面代表了他自己在学习汉诗和教授汉诗过程中的认识，另一方面我们可以通过林氏对这些书目的认识与态度考察日本江户中期汉诗学习者对中国诗歌的接受与评价。

在诗话类著作中，则推选刘勰《文心雕龙》、钟嵘《诗品》、严羽《沧浪诗话》、徐祯卿《谈艺录》、王世懋《艺圃撷余》、王世贞《艺苑卮言》与胡应麟《诗薮》。这也是《诗则》推崇盛唐诗，提倡情辞兼备的理论来源。林氏不仅仅在于通过学习诗法理论学会作诗，更是试图通过对古典诗论的学习建构其诗学理论。除选中国诗学著作外，林氏还在诗韵诗材一门推荐日本汉诗学著作“《唐诗础》（本邦石叔潭辑）、《唐明诗联》（本邦腾子信、田高卿二子所辑也）、《诗荃》（本邦爽鸠氏撰）”。《唐诗础》《唐明诗联》是按韵编排的唐诗五、七言律诗常用词语，《诗荃》则是按天文地理时令编排汇编的唐、明诗歌词语，体现了其重辞的一面。但文学创作毕竟不是词语重复的堆砌，“这种单纯追求词句相似的模仿方法在给萱园派带来成功和享受的同时，也为后来的剽窃陋习种下

---

① 孙学堂：《明代诗学与唐诗》，济南：齐鲁书社，2012年，第329页。

恶因”①。

其在终身不读而可者列《瀛奎律髓》《千家诗》和《联珠诗格》三书。《瀛奎律髓》入选诗人三百八十人，其中宋人二百一十七人，占总数的百分之五十七，入选诗歌二千九百九十二首，其中宋诗一千七百六十五首，占总数的百分之五十九。“无论是作者还是作品，《瀛奎律髓》所选宋诗的比重都超过了唐诗”②。《千家诗》是南宋谢枋得所选带有启蒙性质的诗歌选本，同样选宋诗较多。《联珠诗格》即《唐宋千家联珠诗格》，此书选唐宋千家诗人作品，包括编者蔡正孙自己及大量宋朝遗民作品，分标三百格并加评释。此书自明清以来在我国罕见流传。其书选录大量道学家之诗，也把他们的作品依例分格，并从道学和艺术两个方面加以品评。联系林氏及古文辞学派对宋诗的态度，以上选本被列入此类也就不足为奇了。而在古今最上精选中，列《文选》《唐诗品汇》《唐诗正声》《唐诗选》《明七才子诗集》《唐后诗》六部选集，从中可以看出其对唐诗推崇之意不言而喻，特别是对盛唐诗。在名家别集中，林氏则选李白、杜甫、王维、王昌龄、孟浩然、高适、岑参七家盛唐诗人，而在明代诗人中则选李梦阳、何景明、李攀龙、王世贞、谢榛、徐中行、吴国伦、梁有誉、宗臣九家。林氏认为唐诗和明诗是有高下之分的，即“唐多大家、明多名家”大力推崇唐诗，但从教授汉诗学习的角度来说，还是“入明虽然极则易，入唐则难，由明入唐”，因而所推选明朝诗集更多，这是在其“因明学唐”理论主导下进行诗歌阅读。尽管在此时期的日本诗坛有萱门和木门之争，两派在很多地方都是对立的，但两派门人此时大都鼓吹唐、明诗而反对宋诗，在这一点上是一致的。日本复古派学者将明代李、王诸子置于唐人同一高度，对他们的诗大加赞誉并大力推崇，并非仅仅是出于对中国古典文化的一贯的敬仰与崇慕，而是因为李、王等人从拟古以复古的创作道路，与日本汉诗对中国古典诗歌的学习特别是注重字句与声律的模仿相契合并为之提供了有力的理论与现实依据。

日本学者松下忠在《江户时代的诗风诗论——兼论明清三大诗论及其影

---

① 刘芳亮：《江户汉诗对明代诗歌的接受》，山东大学出版社2013年版，第66页。

② 参见莫砺锋《从〈瀛奎律髓〉看方回的宋诗观》，《文艺理论研究》1995年第3期。

响》把林东溟归在早期专业诗人的行列，认为其超越古文辞派的经学道德而以诗文为主，专以诗文为业。《林塾明月篇》就收录了林氏与其门人共同创作的数十篇作品，其序言中说："诗文辞载道，不亦然乎？故曰不朽大业。今兹已至中秋，吾东溟先生，泛游之士，各张口吐稿，以成艺苑，为遂堆先生案上。于是乎鹤井二子辑以录之，使不朽于千载乎"①。林氏在指导门人的同时自己也身体力行地大力创作汉诗，其在诗歌创作中践行着自己的诗歌理论。如《阿州客舍答屈君惠见赠》中，"昇仙桥内未回车，廿载虚名情不舒。君自王门邹上客，我惭蜀国马相如。应知酒赋忘忧馆，莫问词臣谏猎书。岂比关西杨震称，倦游今已鬓毛疏"②。一诗运用了"回车""司马相如""酒赋""谏猎书""关西杨震"五个典故，言简意赅，情真意切，多用平常之语而不失明朗古雅。情辞兼备，表现了诗中主人公想要抛却功名不愿再为仕途奔波，深感未逢明君双鬓发稀而萌生归意。全诗音韵和谐颇得古风遗调。

尽管"因明学唐"的认识把明诗和唐诗置于同一位置受到后世诸多批评，但明诗的盛行使得明诗也吸引了更多的关注。"本邦三十年来，徂来先生之学化被海内，是以一时后进，皆能知开元天宝后又有明诗，因明学唐，则自然至于唐。"③据刘芳亮《江户汉诗对明代诗歌的接受》一书统计，明七子派等明代文人的诗文集翻刻本、注本、评点本在正德至明和年间（1711—1771）多达五十余种。以题为李攀龙《唐诗选》的影响较大，据日野龙夫推断，其中仅服部南郭校订的和刻小本《唐诗选》，自享保九年（1724）初版以来，至幕末万延元年（1860）140 年间，所经眼有 14 版，以每版印刷 5000 部为计，加上数版半纸本，数字即在近 10 万部。此书甚至成为日本人有关中国文学素养与趣味的重要部分。④ 在江户时期，出现了风靡一时的明诗热潮。除萱园派诗人外，质疑和批评萱园诗派的诗人同时也加强对明诗的学习，以寻求从中驳斥萱园诗派所

① （日）林东溟等著、鹤田元逸编：《林塾明月篇》，北海道大学附属图书馆，日本宽延二年（1749）刊本，第 1 页。
② （日）林东溟等著、鹤田元逸编：《林塾明月篇》，北海道大学附属图书馆，日本宽延二年（1749）刊本，第 14 页。
③ 赵季、叶言材、刘畅辑校：《日本汉诗话集成》，北京：中华书局，2019 年，第 715 页。
④ 参见（日）大庭修《江户时代における中国文化受容の研究》，东京：同朋舍，1984 年，第 21 页。

树立的诗坛之偶像地位。

结 语

林氏继承了荻生徂徕论诗取“格调”之说，并在其基础上从师古的对象、学古的方法两个方面对古文辞一派的诗歌观进行了总结与发展，提出了“唐兄明弟、越宋续唐、因明学唐”的诗歌理念，并在其指导下进行阅读与创作。《诗则》对鼓励日本汉诗创作发挥着一定的积极作用：《诗则》一方面表现出对明诗七子派诗歌复古极大的肯定，提高了对明诗地位的认识；另一方面也为当时的汉诗学习提供了在初级阶段学习汉诗的捷径。其作为日本汉诗下移民间化、普遍化的产物，同时也推动了汉诗的普及与下移。其诗学理论既建构在中国古典诗学基础上，又呈现出根植于异域文化的独特样貌。正如蔡镇楚先生在《诗话学》的“中国诗话与日本诗话”一节中所说：“日本文化以儒学东渐为新的历史转机，经历了对儒学的间接移植、直接模仿与日本化的三个阶段。在东方的儒家文化圈内，日本是勇于吸收外来文化而结合自己本民族客观实际逐渐使之民族化的典范。”①

（作者：王平，西北大学文学院硕士研究生）

From Tang and Song dynasties to Tang and Ming dynasties —A looking at Lin Dongming's views on Ming poetry from the Rules of Poems

Wang Ping

Abstract: “Tang and Song poetry contention” has always been an enduring

① 蔡镇楚：《诗话学》，长沙：湖南教育出版社，1994 年，第 355 页。

proposition in the history of Chinese literary theory criticism. After Chinese poetry was introduced to Japan, the controversy also appeared in the Edo period. Sorai advocated the theory of "style" in the Xuan yuan Poetry School initiated by Ogyu Sorai. After that, he further put forward the theory of "style" in Tang and Ming Dynasty, enriching the meaning extension of the theory of "style" in ancient prose school from two aspects of learning objects and learning methods, further improving the position of Ming poetry and providing a concrete model and easier shortcut for Chinese poetry learners. It promoted the popularization and downward movement of Chinese poetry, and also showed the unique appearance of Chinese poetry rooted in foreign culture after it was introduced into Japan.

Key words: the controversy of Tang and Song poems; Tang poems and Ming poems; Style said; Principles of Poems in various Styles

宗教文献研究

禅宗语录语词考辨二则*

赵家栋

摘　要： 禅宗语录中“紧帩草鞋”“紧峭草鞋”“紧悄草鞋”“紧捎草鞋”“紧俏草鞋”“紧鞘草鞋”“紧鞘芒鞋”中的“帩/峭/悄/俏/鞘”的本字当为“⿱削糸”，义为“捆系”；语录中的“徛死”“猗死”“跂死”“伎死”“岐死”当以“徛死”为是，义为“立死”，“跂”“伎”“岐”皆为“徛”的音借俗字。

关键词： 禅宗语录；紧帩草鞋；徛死

禅宗是佛教中国化的典型形态，其扎根于山野，多活动于方言比较复杂的南方地区，禅林用语以对话方式为主，再几经辗转汇集成语录，俗音、俗字、方言语汇甚至讹误现象普遍存在。这势必造成禅籍语言在字、音、语词以及句法等方面释读困难。有时同一“公案”“话头”，禅师在开示说禅时不断引用，同一祖师的语录也常常被收录在不同汇录中，再加上刊刻版本不同，造成了大量异文现象，这些异文语料是我们校理禅籍、研究禅籍语言可资利用的宝贵材料，但同时也增加了我们研究禅籍语言的难度。① 这里我们不揣浅陋，试辑录禅籍中两则方俗语词，在排比归纳相关文献用例的基础上，结合中土文献和佛

---

* 基金项目：本文为国家社科基金重大项目“敦煌吐鲁番文献通假资料整理研究及数据库建设”(23&ZD312)及国家社科基金重大项目“东汉至唐朝出土文献汉语用字研究”(21&ZD295)的阶段性成果。

① 董志翘：《禅籍方俗词研究·序》，雷汉卿：《禅籍方俗词研究》，成都：巴蜀书社，2010年，第1-9页。

经材料对其进行尝试性的延证考释，望同道方家不吝斫之。

一、【紧帩草鞋】【紧峭草鞋】【紧悄草鞋】【紧捎草鞋】【紧俏草鞋】【紧鞘芒鞋】

禅宗语录中习见“紧帩草鞋”“紧峭草鞋”“紧悄草鞋”“紧捎草鞋”“紧俏草鞋”“紧鞘草鞋”“紧鞘芒鞋”之语，具体语境大多相似。

“紧帩草鞋”用例如下。

（1）问：“椁示双趺当表何事?”师云：“言”。进云：“未审师意如何?”师云：“紧帩草鞋。”（宋·守坚集《云门匡真禅师广录》卷上，T47/550b[①]）

（2）又问：“长连床上学得底是第几机?”龙云：“第二机。”师云：“作么生是第一机?”龙云：“紧帩草鞋。”（同上卷下，T47/573c）

（3）上堂。僧问：“如何是佛?”师云：“独木桥子。”学云：“如何趣向?”师云：“紧帩草鞋。”（宋·赜藏主集《古尊宿语录》卷 20，C77/771b）

按，上揭（1）（2）例中“帩”字，大正藏校勘记云：帩，明本作“峭”。第（3）例“帩”，卍续藏经《古尊宿语录》卷 20 作“峭”。

“紧峭草鞋”用例如下。

（4）上堂。僧问：“如何是佛?”师云：“独木桥子。学云：如何趣向?”师云：“紧峭草鞋。”（宋·才良编《法演禅师语录》卷上，T47/655a）

（5）十五日已前，尔若离我这里，我也不用钩钩尔。一任横担拄杖，紧峭草鞵。（宋·蕴闻编《大慧普觉禅师住江西云门庵语录》卷 7，T47/840b，按，鞵、鞋，异体字）

“紧峭草鞋”又可倒作“草鞋紧峭”“芒鞋紧峭”。如下。

（6）烟水弥漫欲遍参，草鞋紧峭杖横担。别峰只在卢龙塞，翻笑南询五十

---

① 本文所引佛典来源《CBETA 电子佛典集成》，中华电子佛典协会（Chinese Buddhist Electronic Text Association 简称 CBETA），2022 年版。标注格式为“T”指《大正新修大藏经》、“X”指《卍新纂续藏经》、“J”指《嘉兴藏》、“K”指《高丽藏》、“C”指《中华藏》，“L”指乾隆藏。“/”前后的数字分别表示册数和页数，a，b，c 分别表示上中下栏。后同。

三。（康熙间释今庐等刻本《千山剩人和尚语录》卷6）

（7）一条柱杖横肩，芒鞋紧峭，正风清月好。（《全宋词》卷345《酹江月》）

“紧悄草鞋”用例如下。

（8）问：“如何是佛法大意？”师云：“龙吟雾起虎啸风生。”问：“如何是祖师西来意？”师云：“山高海阔。”进云：“学人不会。”师云：“紧悄草鞋。”（宋·惟盖竺编《明觉禅师语录》卷1，T47/669c）

（9）十五日以前，你若离我这里，我也不用钩钩你，一任横担拄杖，紧悄草鞋。（宋·正觉拈古、元·行秀评唱《万松老人评唱天童觉和尚拈古请益录》卷下，X67/493a）

“紧捎草鞋”用例如下。

（10）众请上堂。僧问：“今离凤岭，将届龙沙，如何是不动尊？”师云：“天寒雨至。”进云：“特地上来伸此问，师为如何不指南？”师云：“紧捎草鞋。”（宋·赜藏主集《古尊宿语录》卷40齐晓编《云峰悦禅师初住翠岩语录》，X68/259b）

（11）问：“昔日相国之家，今朝佛僧之舍，未审是同是别？”师云：“白鹭滩头月。”进云：“不晓师机，愿垂方便。”师云：“紧捎草鞋。”（宋·赜藏主集《古尊宿语录》卷43齐晓编《云峰悦禅师初住翠岩语录》，X68/284a）

“紧俏草鞋”用例如下。

（12）问：“有佛处不得住，无佛处急走过，且道衲僧家甚么处安身立命？”答：“紧俏草鞋。”（元·辩和尚问、觉和尚答《青州百问》，X67/710c）

（13）问：“解开布袋，放群狮踏遍溪山得自由，如何是得自由句？”师云：“紧俏草鞋。”（明·隆琦等编《费隐禅师语录》卷9，J26/151c）

“紧鞘草鞋”用例如下。

（14）问：“僧横担拄杖，紧鞘草鞋，是甚么人行履？”僧进前两步师作听势。（明·灯来重编《吹万禅师语录》卷5，J29n/492a）

与“紧鞘草鞋”相似还有“紧鞘芒鞋”“紧鞘离水靴”，如下。

（15）宝圣制解，不妨紧鞘芒鞋，踏过五云，一晤再此，代面，余不赘。（清·空谧编《玉眉亮禅师语录》，J39/336b）

（16）上堂。紧鞘离水靴，踏破湖湘月，手把铁蒺藜，打碎龙虎穴，翻身倒上树，始见无生灭，劫笑老瞿昙，弹指超弥勒。（《续传灯录》卷15，T51/569c）

上揭诸例中“紧峭”“紧峭”“紧悄”“紧捎”“紧俏”“紧鞘”其后皆为鞋靴类名词，具体语境大多相似，其中“峭/峭/悄/俏/鞘”语义难以索解，本字不明。但我们在禅宗语录见到有相似语境中的“紧系草鞋”“紧绊草鞋”用例。

“紧系草鞋”用例如下。

（17）问：“如何是如来禅”？师云：“横担拄杖，紧系草鞋。”（宋·赜藏主集《古尊宿语录》卷39，X68/255b）

（18）日月星辰，为之扑落，放一线道，紧系草鞋。（宋·自悟等编《希叟和尚语录》卷1，X70/406a）又卷4重出，X70/445c）

（19）僧问：“如何是出身一路？”师云：“三门前。”进云：“如何领会？”师云：“紧系草鞋。”（宋·李遵勖编《天圣广灯录》卷25，X78/553b）

（20）问：“如何是佛？”师云：“张三李四。”师又云：“未离仙居，与诸人相见了，才到石桥，早是重说偈言，且问诸人，什么处是相见处，那里是重说偈言处，莫是正恁么时是相见处么，若作此解会，紧系草鞋，莫错下名，言好珍重。”（同上卷27，X78/560c）

（21）上堂。火星入牛斗，衲僧天下走。不问你南地鹞，北地狐。横担拄杖，紧系草鞵，粥饭堂里，瓦碗竹筯，各须仔细。（清·超永编辑《五灯全书》卷86，X82/471b）

“紧系草鞋”又省作“紧系鞋”，如下。

（22）师云：“登高人远望，何须紧系鞋？”进云：“便恁么会去时如何？”师云：“千里途程在即今。”（同上卷12，X78/476c）

“紧绊草鞋”用例如下。

（23）洞山云：“秋初夏末，兄弟东去西去，直须向万里无寸草处去，也不出者个道理。”石霜云：“出门便是草，也不出者个道理，是你横担拄杖，紧绊草鞋，朝游天台，暮归檀特，也不出者个道理。”（元·一志等编《了庵和尚语录》卷2《住嘉兴路本觉禅寺语录》，X71/317c）

（24）知浴领上语道人礼法华经圆满，请升座。乃竖拂子云："紧绊草鞋，底师僧向者里插得脚入，任他曹溪路崄，少室风高。不消一跶便到，到即石头大小，路头阔狭，不着问人。"（清·上思记《雨山和尚语录》卷3《住延令庆云禅寺语》，J40/536b）

（25）临行语途中，紧绊草鞋走。（清·德满录《曹溪大休珠禅师住桐乡密印寺语录》卷5，J27/198b）

通过语例比照，我们发现"帩/峭/悄/俏/鞘"当与"系""绊"语义相当，然"帩/峭/悄/俏/鞘"仅"帩"有"捆束"义，《广韵·笑韵》："帩，帩縳也。"《集韵·笑韵》："帩，縳也。"《广雅·释诂三》："縳，束也。"《晋书·五行志》："太元中人，不复着帩头。""帩"有"縳"义，本字为"幧"，《说文·巾部》："幧，敛发也。""幧"又通作"绡""幓"，《释名·释首饰》："绡头，绡钞也，钞发使上从也。"《后汉书·向栩传》："好被发，着绛绡头。"又《周党传》："谷皮绡头。"郑珍《说文新附考·巾部》"幧"字下云："此字数体。《方言》《玉藻》注作'幧头'，《丧服》《士丧》注作'幓[①]头'，《吴越春秋·入臣外传》作'幓头'，《古陌上桑诗》作'帩头'，葢皆汉时字。"《方言》卷4"络头，帞头也……自河以北赵魏之间曰幧头。"钱绎《方言笺疏》卷4："《吴越春秋·句践入臣外传》'越王服犊鼻，着幓头'、《汉书·向栩传》'好被发，着绛绡头'、《古陌上桑》诗'脱帽着帩头'，幧、绡、幓、帩，并字异义同。"从以上释义可知，"帩"确有"捆束"义，但在文献中一般特指"敛发"。

考察文献语料，我们以为"帩/峭/悄/俏/鞘"的本字当为"𦄻"。《原本玉篇残卷·糸部》："𦄻，山卓反。《埤苍》：'𦄻，緘也。'"《玉篇·糸部》《广韵·觉韵》《龙龛手鉴·糸部》皆云："𦄻，緘也。"《广雅》："𦄻、緘、紩，索也。"可知"𦄻""緘"与"紩"同义，"绳索"义与"以绳索系连"当为名动相因。"𦄻"异体作"綃"，《集韵·觉韵》："𦄻，緘也。或书作綃。"《类篇·糸部》："𦄻，色角切。緘也。或书作綃。"又作"绡"，王念孙《广雅疏证》："绡与𦄻同义。《文选·海赋》：'维长绡，挂帆席。'张铣注云：'绡，连帆绳也。'义与𦄻亦相近。"

① 按：幓，幧之俗写。文献中习见构件"参"与"喿"相混现象。

又作“綃”，《集韵·爻韵》：“綃，维舟谓之綃。”又作“縏”，《玉篇·糸部》：“縏，封也。”《广雅》“縏”下曹宪音“朔”。“縏”谓缝合之。

文献中又见作“削”的用例，“削”与“縏”当为音借关系。《荀子·臣道》：“事暴君者，有补削，无挢拂。”王引之曰：“削者缝也。《韩子·难篇》曰：‘管仲善制割，宾胥无善削缝，隰朋善纯缘。’《吕氏春秋·行论篇》曰：‘庄王方削袂。’《燕策》曰：‘身自削甲札，妻自组甲絣。’盖古者谓缝为削，而后世小学书皆无此训，失其传久矣。”[①]杨树达曰：“长沙谓缝衣如峭之平声，云‘补补峭峭’，久疑不知当作何字。近读《荀子》，王引之云云。按：王氏发明削有缝义，石破天惊，精当无比。余因悟‘补峭’当作‘补削’字，盖古音读削如峭。”[②]

“縏”之训释词“缄”本义为“束箧绳索”，《说文·糸部》：“缄，束箧也。”段注本改训语作“所以束箧也”，并云：“箧者、笥也。束者、缚也。束之者曰缄。引申之，齐人谓棺束曰缄。”《篆隶万象名义·糸部》：“缄，古咸反。束箧索。”《庄子·胠箧》：“将为胠箧探囊发匮之盗而为守备，则必摄缄縢，固扃鐍。”郭象注：“缄、縢，皆绳也。”《汉书·外戚传》：“使客子解箧缄未已。”颜师古注：“缄，束箧之绳也。”名动相因则引申之，则有“束缚、捆扎”义，《墨子·节葬下》：“榖[③]木之棺，葛以缄之。”[④]南朝宋谢惠连《代古诗》：“贮以相思箧，缄以同心绳。”

从以上可知，“縏”是为“系缚”之义专门造的本字，与“幧/绡/幓/樵/帩”意义相关，当为同源关系，故可同源通用。而“峭/悄/俏/鞘/削”这些字义本身并不含有[+捆系]的义素，所以当为“縏”的音借俗字。

---

① 王念孙：《荀子杂志》，《读书杂志》卷11，北京：中国书店，1985年，第39页。

② 杨树达：《积微居小学金石论丛》卷4，上海：上海古籍出版社，2007年，第277页。

③ 榖，《路史》卷9作“榖”，《太平御览》卷555引《尸子》作“欸”。

④ 按：“缄”字，《太平御览》卷82引作“绷”，又卷555引《尸子》作“缄”，《艺文类聚》卷11引《帝王世纪》亦作“绷”。桂馥《说文解字义证》云：“缄，即绷也。”

二、【猗死】【徛死】【伎死】【跂死】【岐死】

宋·蕴闻编《大慧普觉禅师语录》卷10有一则公案（T47/855b-c），云：

浮杯和尚因凌行婆问："尽力道不得底句分付阿谁？"杯云："浮杯无剩语。"婆云："未到浮杯不妨疑着。"杯云："别有长处不妨拈出。"婆敛手哭云："苍天中更添冤苦。"杯无语，婆云："语不识偏正，理不知倒邪，为人即祸生。"……

后有僧举似南泉。泉云："苦哉浮杯，被这老婆摧折一上。"婆闻笑云："王老师犹少机关在。"时有幽州澄一禅客，乃问婆："南泉为甚少机关？"婆哭云："可悲可痛。"澄一罔措，婆乃问："会么？"澄一合掌而立，婆云："猗死禅和如麻似粟。"后澄一举似赵州，州云："我若见这臭婆问教口哑。"澄一云："未审和尚怎生问他？"州便打，澄一云："为甚却打某甲？"州云："似这猗死禅和不打更待何时。"……

婆闻却云："赵州合吃婆手中棒。"州闻哭云："可悲可痛。"婆闻乃叹云："赵州眼光烁破四天下。"州闻令人去问云："如何是赵州眼？"婆乃竖起拳。州闻乃作颂送云："当机觌面提，觌面当机疾。报尔凌行婆，哭声何得失。"婆答云："哭声师已晓，已晓复谁知。当时摩竭令，几丧目前机。"

按，此则公案被禅师多次转述举似，为多种禅宗语录收录，其中两个"猗死禅和"，据《大正藏》校勘记，宫本皆作"徛死禅和"。宋·道原纂《景德传灯录》卷8引此公案分别作"徛死禅和"和"徛死汉"（T51/263a）。而明本《景德传灯录》卷8分别作"伎死禅和"和"伎死汉"。宋·普济集《五灯会元》卷3（X80/87a）、宋·法应集、元·普会续集《禅宗颂古联珠通集》卷13（X65/553b）、宋·宝昙述《大光明藏》卷2"浮杯禅师"（X79/690a）、清·钱伊庵编缉《宗范》卷2（X65/321b）、清·淨符汇集《宗门拈古汇集》卷7（X66/41b）亦分别作"伎死禅和"和"伎死汉"。宋·宗永集、元·清茂续集《宗门统要正续集》卷4（P154/629a）、宋·悟明集《联灯会要》卷5（X79/54b）、宋·祖琇撰《隆兴编年通论》卷24（X75/231a）、元·念常集《佛祖历代通载》卷16（T49/632b）两个

“猗死禅和”皆作“伎死禅和”。宋·祖庆重编《拈八方珠玉集》卷1（X67/645c）、明·弘礼重梓《高峰原妙禅师语录》卷1（X70/682c）、明·元贤重编《无明慧经禅师语录》卷1（X72/190a）皆作“跂死禅和”。明·传我等编《古雪哲禅师语录》卷13（J28/367c）、明·弘储编《三峰藏和尚语录》卷9（J34/170c）分别作“跂死禅和”和“跂死汉”。

今据CBETA《电子佛典集成》（2016）统计①，“徛死”用例2次，“徛死禅和”与“徛死汉”各1例，皆为引上揭公案异文用例。“猗死”用例6次，皆为“猗死禅和”，未见“猗死汉”。除上揭公案用例外还有2例，如下。

（26）云门举起竹篦，露出心肝五脏。可怜猗死禅和，犹自魂飞胆丧。（宋·蕴闻编《大慧普觉禅师语录》卷10，T47/856a）按，“猗死”，宫本作“徛死”。宋·正受编《嘉泰普灯录》卷29引此话头也作“猗死”（X79/478a）。

（27）若是临济儿孙，终不依草附木，资福喜见同参，今日倾肠倒腹。遂卓拄杖，喝一喝曰：“还知先师落处么？猗死禅和，如麻似粟。”（宋·正受编《嘉泰普灯录》卷20，X79/414c）

“伎死”用例较多，共86例，除上揭公案异文用例外，再撮举“伎死禅和”和“伎死汉”各数例，如下。

（28）若是临济儿孙，终不依草附木。资福喜见同参，今日倾肠倒腹。遂卓拄杖，喝一喝曰：“还知先师落处么，伎死禅和如麻似粟。”（宋·普济集《五灯会元》卷20，X80/436c）

（29）动则万丈悬崖，不动则当处沈埋。千重万重关锁，一锤当面击开。伎死禅和无数，依前似鸭闻雷。（宋·师明集《续古尊宿语要》卷6，X68/492c）

（30）师云：“厨下烧火，你觉肚皮热么？”肇云：“问这个作什么？”师云：“伎死禅和，如麻似粟。”（宋·宗密录《法昌倚遇禅师语录》卷1，X73/65c）

（31）僧云：“与么，会又争得？”师云：“伎死禅和。”僧云：“某甲只与么，和尚又如何？”师云：“只与么也难得。”僧礼拜，师休去。（元·应槐编《古林清

① 该统计包括同一公案在不同撰辑语录和不同版本语录中的重复现象。

茂禅师语录》卷2，X71/228b)

(32)师又问僧云："太白峰开口即不问，玲珑岩点头一句道得么?"僧无语，师云："伎死汉。"(明·文琇集《增集续传灯录》卷5，X83/332b)

(33)者伎死汉，雍却千个万个，有甚么过?直是辜负他忠国师，莫有全身担荷底么?苍天！苍天！(清·薀上颂、薀宏著语《颂古钧巨》卷1，J29/178b)

"跂死"共29例，除上揭公案异文用例外[①]，仅见6例，皆作"跂死禅和"，如下。

(34)普请栽菜上堂。焦山别无见解，且学古人栽菜。若还揔不生根，也是诸人有彩，无端跂死禅和，只要硬守疆界。(宋·普绍编《慈受怀深禅师广录》卷3，X73/119c)

(35)赵州老汉生平血性为人，末后要寻个英烈底作个，结果不期遇这跂死禅和，反成一场败阙。(明·大成、大奇等编《天界觉浪盛禅师语录》卷2，J25/693c)

(36)闽僧参。师问："你是延平来的么?"曰："是。"师曰："交剑潭两条龙还在否?"曰："不知。"师曰："蚯蚓穿过东海，虾蟆撞倒须弥，跂死禅和打瞌睡未曾醒在。"(清·性统编集《续灯正统》卷40，X84/639b)

还有"岐死"1例，如下。

(37)婆子哭苍天公案，被伊如此引用。虽岐死禅和，如麻如粟，然婆子当时，不料被魔藏涂污至此也。(清·世宗制《御制拣魔辨异录》卷6，X65/231c)

"猗死禅和"及异文"徛死禅和""徛死汉""伎死禅和""伎死汉""跂死禅和""跂死汉"结构相同，其中的"猗死""徛死""跂死""伎死"当为同词异写，然语义难以索解。雷汉卿(2010：636)将"伎死禅和""猗死禅和"收入《待问录》，并引无著道忠引一山说："不能通变之人，不识机要之人。"[②]顾军

① 其中"跂死汉"有2例，仅见嘉兴藏《古雪哲禅师语录》卷13(J28/367c)及《三峰藏和尚语录》卷9(J34/170c)，皆为同一公案异文。见上文。

② (日)芳泽胜弘等：《禅语辞书类聚二·葛藤语笺》，日本：日本禅文化研究所，1992年，第160页。

（2012）认为“徛”为“站立”义，“徛死”是一种带有嘲弄、蔑视感情色彩的说法，有“呆板、愚笨”的意思。今谓顾释“徛”为“站立”义，甚是，然认为“徛死”有“呆板、愚笨”的意思，则较为笼统，未能准确揭示禅语的机趣。下面笔者系统考察相关用例，分析异文现象，以揭示其词义来源和在禅宗语录中的具体含义。

“猗死”“倚死”“跂死”“伎死”“岐死”当以“徛死”为是。“猗”“跂”“伎”“岐”皆为音借俗字。“徛”为“站立”义，汪维辉、秋谷裕幸（2010：229-304）认为“徛”是“站立”义“倚”之后起本字[①]，甚是。《广雅·释诂四》：“倚，立也。”王念孙疏证：“倚者，《说卦传》‘参天两地而倚数’虞翻注云：‘倚，立也。’蜀才作‘奇’，义同。《楚辞·九辩》云：‘澹容与而独倚。’”又“隑，立也。”疏证：“《方言》又云：‘隑，陭也。’“陭”与“倚”声相近。故“倚”“隑”俱训为立也。”“倚”，曹宪《博雅音》音“于绮切”，其音读似不确。《易·说卦》“倚数”陆德明释文：“于绮反。马云：依也。王肃‘其绮反’，云‘立也’。虞同。蜀才作‘奇’，通。”又《易·说卦》“参天两地而倚数，观变于阴阳而立卦”中“倚数”与“立卦”相对为文，“倚”也为“立”义，《广韵·纸韵》“其绮切”：“徛，立也。”《集韵·纸韵》“巨绮切”：“倚，立也。《易》‘参天两地而倚数’王肃读。”据以上可知“倚”有两音，表“依靠”义的“倚”音“于绮切”，表“站立”义的“倚”音“其绮切”。

另上揭《大慧录》卷 10 公案又见宋·祖庆重编《拈八方珠玉集》卷 1，皆作“跂死禅和”（X67/645c）。而宋·善卿编正《祖庭事苑》卷 7《八方珠玉集》：“距死，当作‘倚死’，倚，巨绮切。立也。距。音巨。鸡距也。或作伎，与也。并非义。”（X64/412c）其中“距死”正是《拈八方珠玉集》之“跂死”，“距”应为“跂”之方音借字。

“徛死”意谓“立死”“立地死”。“徛死禅和”与“徛死汉”结构相同，“徛死汉”即为“立死汉”或“立地死汉”，禅宗语录有“立死汉”或“立地死汉”用例，

① 汪维辉、秋谷裕幸（2010）：《汉语方言词汇》和《现代汉语方言大词典》“企”字条都认为“本字当作‘徛’，《广韵·纸韵》“渠绮切”：“立也”。其实“徛”大概只是一个所谓的“后出专字”，文献中未见实际用例，更早的形式是“倚”和“企”。

意指不懂进退、固执一处一念之参禅者。无著道忠引一山说语意近似，惜未能揭发词义来源。

禅宗语录中“立死汉”，共2例，如下。

(38)问：“灵草未生时如何?”师云：“齅着即脑裂。”云：“不齅时如何?”师云：“如同立死汉。”(宋·赜藏主集《古尊宿语录》卷14，X68/86a)

(39)问：“灵草未生时如何?”师云：“嗅着即脑裂。”云：“不嗅时如何?”师云：“如同立死汉。”(唐·从谂说、文远记录《赵州和尚语录》卷2，J24/366c)

“立地死汉”，共87例。此处撮举数例，如下。

(40)汾阳门下有西河师子当门踞坐，但有来者，即便咬杀，有何方便入得汾阳门，见得汾阳人。若见汾阳人者，堪与祖佛为师，不见汾阳人，尽是立地死汉。(宋·楚圆集《汾阳无德禅师语录》卷1，T47/596c)

此则话头又见宋·赜藏主集《古尊宿语录》卷10（X68/58c)、宋·李遵勖敕编《天圣广灯录》卷16（X78/ 496c）、宋·普济集《五灯会元》卷11（X80/234a)、明·居顶撰《续传灯录》卷1（T51/469b)皆作“立地死汉”。

(41)拈拄杖曰：“过去未来现在三世诸佛、微尘菩萨，一时在拄杖头上转大法轮，尽向诸人鼻孔里过，还见么？若见，与我拈将来，若不见，大似立地死汉。”(宋·普济集《五灯会元》卷15，X80/313b)

(42)僧问：“进前三步时如何?”曰：“撞头磕额。”云：“退后三步时如何?”曰：“堕坑落壍。”云：“直得不进不退时又作么生?”师曰：“立地死汉。”(宋·正受编《嘉泰普灯录》卷12，X79/368b)

(43)句不投机，承言者丧，滞句者迷。拟心即差，动念即乖，不拟不动，立地死汉。(元·善遇编《天如惟则禅师语录》卷1，X70/755c)

(44)问：“前念过去，后念未生，主人公在何处?”师云：“立地死汉。”僧云：“不会。”师云：“拖出死尸去。”(明·圆悟说、道忞上进《密云怡禅师语录》卷5，L154/487a)

禅宗语录多成于方言比较复杂的南方地区，在师徒问答过程中其语言具有口语化、俚俗化特点，后经弟子门人辗转汇集成语录，难免存在俗音、俗字、讹误现象。“徛死”当是反映了南方方言用词现象，而“立死”“立地死”则为北方通语。据汪维辉、秋谷裕幸（2010：229-304）研究，“徛（倚）”用作“站立”义始见于战国，历史上可能作为一个方言词一直存在于南部广大地区，主要分布于东南部的吴语、徽语、赣语、湘语、客家话、广西平话、粤语、闽语地区。南方尤其是在粤语区常写作“企”。我们这里系联的禅宗语录用例为这一结论提供了佐证。至于“徛”又作“猗”“跂”“伎”“岐”则是禅宗语录多俗音俗字，甚至讹误现象的反映。

汪维辉、秋谷裕幸（2010：303）在“徛”下又指出：“《大字典》‘徛’字条收有‘立’义，但仅引《广韵·纸韵》：‘徛，立也。渠绮切。’未举书证。我们暂时也未找到文献用例。”这里我们再从文献故训中勾勒出“徛”有核心义“立”的文献用例。《越绝书·越绝外传记吴王占梦》：“见两铧倚吾宫堂。”《吴越春秋·夫差内传》作“两鋘殖吾宫墙”，“殖”读为植。《论语·微子》：“植其杖而芸。”孔安国曰：“植，倚也。”《经典释文》正作“其绮反”音。《吴越春秋·阖闾内传》：“申包胥知不可，乃之于秦求救楚，昼驰夜趋，足踵跖劈，鹤倚哭于秦庭。”鹤倚，犹言“鹤立”也。《战国策·楚策一》：“（棼冒勃苏）雀立不转，昼吟宵哭。”《文选·求通亲亲表》李善注、《渚宫旧事》卷3、《御览》卷418、《困学纪闻》卷6、《册府元龟》卷739引作“鹤立”。《淮南子·修务》作“鹤跱而不食，昼吟宵哭”，“鹤跱”亦即“鹤立”。《方言》卷七：“隑，企立也。东齐海岱北燕之郊，委痿谓之隑企。”又卷13：“隑，陭也。”郭注：“江南人呼梯为隑，所以隑物而登者也。”《原本玉篇残卷》引“陭”作“倚”，《篆隶万象名义》亦作“倚”。“隑”即依倚而立、斜靠之义，今吴语犹然。《新方言》卷4：“《方言》：‘隑，立也。隑，陭也。’《广雅》‘隑’、‘倚’皆训立，‘陭’即‘倚’也。曹宪音‘隑’为巨代反。浙西谓负墙立曰‘隑’，仰胡床而坐亦曰‘隑’，音正作巨代反，直隶、山东言陭。”可知“徛/倚/陭”其语源义所谓“站立”也不是直立，而是依倚而立，随着词义泛化则为普通的“站立”。虽然汪维辉、秋谷裕幸二位先生认为“徛”为“站立”义，但由于未系统考察禅宗语录用例及诸异文用例，出于谨慎考虑，仍在原文注⑨下指出《景德传灯录》卷8“浮杯和尚”中“徛死禅和”及“徛死汉”中的“‘徛’应该不是‘站立’义。’存疑待考”。本文对“徛死禅和”

“徛死汉”及相关词形的考辨及对“徛/倚/陭”其语源义的探讨应该可以为二位先生的研究提供文献语料上的佐证。

（作者：赵家栋，南京师范大学文学院教授、博士生导师，研究方向：佛典及敦煌西域写本文献语言研究。）

Annotations on the Two Difficult Words and Expressions from Buddhist Anas

Zhao Jiadong

Abstract: In the Zen quotations, the original character of Qiao(帩/峭/悄/俏/鞘)(in Chinese characters like 紧帩/紧峭/紧悄/紧俏/紧鞘) in phrases such as Tighten the Straw Sandals (紧帩草鞋/紧峭草鞋/紧悄草鞋/紧捎草鞋/紧俏草鞋/紧鞘草鞋/紧鞘芒鞋) should be Qiao (㨪), which means “to tie up” or “to bind”. And in the quotations, among expressions like Jisi(徛死), Yisi(猗死), Qisi(跂死), Jisi(伎死), Qisi(岐死)(all pronounced similar to each other in Chinese and related to the meaning of “dying while standing”), Jisi(徛死) is the correct one, meaning “dying while standing”, and Qi(跂), Ji(伎死), Qi(岐)(the Chinese characters for the other pronunciations mentioned above) are all phonetic loan characters of Ji (徛).

Keywords: Buddhist Anas; Tighten the Straw Sandals; Jisi(徛死)

禅宗日常教学隐喻系统探析*

陈家春

摘　要： 禅宗教学活动主要可分为日常教学和勘辨验证两个环节，因受“真性不可言说”的语言悖论制约，禅师们使用了大量隐喻话语进行表达。论文以《电子佛典集成》（CBETA）为语料库，重点分析了“禅宗日常教学是困境救助”隐喻系统，指出该隐喻系统是一个由多个始源域对应一个目标域、投射要素各有不同、多层级的开放式复合隐喻系统，并对其派生出的系缚困境、空间困境、黑暗困境、水火困境、贫苦困境、迷梦困境救助等主要下级结构隐喻进行了全面分析，发现该隐喻系统既具有中国传统文化的认知特色，也与印度佛教传法隐喻具有较强的一致性。因此，通过对该隐喻系统的分析，不仅能帮助人们提纲挈领地掌握相关禅宗知识，还能为佛经阅读提供有效参考。

关键词： 禅宗；教学；隐喻

“文化与宗教概念系统本质上是隐喻性的。连贯的隐喻体系赋予宗教及文化以特色……尤其是宗教概念的传播，均大量借用了活泼鲜明的隐喻来实现。[①] 禅宗亦不例外。正如周昌乐所言：“对于语言的真性不可言说性，应该说，古代的禅师们看得最为彻底。”[②]禅宗本体“真如、佛性、第一义谛”不能直

* 本文系教育部中华优秀传统文化专项课题（A类）重点项目（尼山世界儒学中心/中国孔子基金会课题基金项目）“佛教中国化视阈下的禅宗概念隐喻系统研究”（23JDTCA064）、四川省坚持我国宗教中国化方向研究基地项目《从禅宗语言演变论佛教中国化进程》（SZZ202310）、四川轻化工大学652科研创新团队计划（SUSE652A005）阶段性成果。

① （美）莱考夫，（美）约翰逊著，何文忠译：《我们赖以生存的隐喻》，杭州：浙江大学出版社，2015年，第37页。

② 周昌乐：《禅宗的元语言哲学思想及其意义》，《宗教学研究》2002年第2期，第81-85页。

陈，只能采用隐喻的方式表示为“虚空、本来面目、明珠”等，是“不可思议”的对象，从而构成了多个喻体对应一个本体的复合隐喻现象。禅宗前期，其传教方法在“不立文字”的制约下，为了斩断学人的意念情识，禅师们煞费苦心，多采用扬眉瞬目、声咳棒喝、画圆画方、语默良久、话不投机等隐喻方式来实施自己的教学；其后期的文字禅、翰墨禅等，仍采用“绕路说禅”的隐喻话语体系，出现了《颂古百则》《禅宗颂古联珠集》等运用拈、颂、代、别等多种概念隐喻进行反复阐释的表达方式，始终秉持着“真性不可直陈”的原则。可见，禅宗构建了一个以其宗教思想为主题、传教方法为途径的庞大概念隐喻表达体系。综观禅宗教学活动，总体上可以分为日常教学和勘辨验证两个环节。其中，日常教学包含禅师传法和学人请益，这种活动通常以禅师为主导、以合作关系为前提、以施受活动为过程、以合作成功为目标，从而构成了以“日常教学是施受活动”为根本隐喻、以“物体传递、疾病治疗、困境救助、驯服猛兽”等下级隐喻的日常教学隐喻系统。本文以《电子佛典集成》(CBETA)①为基本语料库，以概念隐喻为基本理论，以禅宗传法活动为分析对象，对禅宗日常教学中的“困境救助”隐喻系统进行了全面调查和描写，以期为禅宗文献解读提供参考。

禅宗教学过程中，常有学人处于困境，深感烦恼，于是便希望得到禅师的帮助以脱离困境，从而获得开悟。这一过程常被隐喻为禅师的救助行为，禅师得到学人的请求，实施相应行为帮助学人脱困开悟，把救助活动相关的要素投射到禅宗教学活动中去，使之更加易于理解，从而构成了“禅宗教学是困境救助”隐喻，其隐喻投射如下表1。

表1　禅宗日常教学是困境救助

	禅宗教学(目标域)	救助活动(始源域)
参与甲方	禅师	救助者
参与乙方	学人	救助对象
相关内容	话语/行为	救助工具

① 财团法人佛教电子佛典基金会：CBETA 在线阅读[DB/OL]，http：//cbetaonline. dila. edu. tw.

续表

	禅宗教学(目标域)	救助活动(始源域)
具体过程	教学	救助行为
原始状态	未悟状态	受困
最终结果	开悟/未悟	成功/失败

禅宗日常教学活动与救助行为之间存在甲乙双方、方法、过程、状态改变等几个方面的相似点，因此，困境救助常被作为传法活动的始源域。这样的隐喻关系古已有之，释迦牟尼创建佛教之初即为救助世人脱离苦海。如下。

(1)婆罗门白佛言：“世尊！此如法说，如佛所说显现开发。譬如有人溺水能救，获囚能救，迷方示路，暗惠明灯。世尊今日，善说胜法，亦复如是，显现开发。(《杂阿含经》卷二)

达摩西来，也为拯救迷情如下。

(2)吾本来兹土，传法救迷情。一花开五叶，结果自然成。(《景德传灯录》卷三)

这些都是禅宗传法活动中“困境救助”隐喻的思想和理论基础。

在“困境救助”隐喻中，核心概念是救助，因此，凡是具有救助性质的活动，均可以被禅师作为始源域，并把其相关概念系统性地投射到教学隐喻中，从而构成了以“禅宗教学是困境救助”为根隐喻、以“系缚困境、空间困境、黑暗困境、水火困境、贫苦困境、迷梦困境”等不同困境中的救助为下级隐喻的复合式结构隐喻系统。现分别介绍如下：

一、禅宗日常教学是系缚困境救助

禅宗学人处于未悟境界最常用的隐喻是系缚困境隐喻，学人无法动弹或进步，犹如被绳索捆住或粘着，不得开悟。如：

(3)僧问石头：“如何是解脱?”师云：“谁缚汝。”云：“无人缚。”师云：“无人缚汝，即是解脱，何用更求解脱?”(《汾阳无德禅师语录》卷二)

上例中，学人还未开悟，自喻为处于系缚困境，所以向石头禅师求解脱之法，石头禅师让他寻找系缚他之人，他找不到，石头禅师直接告诉他本就处于解脱状态，只是并不自知。这一案例充分展示了禅宗学人明明自我见性便能成佛，却被自己的意念情势缚住不敢“直下承当”的状态。

从语料分析可看出系缚困境救助隐喻主要由“解绳除缚、开锁解枷、破网出困”等下级隐喻构成。

（一）解绳除缚隐喻

解绳除缚隐喻指学人开悟前处于被绳索捆住的状态，通过禅师帮助从中解脱出来，从而实现开悟。这一隐喻所投射的重点要素为：系缚工具，所用词语有“绳、索、绳墨、葛藤”等；系缚行为，所用词语有“缚、系”等；解救结果，所用词语有“解开、挣脱、脱出”等。如下。

(4)举：“僧礼拜雪峰，峰打五棒。僧云：‘某甲有什么过?’峰又打五棒。”师云：“雪窦不曾与人葛藤。”(《明觉禅师语录》卷三)

(5)尔若求祖，即被祖、魔缚。(《镇州临济慧照禅师语录》卷一)

(6)道无横径，立者孤危。法非见闻，言思迥绝。若能透过荆棘林，解开佛祖缚，得个稳密田地。诸天捧花无路，外道潜窥无门。终日行而未尝行，终日说而未尝说，便可以自由自在。(《佛果圆悟禅师碧岩录》卷二)

例(4)中的“葛藤”隐喻系缚学人的工具；例(5)中的“祖、魔”搭配“缚”，并非指“祖、魔”作为系缚之人来实施束缚行为，实际是以“祖、魔”概念为本体，隐喻为绳索，学人自缚于这些概念；例(6)中圆悟禅师直接告诫学人只有解开关于“佛、祖”意念的束缚，才能开悟。

（二）开锁解枷隐喻

开锁解枷隐喻指学人开悟前处于被枷锁困住的状态，通过禅师帮助从中解脱出来，从而实现开悟。这一隐喻所投射的重点要素为：系缚工具，所用词语有“枷、锁、鞍、担子、死尸”等；系缚状态，所用词语有“披枷戴锁、担枷过状、衔铁负鞍、拖犁拽耙”等以及处于此种状态的受困者。如下。

（7）僧云："出离什么人接得伊？"师曰："担铁枷者。"（《抚州曹山元证禅师语录》卷一）

（8）今之衔铁负鞍、拖犁拽耙、偿所负歉者，都是此等人。（《禅林宝训顺朱》卷二）

（9）学人信不及，便向名句上生解。年登半百，只管傍家负死尸行，担却担子天下走，索草鞋钱有日在。（《古尊宿语录》卷四）

例（7）中的"担铁枷者"、例（8）中"衔铁负鞍、拖犁拽耙"指受报落入畜生道而被困住的牛马等动物；例（9）中的"负死尸、担却担子"均指受困的负重状态，同于被枷锁困住一般。

（三）破网出困隐喻

破网出困隐喻指学人开悟前处于被网络缚住的状态，通过禅师帮助从中解脱出来，从而实现开悟。这一隐喻所投射的重点要素为：系缚工具，所用词语有"网罗、魔网"等；脱困方法，所用词语有"透、出、脱"等。如下。

（10）三圣问雪峰："透网金鳞，以何为食？"峰云："待汝出网来。"（《汾阳无德禅师语录》卷二）

（11）大众云集，请师顿决疑网。（《金陵清凉院文益禅师语录》卷一）

以上两例中无论是哪一种困境，都是隐喻学人受到情识的缠绕，不能见识自我，不得开悟。

此外，禅宗高僧还批判一些并未开悟的禅僧妄自给学人传授佛法，反而使学人更加被情识困住的情况，以及某些学人得了高僧指导却束缚更甚的情况。与此相关的隐喻词语有"系驴橛、撩钩搭索、头上安头、枷上更着杻"等，如下。

（12）一句合头语，万劫系驴橛。（《虚堂和尚语录》卷四）

（13）僧云："某甲过在什么处？"师云："枷上更着杻。"（《景德传灯录》卷一二）

由以上案例可知，系缚困境救助隐喻中因系缚工具的不同派生出了多个不同系缚困境隐喻，并随之构成不同的下级结构隐喻，但总体而言，系缚隐喻所投射的共同的重点要素是系缚之物和解救方法。

二、禅宗日常教学是空间困境救助

禅宗学人的未悟状态还经常被隐喻为被困于某个狭小脏污的深坑和各种险境之中，不得动弹、无法行动。这一隐喻所投射的核心要素为：受困空间，所用词语有“城、界、室、窟、壳、封、崖、孔、囪、堆、坑堑、篣笼、窠臼、案头”等；受困状态，所用词语有“触途成滞、落草、落坑落堑、滞壳迷封、四山相逼、鱼游陆地”等；脱困行为，相关词语有“出、离、出离、脱离、透脱”等。

突出受困空间的，如下。

(14)若为平常心是道，拟心已在铁围城。(《人天眼目》卷二)

(15)意不在言，来机亦赴。动成窠臼，差落顾伫。(《筠州洞山悟本禅师语录》卷一)

(16)更有一般底，才闻人说个休歇处，便向阴界里闭眉合眼，老鼠孔里作活计，黑山下坐鬼窟里，体当便道得个入头路。(《景德传灯录》卷一九)

禅宗认为心念生生灭灭如流水流动不止，一旦产生情识便是被困于外境不能保持流动，所以第一例说“拟心已在铁围城”，一念才起便被困住。其余诸例大意相同。

突出受困状态的，如下。

(17)设使言前荐得，犹是滞壳迷封。(《法演禅师语录》卷一)

(18)凡百施为，只要平常一路子以为稳当，定将去，合将去，更不敢别移一步，怕堕落坑堑。(《大慧普觉禅师宗门武库》卷一)

(19)学者眼目不明，如何辨白，尽情深信。一盲引众盲，相牵入火坑。(《密菴和尚语录》卷一)

突出解脱方法的，如下。

(20)方恁么时，落在生死因果中，无由得出离。(《圆悟佛果禅师语录》卷一二)

(21)打破玄妙门，跳出断常坑。不依清净界，都无一物，独奋双拳。

（《列祖提纲录》卷八）

空间困境救助中有很多的综合案例，充分表现了禅师根据当时的情景，随机应物，救助学人脱困的精彩过程。如下。

（22）有僧问石霜："如何是祖师西来意？"石霜云："如人在千尺井中，不假寸绳出得此人，即答汝西来意。"僧云："近日湖南畅和尚出世，亦为人东语西话。"石霜唤沙弥："拽出这死尸着。"师后问耽源："如何出得井中人？"耽源云："咄！痴汉！谁在井中？"师往问沩山，沩山召慧寂，师应诺。沩山云："出也。"（《袁州仰山慧寂禅师语录》卷一）

在本例中，石霜禅师设置了一个语言陷阱，假设有人困在了深井，实际目的是想用这个假设把学人意念困住，看他是否能够从意念中脱困。而该学人并未领会石霜的教学意图，认为不可能有这样一个人在深井，并批评石霜胡说八道，导致教学失败。仰山慧寂禅师听说了之后却深信了这个假设，所以绞尽脑汁想办法帮他出来，为此陷入思想困境中。当耽源禅师明确告诉他没有人真在井里的时候，他懂了这个道理，但却没有亲身体会。直到沩山灵佑禅师重新设置情景，把慧寂禅师设为井中人、再召唤他出来的时候，他才恍然大悟，是他自己被一句话困住了。前一个学人虽不信石霜禅师的话，似乎没受意念困住，但实际是确信"没有人在深井"，"没有人在深井"同样是个执念，所以被石霜骂作"死尸"，因为他连脱困的机会都没有留给自己；而慧寂是信了"有人在深井"，虽被困住，但由于进入了石霜禅师的陷阱，因此在灵佑禅师点拨的时候成功脱困，切身体会了挣脱意念的开悟过程，使教学得以完成。由此可见，禅宗虽推崇无念无住乃至一念不生，可禅师们却总会特意选择逆向教学法，专门设置语言陷阱困住学人，然后稍加点拨助其开悟，对上等根器人来说非常有效。

由以上案例可知，空间困境救助隐喻中因受困空间的不同派生出了多种不同空间困境隐喻，并随之构成不同的下级结构隐喻，但总体而言，空间困境救助隐喻所投射的共同的重点要素是受困空间、受困状态以及脱困方法。

三、禅宗日常教学是黑暗困境救助

禅宗学人的未悟状态还经常被隐喻为处于黑暗之中，不见光明。这一隐喻所投射的核心要素为：受困状态，所用词语有“黑、暗、无明、漆黑、黑暗、黑漫漫、暗室、漆桶、黑暗狱”等；救助行为便是给予光明或打破黑暗，相关词语有“点灯、传灯、照破、回避、凿壁偷光、回光返照”等；救助工具则相应为“灯、光明、烛、火”等。

突出受困状态的，如下。

(23)这僧依旧黑漫漫地，不分缁素。(《佛果圆悟禅师碧岩录》卷六)

(24)打杀燃灯佛，堕落黑暗狱，永劫无出期。(《如净和尚语录》卷一)

(25)问着黑漆相似，只管取性过日。(《云门匡真禅师广录》卷一)

突出禅师的救助行为和所用工具的，如下。

(26)这场狼藉，如何回避前路黑暗。(《黄檗断际禅师宛陵录》卷一)

(27)江淮十载受尽辛勤，一旦白云打破漆桶，六处忝领大刹。(《圆悟佛果禅师语录》卷六)

(28)智慧刀，戒定烛，照破无明黑暗狱。(《汾阳无德禅师语录》卷三)

(29)问：“百年暗室，一灯能破。如何是一灯?”师云：“论什么百年。”(《金陵清凉院文益禅师语录》卷一)

(30)偶至余杭，得获是本，如贫得宝、似暗得灯，踊跃欢呼，不胜感激。(《镇州临济慧照禅师语录》卷一)

黑暗困境救助隐喻相对比较简单，其投射重点要素是受困状态以及脱困方法。

四、禅宗日常教学是水火困境救助

学人的未悟状态还经常被隐喻为处于水深火热的境地，无比煎熬，却无法脱困。这一隐喻所投射的核心要素为水、火等受困元素，如“水、火、烈焰、镬汤、炉炭、深泉、苦海”等；受困状态，所用词语有“赴、浸、沉、溺、沉溺、沦溺”等；解救行为，如“入泥入水、拯救”等；脱困方法，如“躲、避、透、出”等。

突出受困元素的，如下。

（31）猛炽焰中人有路，旋风顶上屹然栖。（《景德传灯录》卷十）

（32）僧问曹山：“恁么热，向什么处回避？”山云：“镬汤炉炭里回避。”（《圆悟佛果禅师语录》卷一七）

突出受困状态的，如下。

（33）（雪峰义存）：“汝诸人如似在大海里坐，没头水浸却了，更展手问人乞水吃。”（《景德传灯录》卷一八）

（34）劳而无功，不能明妙用。师云：“动着即错，沦溺在无缘。”（《大慧普觉禅师语录》卷一六）

突出救助和脱困方法的，如下。

（35）山僧不惜眉毛，入泥入水为诸人平展。还委悉么？（《圆悟佛果禅师语录》卷十）

（36）一刀两段没商量，透出无明大火坑。再入死灰烹得活，岁寒声价转峥嵘。（《如净和尚语录》卷二）

水火救助的综合案例如下。

（37）诸子幼稚，未有所识。谓众生根器狭劣，无决定志，恋着生死尘劳，于尘劳中头出头没，于三界火宅不能舍离。故设种种方便，令众生舍方便，直出火宅露地而坐。（《大慧普觉禅师语录》卷二二）

（38）赵州到黄檗，檗见来便关却方丈。州云：“救火！救火！”黄檗便出擒住云：“道！道！”（《明觉禅师语录》卷三）

（39）饮酒食肉不碍菩提行，盗行淫无妨般若。如此之流，邪魔恶毒入其心腑，都不觉知。欲出尘劳，如泼油救火，可不悲哉！（《大慧普觉禅师语录》卷二十）

与佛经相同，禅宗把三界隐喻为火宅，而禅师正如佛祖，用各种方法即三乘不同的车来接引学人出离，如例（37）；例（38）中，赵州禅师到了黄檗禅师那里，黄檗禅师见到赵州禅师便关上了方丈的门。于是赵州禅师喊道："我来救火，我来救火。"这是隐喻黄檗禅师困于火宅，他来救助。黄檗禅师听到这里便知道赵州禅师可能已经开悟，但又想再次验证一下，于是便出来抓住他说："你继续说。"希望通过赵州禅师所说的境界能再进一步确证他是否真的开悟；例(39)中，普觉禅师把救助不当的行为喻为"泼油救火"。

五、禅宗日常教学是贫苦困境救助

禅宗认为人人自有佛性，圆满具足，不需外求，只是不自知。因此，"自性"常被隐喻为"自家珍"。如下。

(40)僧问："大众已临于座侧，乞师一句指归源。"师云："分明记取。"进云："恁么则见相不生痴爱业，洞然元是自家珍也。"(《天圣广灯录》卷二七)

因此，学人不知自具佛性、未能自见自性而向外求驰的状态便被隐喻为贫苦状态，希望得到禅师的救济。这一隐喻所投射的核心要素为：贫苦状态，相关词语如"穷困、贫穷、饥、渴"等；救助行为，相关词语如"拯救、拯济、救助、施与"等；救助物资，如"宝、金、钱"及各种食物。如下。

(41)得之者形服虽殊，升沉事海。失之者穷困相煎，老毙山泽。(《虚堂和尚语录》卷四)

(42)僧清锐问："某甲孤贫，请师拯济。"师曰："锐阇黎近前来。"锐近前，师曰："泉州白家三盏酒，吃后犹道未沾唇。"(《抚州曹山元证禅师语录》卷一)

(43)偶至余杭得获是本，如贫得宝、似暗得灯，踊跃欢呼，不胜感激。(《镇州临济慧照禅师语录》卷一)

因为学人还没有发现自家珍宝"心性"，所以例(41)中失掉"心性"的学人"穷困相煎"，例(42)中因孤贫求禅师拯济，例(43)中已"见性"，所以"如贫得宝"，均是以贫苦生活隐喻未悟的蒙昧状态。

贫苦困境救助隐喻的下级隐喻种类不多，但其使用频率较高，是困境救助隐喻中非常重要的派生隐喻，其投射的核心要素主要是贫苦和富有两种状态。

六、禅宗日常教学是迷梦困境救助

学人的未悟状态如在梦境和迷昧困境状态，禅师通过一定的方式帮助其清醒。这一隐喻所投射的核心要素为：受困状态，相关词语如“迷、梦、痴、瞌睡、梦见、梦语”等；救助行为，相关词语有“打、敲、击”等；救助结果，相关词语有“觉、醒、悟”等。如下。

（44）经云：“欲识佛性义，当观时节因缘。时节既至，如迷忽悟，如忘忽忆。”（《潭州沩山灵佑禅师语录》卷一）

（45）何时一曳擦天杖，打醒痴僧寂灭魔。（《憨山老人梦游集》卷四九）

（46）各与二十拄杖，何以故？若不打醒，梦语还多。（《高峰乔松亿禅师语录》卷一）

以上诸例均描述了学人从迷到悟的过程和状态，其中，禅师的救助行为是其改变的关键因素。

同于贫苦救助隐喻，迷梦困境救助隐喻的下级隐喻种类也不多，但其使用频率亦高，是困境救助隐喻中非常重要的派生隐喻，其投射的核心要素主要是迷梦和醒悟两种状态，同时十分强调禅师的救助行为。

结　语

综上所述，禅宗日常教学隐喻系统主要以救助关系为核心概念、以受困状态和效果为主要隐喻投射要素，构成了由多个始源域投射到一个目标域的、多层级的、投射突出要素各有不同的“困境救助”复合结构隐喻系统。其中，系缚困境救助突出的是受困工具，空间困境救助突出的是不同的受困空间，黑暗困境、水火困境、贫苦困境、迷梦困境救助突出的主要是受困状态和脱困状态。这一复合隐喻的各级隐喻均符合“多喻共存、语义矛盾和多喻映射”①特

① 洪德坤：《现代佛教话语概念隐喻研究——以星云大师与佛使比丘的著作为例》，浙江大学博士论文，2019 年，第 156 页。

征，这是一个开放式的系统，只要具有相似关系的活动均可作为其始源域，限于篇目，本文只列举了几个重要的始源域所构成的结构隐喻，余不赘述。隐喻是具体文化语境中应用相似性心理联想的产物，“只有在具体的言语交际活动中才得以进行，它与具体交际环境、说话人的交际意图和言语生成过程中的心理活动等诸多心理因素密不可分”①，同时，“所有社会团体都有其独特的文化背景和隐喻认知结构。绝大多数文化以隐喻的形式长期存在于人类的大脑中。隐喻又影响着生活在某一特定文化领域中的人的理解力与判断力”②，作为中国化的佛教，禅宗日常教学的困境救助隐喻既具有中国传统文化认知的特色，也具有极强的涉身性，属于体验哲学范畴，因此与印度佛教传法隐喻具有较强的一致性，正如莱考夫和约翰逊指出：“心智不仅是涉身的，其涉身性还表现在我们的概念系统在很大程度上利用我们身体与自己所居住的环境之间的相同之处。其结果就是人类个体的概念系统具有跨语言和跨文化的统一性或普遍性。”③由此可知，通过对禅宗日常教学隐喻系统的分析，不仅能提纲挈领地梳理禅宗知识，还能为佛经阅读提供有效参考。

（作者：陈家春，四川轻化工大学人文学院教授）

An analysis of the metaphorical system of Zen daily teaching

Chen Jiachun

Abstract: Zen Buddhism's missionary activities can be divided into two parts: daily teaching and verification, because of the constraint of "not relying on words",

① 王亭松：《隐喻的机制和社会文化模式》，哈尔滨：黑龙江人民出版社，1999 年，第 116 页。

② 孙毅：《当代隐喻学的理论范式构念》，《海南大学学报(人文社会科学版)》，2019 年第 6 期，第 126-134 页。

③ Lakoff G & Johnson M: Philosophy in the Flesh: The Embodied Mind and Its Challenge to Western Thought, New York: Basic Books, 1999 年，第 6 页。

Zen masters use a lot of metaphorical language to express themselves. Based on the Chinese Buddhist Electronic Texts Association (CBETA) as the corpus, this paper focuses on the analysis of the metaphor system of "Zen daily teaching is a rescue from difficulties", and points out that the metaphor system is an open composite metaphor system with multiple origin domains corresponding to one target domain and different projection elements, and comprehensively analyzes the main subordinate structural metaphors derived from it, such as the bundle dilemma, the space dilemma, the dark dilemma, the water and fire dilemma, the poverty dilemma, and the dream dilemma rescue. It is found that the metaphor system not only has the cognitive characteristics of traditional Chinese culture, but also has a strong consistency with the Buddhist metaphor of India, so through the analysis of this metaphor system, it can not only help people to master the relevant Zen knowledge, but also provide an effective reference for the reading of Buddhist scriptures.

Keywords: Zen ; daily teaching; metaphor

留宋禅僧圆尔辩圆禅师*

海村惟一　海村佳惟

摘　要： 圣一国师圆尔辩圆(1201—1280)禅师出生于骏河国安倍郡栃泽(现在日本静冈市葵区)，幼小时师从久能山久能寺尧辩，学俱舍论、习天台宗。圆尔辩圆禅师18岁在园城寺落发，在东大寺受戒，得度出家。之后，圆尔辩圆禅师参上野国荣西禅师弟子长乐寺开山荣朝上人之临济禅，后来又师从荣西禅师大弟子镰仓寿福寺二代住持退耕行勇禅师参临济之禅，并获禅门之戒，可谓荣西禅师之法孙。圆尔辩圆禅师因此引发留宋修禅之志。本文简要考察其留学参禅径山寺、回国创立东福寺、普及径山静冈茶的事迹。

关键词： 五山文学；径山寺；圆尔辩圆；东福寺

一、参访大德之道：径山寺

在博多获得南宋豪商谢国明鼎力相助，圆尔辩圆禅师于嘉祯元年(1235)与同门的神子荣尊等人，乘商船渡海过洋，费一旬而终于抵达明州(现在的宁波)。

刚到明州，圆尔辩圆禅师就在景福院拜月宗主习律宗。尔后凭着他与五山第三天童禅寺23代住持虚庵怀敞禅师第3代法孙退耕行勇禅师的佛缘，旋即

* 本文为国家社会科学基金重大项目“东亚汉诗史(多卷本)”(批准号：19ZDA295)的阶段性成果。

进入明州天童禅寺，拜在36代住持临济宗杨岐派虎丘派曹源派祖曹源道生法嗣痴绝道冲(1169—1250)禅师会下，参修原乡临济禅，方悟得虎丘派曹源之禅，打下基础之后，便向京城移动。顺便提及痴绝道冲禅师出家于光孝禅寺，历经十刹第三蒋山禅寺(建康，现南京，宝志开山)住持、十刹第七雪峰禅寺(福州，真觉开山)住持、五山第三天童禅寺36代住持、五山第二灵隐禅寺35代住持、法华禅寺住持，最终晋升为五山第一径山禅寺35代住持。圆尔辩圆禅师参修原乡临济禅的启蒙恩师接替34代住持圆尔辩圆禅师法嗣之恩师无准师范禅师，可谓中日禅宗之佛缘也。[①]

进入南宋之都临安府之后，圆尔辩圆禅师首先师从十刹第一中天竺禅寺(千岁宝堂开山)的柏庭禅师，潜心修禅，得到柏庭禅师的认可，并授予其自撰《楞严经疏钞》《楞伽经疏钞》《圆觉经疏钞》《金刚经疏钞》，以及《台宗相承之图》。圆尔辩圆禅师不久由十刹第一中天竺禅寺升进五山第四净慈禅寺，拜参于34代住持临济宗杨岐派大慧派无用净全法嗣笑翁妙堪(1177—1248)禅师会下，精进参禅，日渐有悟大慧之禅，笑翁妙堪禅师暗喜不已。就此把圆尔辩圆禅师推荐给净慈禅寺的前任住持、五山第二灵隐禅寺后任的34代住持石田法薰禅师。顺便提及，笑翁妙堪禅师出家于妙胜禅寺，历任金文禅寺住持、光孝禅寺住持、报恩禅寺住持、十刹第七雪峰禅寺住持、五山第二灵隐禅寺32代住持、甲刹第六大慈禅寺(明州，现宁波)开山、瑞严禅寺住持、十刹第六江心禅寺(温州，真歇清了开山)住持、五山第四净慈禅寺34代住持、五山第五育王禅寺37代住持。圆尔辩圆禅师在五山第四净慈禅寺和五山第二灵隐禅寺之间亦有一段日中禅宗之缘也。[②]

圆尔辩圆禅师可谓一路顺利地沿着寺格上升，就此拜入五山第二灵隐禅寺34代住持临济宗杨岐派虎丘派破庵派祖破庵祖先法嗣石田法薰(1171—1245)禅师会下，参修虎丘派破庵之禅，潜心参悟，日日精进，终于获得同寺的退耕德宁(？—1269，日后晋升五山第二灵隐禅寺42代)禅师的认可，把圆尔辩圆

① 参阅海村惟一：《终于有“家”可会——径山云开明月空》，《看话径山》秋学专刊，径山禅寺，2018年，第57页。
② 参阅海村惟一：《终于有“家”可会——径山云开明月空》，第58页。

禅师介绍给自己的恩师石田法薰住持的法兄无准师范禅师。圆尔辩圆禅师可谓禅缘之深。圆尔辩圆禅师千辛万苦就此达到自己渡海过洋修行参禅的最高目标，终于登上了心仪已久、梦寐以求的径山。拜在中国五山第一径山禅寺 34 代住持临济宗杨岐派虎丘派破庵派祖破庵祖先法嗣无准师范(1178-1249)禅师会下，成其门生之后，更是日日精进，潜心参悟，深得破庵禅法之精华，终得恩师无准师范禅师之认可，嗣无准师范禅师之法。圆尔辩圆禅师可谓第一位嗣法于径山禅寺 34 代住持无准师范禅师的日本留学禅僧。①

就圆尔辩圆禅师云游南宋禅林六年的踪迹而言，由于他几乎一直在接受南宋禅林主流禅门杨岐派大德的熏陶，加之其自身潜心修行和深深的佛缘，领悟主流禅门之精髓；他又虚心好学、日日精进、积极参禅，乐与同门同修喜结佛缘，在南宋五山禅林极受欢迎。当圆尔辩圆禅师决定于仁治二(1241)年仲夏离开径山禅寺经明州(宁波)回日本时，恩师无准会中大德都惜别相送，其中有龙象即庵禅师、东山慧日禅师、西岩了惠禅师(当时五山第三天童禅寺 39 代住持)、断桥妙伦禅师(后任五山第四净慈禅寺 42 代住持)、别山祖智禅师(天童禅寺 40 代住持)、环溪惟一禅师(天童禅寺 44 代住持)、简翁居敬禅师(后任净慈禅寺 44 代住持·天童禅寺 42 代住持)、希叟绍昙禅师、雪岩祖钦禅师、绝岸可湘禅师等。“一期一会”，圆尔辩圆禅师的这些同修都是其日后形成其庞大的杨岐派“圣一派”日本禅宗流派的重要法脉。②

日本禅宗有五十九流派，其中半数左右源于径山禅寺，对于日本禅林来说径山禅寺可谓“天下径山”。径山禅寺住持无准师范禅师之法脉通过其日本弟子圆尔辩圆禅师对日本禅林乃至于日本文化都产生了巨大影响。2024 年是无准师范禅师圆寂 775 周年大远忌纪念之年，笔者能以此文遥寄思念和感恩之情，不甚荣幸！

今年也是无准师范禅师弟子来日禅僧无学祖元(1226—1286)禅师所开山的日本镰仓五山第二圆觉寺中兴者大用国师二百零五年、将禅宗传播到欧美的

① 参阅海村惟一:《终于有“家”可会——径山云开明月空》，第 58 页。
② 参阅海村惟一:《终于有“家”可会——径山云开明月空》，第 58 页。

积宗演老师一百零五年大远讳记念之年，五年前三井记念美术馆、临济宗大本山圆觉寺、读卖新闻社曾联合主办过“大用国师二百年积宗演老师百年大远讳记念特别展镰仓禅林之美円觉寺之至宝”特别展，在三井记念美术馆隆重举行。此展的重头戏是陈列在入口处的开山来日禅僧无学祖元禅师从中国带来的自用法器：圆觉寺镇寺之宝。曾亲临现场的我体悟到无准师范禅师法系之威严依旧震慑人心！

二、创建禅儒之殿：东福寺

圆尔辩圆禅师回国之后，旋即应太宰府的湛慧之邀为崇福禅寺开山（后为十刹第三十八）。随后又应博多南宋豪商谢国明之邀为承天禅寺开山（后为十刹第四）。后由经湛慧的介绍，获得摄政藤原道家、良实父子之知遇，圆尔辩圆禅师便从繁华的贸易商业城市博多走向了政治文化的中心城市京都。《京兆慧日山东福寺沙门辨圆传》对此有如下的记载：

湛慧有事入京，诉于藤府。大相国道家藤公，延见问法。慧宗说泛滥，藤公大称曰：上人随谁得此智辩。慧曰：我师圆尔入宋得径山无准正印，现今住崇福、承天，盛唱禅宗。我謭识非其仿佛。藤公乃发使聘请，馆于光明峰，终日问道。恨相见之晚，就受禅门大戒。寻禀密灌，因任僧正，尔辞不受。复补日本国総讲师，尔又辞。重亲书圣一和尚四字授之，拟唐代宗赐径山法钦于国一也。先是藤公洛之东南构大伽蓝，名东福寺（取东大兴福字）。将为八宗众园，祷国家安宁。暨闻尔道，延请为开山祖。令其三子执弟子礼。文武百官拜礼相继。[①]

摄政藤原道家“拟唐代宗赐径山法钦于国一”，亲书“圣一和尚”四字授之，延请圆尔辩圆禅师为东福寺开山。虽然东福寺是兼修禅的一大渊丛，但是，圆尔辩圆禅师坚守恩师无准师范禅师“提倡祖道”之禅，故有藤公“受禅门大戒”，

① 《京兆慧日山东福寺沙门辨圆传》此文收录在佛书刊行会：《大日本佛教全书》第 102 卷《本朝高僧传》卷二十，东京：佛书刊行会，1912—1922 年，第 282 页。

再“令其三子执弟子礼。文武百官拜礼相继。”由此，无准师范禅师「提倡祖道」之教在圆尔辩圆禅师把日本的兼修禅向纯粹禅转变的过程中起了重要作用。把郁芳门院所追荐道场六条御堂改变为万寿禅寺(后来为京都五山第五的寺格)开山的十地觉空上人从净土宗移籍到圆尔辩圆禅师的临济宗杨岐派会下，就是圆尔辩圆禅师坚守“提倡祖道”的结果。

圆尔辩圆禅师坚守“提倡祖道”还体现在“儒佛一致”论方面。径山禅寺第13代住持临济宗杨岐派大慧宗杲(1089—1163)禅师是一位积极提倡“儒佛一致”论的大德，并创立大慧门派，向门派推荐“儒佛一致”论。他在《答汪状元第二书》中论说曰：“为学为道一也”“若识得仁义礼智信之性起外，则格物忠恕一以贯之，在其中矣!”①由此可见，他的“儒佛一致”论是建立在宋学基础之上的。圆尔辩圆禅师的“儒佛一致”还体现在下述两个方面。

其一，带回日本大量“儒佛一致”的典籍

圆尔辩圆禅师归国时带回了大量的宋学典籍，并把这些带回来的典籍完整地编辑成《三教典籍目录》，虽然此目录已佚。但依然可以从其法孙大道一以禅师以所编的《普门院经论章疏语录儒书等目录》中看到圆尔辩圆禅师当时带回宋学典籍，如《晦庵大学或问》《晦庵中庸或问》《论语精义》《孟子精义》《晦庵集注孟子》《五先生语录》等。②

其二，从禅宗的立场推崇宋儒之学，并培育了一批代代相传的禅儒精英人才

圆尔辩圆禅师归国时带回了一部他极其喜爱的著作《佛法大明录》。此书共有二十卷，乃宋末圭堂居士所撰。内容包括明心、净行、破迷、入理、工夫、入机、见师、大悟、的意、大用、真空、度人、入寂、化身、篇外杂记等十余项，皆为著者修行禅法悟道之心得，书中引用80余种禅录作傍证，以“圭堂曰”的方式来阐明自己的立场、思想，并从禅宗的立场来解说“三教合一”的

---

① (宋)蕴闻：《答汪状元第二书》，《大慧普觉禅师书》卷二八，《大正新修大藏经》第47卷，东京：大藏出版，1924—1934年，第932页下。

② 《普门院经论章疏语录儒书等目录》收录于东京大学史料编撰所：《大日本古文书》家わけ第二十《东福寺文书之一》，东京：东京大学出版社，1972年，第102-106页。

思潮等。[①] 圆尔辩圆禅师以此书为教科书，在自己的杨岐派圣一门派里、在自己的修禅悟道的道场里对弟子众人传授其坚守“提唱祖道”的“儒佛一致”论，培养了第一代 31 位精英弟子，其中带房号、开山、东福寺住持、开创门派的有：未留学禅僧东山湛照（慈一房、円通三圣寺开山、东福寺 2 世、三圣门派祖）、留学禅僧无关玄悟（普门房、华报光云南禅寺开山、东福寺 3 世、龙吟门派祖）、留学禅僧白云慧晓（道愿房、永福寺开山、东福寺 4 世、栗棘门派祖）、未留学禅僧山叟慧云（道空房、东昌寺开山、东福寺 5 世、正觉门派祖）、未留学禅僧藏山空顺（无量房、福厳高城寺开山、东福寺 6 世、永明门派祖）、未留学禅僧痴兀大慧（平等房、保福安养寺开山、东福寺 9 世、大慈门派祖）、留学禅僧直翁智侃（正智房、万寿盛光院开山、东福寺 10 世、盛光门派祖）等 7 位（3 位留学禅僧）；其中带房号、东福寺住持、开创门派的有：月船深海（十乘房、东福寺 8 世、正统门派祖）、天桂宗昊（入円房、东福寺 14 世、大雄门派祖）等 2 位；其中带房号、开创门派的有：奇山圆然（定智房、宝渚门派祖）1 位；其中开山、东福寺住持、开创门派的有：南山士云（崇寿崇观延福广福寺开山、寿福寺 8 世、円觉寺 11 世、建长寺 20 世、东福寺 11 世、庄严门派祖）、双峰宗源（崇圣万福大圣寺开山、南禅寺 72 世、东福寺 12 世、桂昌门派祖）等 2 位；其中开山、开创门派的有：铁牛圆心（福泉寺开山、大幢派祖）、留学禅僧神子荣尊（净满寺开山、大同派祖）等 2 位；其中东福寺住持、开创门派的有：无为昭元（三圣寺 2 世、承天寺 8 世、圆觉寺 9 世、东福寺 7 世、东光门派祖）、潜溪处谦（东福寺 13 世、本成门派祖）等 2 位；其中开创门派的有：昙瑞道慧（天应门派祖）、玉溪慧椿（天得门派祖）、妙翁弘玄（两胜门派祖）、无外尔然（正法门派祖）等 5 位；其中开山的有：耕叟仙原（竹林寺）、高叟圆尊（安国寺）、十地觉空（万寿寺）、钝翁慧聪（宝福寺开山）等 4 位；其中带房号的有：正堂俊显（本智房）、无住道晓（一圆房）、湛慧（随乘

① 参考日本真宗大谷派学僧织田得能：《织田佛教大辞典》全一卷，东京：大藏出版，1917 年，《佛法大明录》条。参考丁福保：《佛学大辞典》全一卷，上海：上海医学书局，1922 年，《佛法大明录》条。参见柳田圣山、椎名宏雄：《禅学典籍丛刊》第 2 卷，《佛法大明录卷目》，东京：临川书店，1999 年，《佛法大明录》条。

房)等3位。

在日本儒学史上亦占据重要地位的有杨岐派圣一门派的禅儒巨匠，如虎关师炼(圆尔辩圆第3代法孙、神赞道福寺开山、南禅寺15世、东福寺15世、三圣门派虎关派祖)、岐阳方秀(圆尔辩圆第6代法孙、南禅寺97世、天龙寺64世、东福寺80世、栗棘门派第5代)、桂庵玄树(圆尔辩圆第7代法孙、遣明随员、建仁寺240世、龙吟门派第6代、创立萨南朱子学派)、文之玄昌(1555—1620、圆尔辩圆第10代法孙、五山儒禅、龙吟门派第9代、创立日本朱子学文之点训读法)等，他们都是日本五山儒学大家。①

径山禅寺无准师范禅师的禅徒圆尔，也从“圆尔禅师”成为“圣一和尚”，又从「圣一和尚」成为禅林的“圣一国师”，名留青史。“圣一和尚”率领的圣一门派亦国师辈出，成为一个巨大的日本禅宗教团，为日本五山教团五十九流派中的第五流，其修行禅道的道场遍及全日本，“拥有十刹十寺，诸山(即甲刹)五十数寺”。杨岐派圣一门派在外学方面亦不仅大诗僧辈出使五山文学更为丰富，而且层出不穷的大学僧亦使五山儒学独放异彩。

综上所证，日本临济宗杨岐派圣一门派不仅是日本五山禅林的巨大禅宗教团，更是日本早期宋学研究的中心。圆尔辩圆禅师可谓日本临济宗杨岐派的创立者和五山儒学的奠基者。

三、静冈御茶之日：圆尔诞

晚年的圣一和尚回到故乡，把从径山禅寺带回的茶种成功地种植在骏河国(静冈)，成为今日有名的静冈茶。现在，静冈已经成为日本最大的产茶区，年产茶叶5万吨，占日本茶叶总产量的50%，名列日本之首。② 静冈市政府还把圆尔生日的11月1日作为“静冈市御茶之日”。这是一个有着近800年历史的“海上丝绸之路”日中文化交流结晶的文化符号。

---

① 参见玉村竹二：《五山文学—大陆文化绍介者としての五山禅僧の活动》，东京：东京至文堂，1955年，第61-66页。

② 参阅大石贞男：《静冈县茶产地史》，东京：农山渔村文化协会，2004年，第413页。

圆尔辩圆禅师云游南宋五山禅林六年，最后在五山第一径山禅寺34代住持临济宗杨岐派虎丘派破庵派祖破庵祖先法嗣无准师范禅师会下，不仅是日日精进，潜心参悟，深得破庵禅法之精华；同时还带回了北宋僧人宗晴（1056—？）编集禅宗丛林清规《禅苑清规》。①

圆尔辩圆禅师依据《禅苑清规》制定了“东福寺清规”，其中包含了程序严格的茶礼，并将茶礼列为禅僧日常生活中必须遵守的行仪作法。其中援用《禅苑清规》卷一《赴茶汤》：

吃茶不得吹茶，不得掉盏，不得呼呻作声。取放盏橐不得敲磕，如先放盏者，盘后安之，以次挨排不得错乱。右手请茶药擎之，候行遍相揖罢方吃。不得张口掷入，亦不得咬令作声。茶罢离位，安详下足，问讯讫，随大众出。特为之人须当略进前一两步问讯主人，以表谢茶之礼。行须威仪庠序，不得急行大步及拖鞋踏地作声。主人若送回，有问讯致恭而退，然后次第赴库下及诸寮茶汤。②

圆尔辩圆禅师还把自己体悟的“径山茶礼”展现在其遍及日本的教团修行空间，同时还影响了与其交往的皇室贵族等上流社会，如此仪式成为日后茶道诞生之源头。③

留宋求学之路不仅改变了圆尔辩圆禅师自身佛教信仰的内涵，而且在把兼修禅改变为纯修禅的同时，还奠定了日本禅林的佛儒一致的独特气象，更是为日本茶道的诞生提供了形而上的禅悟和形而下的体悟。丰富了日本文化的内涵。这些应该是他被追赐为“圣一国师”的理由吧。

（作者：海村惟一，日本/福冈国际大学名誉教授，曾任湖南科技大学特聘教授；海村佳惟，日本/久留米大学教师）

---

① 《禅苑清规》乃现存最早的一部禅林清规文献，全书共十卷。禅宗僧人日常生活起居、法事活动中应遵守的各项清规制度。此书最初刊刻于徽宗崇宁二年（1103）。

② （宋）宗晴《禅苑清规》卷一《赴茶汤》，《卍新纂大日本续藏经》第111卷，东京：国书刊行会，1905年，第883页上。

③ 参见村上康彦：《茶文化史》，东京：岩波书店，1979年，第79页。

Zen Master Ennibenen: A Japanese Monk Study in the Song Dynasty

Amamura Yuiji　Amamura Kai

Abstract: Master Ennibenen(1201—1280), a teacher of the Holy One Nation, was born in Tochigawa, Suruga Province, Japan (now Aoi ku, Shizuoka City). When he was young, he studied under the guidance of Master Yao Bian, a scholar of debate and debate at the Kyuno Temple on Mount Kumonoyama, and also studied under the Tendai sect. At the age of 18, Master Ennibenen lost his hair at Yuancheng Temple and received ordination at Dongda Temple, becoming a monk. Afterwards, Master Ennibenen participated in the Rinzai Zen of the founder of Rongchao Shangren at Changle Temple, a disciple of Rongxi Zen Master in Ueno Province. Later, he also studied under the second generation abbot of Kamakura Shoufu Temple, a disciple of Rongxi Zen Master, and received the precepts of Zen Buddhism. He can be regarded as the grandson of Rongxi Zen Master. As a result, Master Ennibenen sparked the desire to study Zen during the Song Dynasty. This article briefly examines his achievements in studying abroad and participating in Zen meditation at Jingshan Temple, founding Dongfu Temple upon returning to China, and promoting Jingshan Shizuoka tea.

Keywords: Gozan literature; Jingshan Temple; Ennibenen; Tofuku Temple

读史札记

蒲阴陉沿线区域一则汉代水利史料考辨*

崔玉谦　孙添艾

摘　要： 蒲阴陉为太行八陉之一，沿线区域遗迹众多，沿线唐河支流的一处遗迹为汉章帝时期修建的调水工程。通过对相关史料的梳理对照，该设施由于地形以及时局变化原因最终没有完工，对于了解相关区域的早期水利设施情况起到补充，丰富了相关问题的研究拓展。

关键词： 蒲阴陉；东汉时期；唐河流域；北部太行山区

蒲阴陉沿线区域涉及今海河水系的大清河流域的唐河、沙河两条主要的支流，相关论述中多次引用《水经注》及相关资料，蒲阴陉的走向也与这两条河流密切相关。笔者在梳理蒲阴陉有关史料的过程中，汉章帝时期的一则与水利有关的材料引起了笔者的注意，蒲阴陉名称的形成与汉章帝元和三年的北巡直接相关，水利方面的情况亦是北巡的重点。关于河北水利遗存有关的研究成果如《河北省水利史概要》①、《河北县城城墙史料集》②、《海河流域历代水利碑文选》③等限于书籍的体例以及选择史料的时段等因素，对于河北的早期水利

* 基金项目：河北省文化艺术科学规划和旅游研究项目（重点项目）“中古时期蒲阴陉沿线区域遗迹资料整理研究”（项目编号：HB24-ZD020）阶段性成果。

① 石玉璞、林荥：《河北省水利史概要》，北京：地质出版社，2011 年。

② 戴建兵、胡景敏：《河北县城城墙史料集（华北府县历史文化）》，天津：天津古籍出版社，2021 年，第 18 页。

③ 杨学新、杨昊、李希源：《海河流域历代水利碑文选（华北学）》，北京：科学出版社，2020 年，第 82 页。

遗迹等关注不多，鉴于此笔者在此对于这则水利史料的内容做分层阐述分析。

一、相关史料的基本记载情况

关于这则史料，《后汉书》有相关的记载，除此之外相关的注解对此也有展开的分析：

（建初三年）夏四月己巳，罢常山呼沲石臼河漕。石臼，河名也，在今定州唐县东北。时邓训上言此漕难成，遂罢之。漕，水运也。[①]

建初为汉章帝的第一个年号，建初三年夏四月，汉章帝停止了一项水利工程，这项水利工程全称为“常山呼沲石臼河漕”，材料划线部分为李贤等人的注解，从注解中可知，邓训上奏认为这项工程难度过大，难以最终完成，汉章帝采纳了邓训的建议。从这一过程来看，这项工程在建初三年夏四月之前已进行施工，施工时间应有一段，邓训上奏认为这项工程难度过大应是施工遇到了困难或限于各种条件施工难以继续，这项工程如果完工不会是短时间内，基于此汉章帝采纳了建议。水利工程的施工受限于各种客观自然条件，李贤等人的注解中也明确了一点即“石臼”为一条河，位于“在今定州唐县东北”，这一地理位置系参照唐代的情况。结合李贤的注解可知，这项工程应为连接几条山区的河流，以便于连通山区的水运（早期的水运例如春秋时期秦晋之间的水运，水运作为一种交通形式的形成即是在春秋时期[②]）。关于地点问题，相关的材料比对如下。

中山国　高祖置。雒阳北一千四百里。十三城，……唐有中人亭。[③]

定州上 后汉中山国。后魏置安州，寻改为定州。……唐 汉县，属中山国。旧治古公城，圣历元年，移于今所。[④]

对照东汉与唐代的行政区划，定州唐县这一基本情况没有变化。关于这处工程，《资治通鉴》对此也有分析，胡三省对此也有注解：

---

① 范晔：《后汉书》卷三《肃宗孝章帝纪第三》，北京：中华书局，2013年，第46页。
② 崔承章：《中国交通史丛谈》，长春：吉林人民出版社，2001年，第18页。
③ 范晔：《后汉书》志第二〇《郡国二》，北京：中华书局，2010年，第3443页。
④ 刘眴：《旧唐书》卷三九《地理中》，北京：中华书局，2010年，第681页。

初，显宗之世，治虖沱、石臼河，从都虑至羊肠仓，欲令通漕。太原吏民苦役，连年无成，死者不可胜算。帝以郎中邓训为谒者，监领其事。训考虑隐括，知其难成，具以上言。夏，四月，己巳，诏罢其役，更用驴輦，岁省费亿万计，全活徒士数千人。训，禹之子也。①

贤曰：石臼河，在今定州唐县东北。郦道元注水经云：汾阳故城积粟所在，谓之羊肠仓，在晋阳西北；石带萦纡，若羊肠焉，故以为名。今岚州界羊肠坂是也。唐岚州宜芳县，本汉汾阳县，隋置岚城县，唐更名宜芳。杜佑曰：宜芳县有古秀容城，汉羊肠仓。余考水经注云：按司马彪郡国志，常山南行唐县有石臼谷，盖欲乘呼沱之水，转山东之漕，自都虑至羊肠仓，戚汾水以漕太原。又考郡国志，常山蒲吾县注引古今注曰：永平十年，作常山呼沱河蒲吾渠通漕船。又考班固地理志，太原郡上艾县注曰：绵曼水东至蒲吾入呼沱水。又蒲吾县注曰：大白渠水首受绵曼水，东南至下曲阳入斯洨。则知此漕自大白渠入绵曼水，自绵曼水转入汾水以达羊肠仓也。虑，音闾，杜佑曰：石臼河，在定州唐昌县。唐昌，汉苦陉县也。②

两则材料分别是司马光的论述和胡三省的注解，从司马光的论述来看，虖沱、石臼两条河的治理在章帝之前已经展开，计划修建一条漕运的路线，从这一点来看，与李贤等人的注解相一致“漕，水运也”。下文在史料注解的基础上对相关内容作出分析

二、史料中涉及的水利工程信息分析

在太行山区打通一条连接虖沱、石臼两条河的漕运难度很大，在建初三年之前已是“连年无成，死者不可胜算”，在此背景下有了邓训的调查以及相关上奏，上文的引注史料对此有说明，最终的结果系工程中止。但山间的相关运

① 司马光：《资治通鉴》卷四六《汉纪三八》“建初三年三月癸巳”条，北京：中华书局，1957年，第1483页。

② 司马光：《资治通鉴》卷四六《汉纪三八》“建初三年三月癸巳”条，北京：中华书局，1957年，第1483页。

输采用了辇运的形式。相关的人物传记对此事也有记载：

永平中，理呼沱、石臼河，从都虑至羊肠仓，郦元《水经注》云，汾阳故城，积粟所在，谓之羊肠仓，在晋阳西北，石隥萦委，若羊肠焉，故以为名。今岚州界羊肠坂是也。石臼河解见《章纪》。欲令通漕。水运曰漕。太原吏人苦役，连年无成，转运所经三百八十九隘……前后没溺死者不可胜算。建初三年，拜训谒者，使监领其事。……知大功难立，具以上言。①

结合邓训传记的记载来看，在汉明帝永平年间，虖沱、石臼两条河的治理已经开始，截止至建初三年，这项水利工程最少持续了四年。相对于司马光的论述，胡三省的注解内容更多，注解集中于相关的地名。从具体内容来看，胡注主要涉及三部书：《水经注》、司马彪《郡国志》、《汉书. 地理志》以及杜佑的两则论述。《水经注》的引用，李贤等人与胡三省引用的部分一致，胡注参考了李注，参见两则材料的划线部分对照。《水经注》的内容，胡氏并未质疑，但对于司马彪《郡国志》的记载，胡氏则进行了一番考论，集中于地名以及相关河流的走向，尤其提到了“石臼谷”，按照胡氏的考证，这条漕运在建初年间已经初步完成，两条河流之间的运渠大体凿通“乘呼沱之水，转山东之漕”，但这条路线本身运输成本过高，这一点在邓训传记中有所体现“转运所经三百八十九隘”，关于石臼河，其他的材料中也有描述，如下。

木刀沟……《寰宇记》：泜水出平山县之房山。一名石臼水，亦谓之鹿水。出行唐县东，入新乐县界，为木刀沟，亦名袈裟水。南流入滹沱河。《郡志》：沟在县南三十里，东注于沙河。②

沙河 在（定）州南。源发山西繁峙县东白坡头口，经曲阳入新乐，又东经州境而入保定府祁州界。③

蒲吾渠 在（平山）县西。亦曰蒲水。后汉明帝引而为渠。《后汉纪》：明帝治滹沱石臼河，从都卢至羊肠仓，欲令通漕太原，转运所经，凡三百八十九隘。前后没溺，不可胜算。章帝建初三年，从邓训言，罢之。《古今注》：永

① 范晔：《后汉书》志第二〇《郡国二》，北京：中华书局，2010 年，第 3443 页。
② 顾祖禹：《读史方舆纪要》卷一四《北直五》，北京：中华书局，2005 年，第 621 页。
③ 顾祖禹：《读史方舆纪要》卷一四《北直五》，北京：中华书局，2005 年，第 619 页。

平十年，作常山呼沱河蒲吾渠通漕。[①]

从这三则材料来看，石臼河的基本情况如下：石臼河源头为平山县，流向系自西向东，汇入沙河，沙河流经的主要范围系定州一带，从这一点来看，两条流向不一致的河流如要形成联通，必然是人工工程的形式，“转山东之漕”即是此意。第三则材料中，顾祖禹的一则论述值得注意“亦曰蒲水。后汉明帝引而为渠”，蒲水显然在方位上在定州北部，与沙河并不直接合流，按顾氏的解释，应是引蒲水为渠，尤其在这则材料最后引用《古今注》的观点“作常山呼沱河蒲吾渠通漕”，上文《后汉书》的提法系“常山呼淹石臼河漕”，“石臼河漕”是否应为“蒲吾渠通漕”？(《古今注》系西晋崔豹所撰一部以考证名物为主的博物类典籍，记载了魏晋以前的典章制度、民间传说等[②]。除了书籍内容之外，学术风气的变化也值得注意，晋代开始，出现了追溯事物原始的著述之风，继第一本追溯事物起源的书籍《古今注》之後，事始物原书籍就不断出现，不断发展[③]，溯源是《古今注》的特点，胡三省、顾祖禹二人重视此书的解释是有原因的)关于石臼河的解释，不论范晔还是李贤或司马光、胡三省，均认为系在唐县东北，李贤、司马光、胡三省三人的依据均是《水经注》，但在《水经注》涉及唐县的内容部分中，并没有关于石臼河的记载，关于石臼河的记载集中于滹沱河部分；顾祖禹的记载内容中，虽然石臼河与沙河产生关联，但从方位上仍是在定州南部。胡注中对于蒲吾渠的表述虽有引用，但并未留意，在表述中提到了一则文献的先后顺序关系“又考郡国志，常山蒲吾县注引古今注”，显然《古今注》一书司马彪也有引用。关于蒲水，有以下相关说明。

又有蒲水。《水经注》：蒲水出县西北蒲阳山，径蒲阴县北，下流合于濡水，又东入于博水。今故道多湮。[④]

濡水又东，得蒲水口，水出西北蒲阳山，(守敬按：《汉志》，蒲水出曲逆

---

① 顾祖禹：《读史方舆纪要》卷一四《北直五》，北京：中华书局，2005 年，第 611 页。

② 崔伟芳：《〈古今注〉考论》，《牡丹江师范学院学报(哲学社会科学版)》，2014 年第 2 期，第 72-73 页。

③ 黄小霞：《事始物原书籍研究——以唐宋为中心》，西南交通大学硕士学位论文，2015 年。

④ 顾祖禹：《读史方舆纪要》卷一二《北直三》，北京：中华书局，2005 年，第 529 页。

县蒲阳山。《元和志》，山在北平县西北四十里。今谓之白崖山，在完县西北。)①

结合相关的解释，蒲水为唐河的支流，方位上显然能够与上文材料中的解释对应"贤曰：石臼河，在今定州唐县东北"，在此笔者认为，不能排除在东汉时期石臼河为唐河支流蒲水的一条支流，河流同名的情况并不少见，《水经注》在书写的过程中没有注意或由于自然原因等，这条支流没有给予重视。总之，石臼河作为唐河支流蒲水的一条支流在方位上能够得到解释。漕运是王朝时期特有的一种运输方式，主要起着辅助天然河道的作用，使各地联系更为密切。天然河道与漕运互为补充，为各地区的物资供应传输提供了有力的保障②。不论"常山呼沲石臼河漕"还是"常山呼沱河蒲吾渠通漕"其实质均为打通太行山东西两侧的河道，以便于关东区域的物资传输至山西一带，但限于沿线地形地貌以及其他自然条件的限制，漕运这种传输形式在太行山区域并不适用(山区的地质条件复杂，山区的河流地质条件更为复杂，是否能够进行工程建设需要综合考量③)。关于这则史料解释至此，还有一点可做延伸，汉代系专卖制度形成时期，东汉前期的专卖制度实施虽有反复(专卖系国家政权对某些特定产品的产运销全过程或部分环节实行垄断经营的制度，粮食而言虽不是常见的专卖物资，但其重要性在其之上。关于汉代专卖制度的基本情况，可参见相关研究成果④)，但在总体方针上仍是施行：

《古今注》曰："建武六年六月，九年春，十二年五月，二十一年六月，明帝永平元年五月，八年冬，十一年八月，十五年八月，十八年三月，并旱。"⑤

由于自然灾害引起的粮食短缺在光武帝、明帝时期时有发生，跨区域的粮食调配即不可避免，粮食作为重要的物资，官方对其的管控极为严格，在这种

---

① 郦道元注，杨守敬纂疏，熊会贞参疏，谢承仁、侯英资整理：《杨守敬集》第三册上《水经注疏》卷一一《滱水》，武汉：湖北人民出版社、湖北教育出版社，1997 年，第 803 页。

② 刘璐：《秦汉水运交通研究》，湘潭大学硕士学位论文，2020 年。

③ 崔冠英：《水利工程地质》，北京：中国水利水电出版社，1999 年。

④ 杨华星、缪坤和：《汉代专卖制度研究》，贵阳：贵州大学出版社，2011 年。杨华星：《专卖制度与中国传统社会经济的发展》，《首届中国经济史博士后论坛论文集》，北京：2014 年。

⑤ 郦道元注，杨守敬纂疏，熊会贞参疏，谢承仁、侯英资整理：《杨守敬集》第三册上《水经注疏》卷一一《滱水》，武汉：湖北人民出版社、湖北教育出版社，1997 年版，第 796 页。

背景下打通太行山区(其他地区亦然)的漕运成为了调配的方式，虽然这次尝试最终没有成功，但对后世还是有启示，粮食的跨区域调配始终受到重视。

（作者：崔玉谦，保定学院文物与博物馆学院/京津保联动发展研究院副教授，研究方向为唐宋文献考订，河北地方史；孙添艾，山西大学历史文化学院硕士，研究方向为中国古代史）

Examination and Identification of a Han Dynasty Water Conservancy Historical Record in the Area Along the Puyin Route

Cui Yuqian　Sun Tianai

Abstract: Puyin Route is one of the eight passes of the Taihang Mountains, and there are numerous relics along its route. of the relics along the Tang River tributary is a water diversion project built during the reign of Emperor Zhang of Han. By combing through and comparing relevant records, it is found that the facility was ultimately unfinished due to changes in terrain and political circumstances. Combing and analysis help to supplement our understanding of early waterancy facilities in the region and enrich the research on related issues.

Keywords: Puyin Route; Eastern Han Dynasty; Tang River Basin; Northern Taihang Mountains

研究生论坛

王鲁·月例·三世：王闿运与廖平交恶的公羊之维

陈　香

摘　要： 王闿运主讲四川成都尊经书院时，与弟子井研廖季平交情甚笃，然二人似于光绪十年前后交恶，终未冰释前嫌。王闿运《春秋公羊传笺》奉“王鲁说”“时日月例”“三世说”等公羊之法为诠释准则，而考王氏《湘绮楼日记》有关记载与廖平《公羊何氏解诂十论》相关言论，可以推知，廖平对其师之释经准则进行了指误乃至根本性颠覆，可谓入室操戈，此当是二者交恶的关键。

关键词： 廖平；王闿运；交恶；公羊学说

《华阳国志》卷三《蜀志》载有“蜀学比于齐鲁”之说，蜀学在汉、宋、晚清三个时段发展高潮迭起，而在晚清时期，蜀学与湘学的交汇尤为醒目，其中又可以晚清湘学巨擘王闿运与蜀学砥柱廖平之结缘于四川成都尊经书院为典型。《清史稿·王闿运传》载：“闿运自负奇才，所如多不合。乃退息无复用世之志。唯出所学以教后进。四川总督丁宝桢聘主尊经书院，待以宾师之礼，成材甚众。”①其中就有廖平。王闿运《与陈朗》一文言：“廖登廷者，王代功类也，思外我以立名。”②王代功即王闿运长子(有书法作品《佛说阿弥陀经》传世)，王闿运自题挽联曾称“春秋表未成，幸有佳儿述诗礼；纵横计不就，空余高咏满江山。”其中“佳儿”就是指王代功，可知廖平(廖登廷)于王闿运一门之名重。

---

① （清)赵尔巽，等撰：《清史稿》卷四百八十二，第43册，北京：中华书局，1977年，第13300页。

② 马积高主编：《湘绮楼诗文集》第2册，长沙：岳麓书社，1996年，第244页。

然据《湘绮楼日记》所载，王、廖二人似于光绪十年(1884)前后交恶，其中原因，学界争议纷纭，至今未决。[①] 按《湘绮楼日记》与《廖季平先生年谱长编》及有关记述推之，王、廖之公羊主张如“王鲁”“三世”“月例”等方面的水火之势似为二人交恶之关键所在。

一、王闿运与廖平交往的变迁

光绪元年(1875)春，尊经书院落成，张之洞撰《尊经书院记》，同年延请王闿运主讲未至[②]。光绪二年(1876)，廖平牌调尊经书院，张之洞将其与张祥龄、杨锐、毛瀚丰、彭毓嵩称为“蜀中五少年”，同年王闿运始作《公羊春秋笺》(并于入川前就完成了初稿撰述)。此后，在维新变法失败(1898)以前，廖平与尊经书院保持着紧密联系。王、廖二人相识于尊经，不过似也交恶于此间。

考《湘绮楼日记》[③](后文中一律简称《日记》)与《廖季平先生年谱长编》[④](后文中一律简称《年谱》)可知，王闿运与廖二人初识于光绪五年(1879)二月十七日，且《公羊传》于其中似乎扮演较为重要之角色。王闿运《日记》道：“廖生登庭来，久坐，有志习《公羊春秋》，然拙于言，未知其学何如。”[⑤]约一周后，二人再次交谈，《日记》载：“终日为诸生讲说，多发明《公羊春秋》之义例。张生子绂、廖生旭陔皆有志于《春秋》。子绂云欲移入院，并要张生坚莽

---

① 关于二人交恶缘由，是为当前之学术公案。萧艾所撰《王湘绮评传》(岳麓书社1997年)与黄开国《廖平评传》(百花洲文艺出版社2014年)、王承军《廖季平先生年谱长编》(中华书局2019年)对此均未发明；钱基博《现代中国文学史》略言二者在“公羊”陈义上颇有相争，但未详述；龙晦《王闿运和他的尊经书院的弟子们》(《蜀学》第三辑2008年)认为王闿运“打心中”不喜欢廖平，此显然与《湘绮楼日记》之记载尤其光绪五年所记交往情状相悖；魏红翎《王闿运与廖平之交往变迁及原因探析》(《中华文化论坛》2017年第5期)对二者交往变迁、学术取径、廖平个人秉性等做了探讨，然亦未能明确、彻底地揭开谜底。

② 王闿运曾数拒尊经书院之邀，其中缘由可参见：李晓宇《王闿运受聘尊经书院史事考》，《四川大学学报》(哲学社会科学版)2008年第2期。

③ 马积高主编：《湘绮楼日记》，长沙：岳麓书社，1997年。

④ 王承军：《廖季平先生年谱长编》，北京：中华书局，2019年。

⑤ 《湘绮楼日记》第747页。

同来。此邦人欣欣向学，可喜也。”①光绪五年间，王、廖二人往来甚密，大致情况可见表1。

表1 《湘绮楼日记》中的廖平记述简摘表(光绪五年)

序号	时间	事件	页码
1	三月三日	“同话诗文，至亥正散。”	756
2	三月初八	受邀游草堂，廖平陪同	758
3	闰三月十五日	“廖生温《春秋》一本。”	773
4	闰三月十九日	“夜与张、廖谈至子，雨寒乃寝。”	774
5	五月十七日	“廖、胡二生亦来，留同饭，始复平膳。”	797
6	五月十八日	廖平向其咨询“郑注殇服中从上下之异”，引起王闿运之重视	797
7	五月二十一日	“惺士来，欲请廖生为子师。廖生辞不往，笃学可嘉。”	799
8	五月二十二日	“还，廖生尚未饭，同食毕。”	799
9	六月初四	“要廖、杨、刘、任共食。”	803
10	六月十日	“夜与廖季平论文。”	806
11	六月十一日	“季平入问文，又为讲一篇。”	806
12	六月十五日	廖平等陪同共游浣花溪	808
13	七月一日	“鲁詹来，与张、廖同出，夜巡二斋。”	816
14	八月二十七日	“廖生季平入夜谈。”	829
15	九月初三	“张、廖尤未饭，同食。”	830
16	九月十四日	“因陈、廖以求见，与谈说文。”	833
17	十月初一日	“改廖生经文”	838

由上可知，二人或谈学至晚，或一同赴邀出游，又或留饭共食等等，廖平真可谓王闿运之得意门生，无论治学还是生活，王、廖师徒之间不可谓不融洽。该年(1879)八月，廖平等人应优贡试，廖平得第一。期间，王闿运在考场门口“待至三更，廖生季平始出”并称廖平其文“甚有师法，名必上榜”②。《日记》对此事还大书一笔，欣慰难抑：

① 《湘绮楼日记》第751页。

② 《廖季平先生年谱长编》第51页。

优贡案发，取四人，有两斋长，皆学使所赏也。有两斋长未与考，否则必取四斋长矣。陪优十二人，唯二人非院生。廖得第一，任得第五，二人似怏怏，任为尤甚。鸡肋犹争，可慨也。夫凡考试必须虚心，乃与科名相近，见在我上者，必高于我，则我在人上，人亦推我矣。若见人得，而以为不宜得，此必终生不得，以与俗尚相反故也。①

九月，廖平应乡试，中第二十四名举人。王闿运与其"坐谈至三更"，《日记》对此同样抒怀一番，行文间亦可见王氏教学有成之自得：

今夜发榜，与季平坐谈至三更，季平逃去。轰醉。余就寝，半觉，闻炮声，起披衣。未一刻，报者已至，院中共中正榜廿一人，副榜二人，皆余所决可望者，其学使所赏及自负能文者，果皆不中。余素持场屋文字有凭之说，屡验不爽也。堂课七次，取第一者中五人，所列三等者无一中，何必《四书》文乃能决科，甚以为喜。顷之，季平、篆甫、治棠、陈子京、吴圣俞、少淹皆入谢，已鸡鸣矣。谈久之，乃还寝。②

光绪六年(1880)十一月二十五日，王闿运首次返湘，此后直到光绪九年(1883)五月才再赴川并又于次年(1884)二月返湘、五月入蜀。即使在初次返湘前不久，廖平与其师交往也并未减少：《日记》十一月初一记"廖生来见，久谈，遂至夕食"，十一月十三日记"廖生来夜谈"③，足见师徒情谊。

然而，到了光绪十年(1884)，二人关系出现了巨大的转变。光绪十年五月初二王闿运第二次入蜀，六月二十八日，张祥龄推荐廖平掌尊经书局，王闿运却坚决反对，《日记》对此表示廖平"嗜利倖愎，非其材也"④，这一评价与此前判若两人，若非交恶，何以至此？光绪十五年(1889)廖平撰成《春秋左氏古经说汉义补正》十二卷，内中主张"凡属事传，三传皆可从同，不惟昌明《左氏》，并有裨《公》《穀》"之说，并有潘祖荫、宋育仁作序。⑤ 王闿运在其《日记》(四月二十三日)中则记道："《左传》可笑处极多，亦荒唐文也，而二千年

① 《湘绮楼日记》第 829 页。
② 《湘绮楼日记》第 831 页。
③ 《湘绮楼日记》第 963、967 页。
④ 《湘绮楼日记》第 1349 页。
⑤ 《廖季平先生年谱长编》第 115 页。

尊之如经，则吴獬、廖平又不足道。”到光绪二十年（1894）王闿运《日记》中再提到廖平时，用语更厉：“张先生来讲书，余告以吾门有二登，廖登廷、张登寿。皆宋学，他日必为余累，然二登亦终无成也。”①至民国三年（1914），年已83岁的王闿运出任袁世凯政府国史馆馆长，是其仕途顶峰，但他却坚决要求“修史当悉用翰林”，并在其《日记》中表露用意，即：“余以修史当悉用翰林，方能截断众流，使廖经师、萧雷公无处安身也。”②廖经师无他，即廖平。何以早年与之同游共食、交谈至深且“笃志好学”的“廖生”竟一变如被“剔除师门”一般呢？窃以为，这与二者在公羊学上的部分主张相抵牾有关。

二、廖平《公羊何氏解诂十论》（1884）的“入室操戈”

王、廖二人在光绪十年六月二十八日前就可能产生了较激烈的冲突，否则王闿运不会如此严肃地反对廖平掌尊经书局并斥以“嗜利倖愎，非其材”之语。结合《日记》的“前言后语”，我们或能推知其中大概。廖平学生吴虞《爱智庐随笔》曾言其师：“在蜀未敢自信其说，出游后见俞荫甫、王霞举，以所怀疑质之，皆莫能解，胆乃益大，于湘潭之学不肯依傍。”③可知同俞荫甫（俞樾）和王霞举的两次交谈使廖平有了足够的信心去持说自据。而王事在先（光绪九年五月），俞事在后（光绪十五年七月），这说明廖平之“不肯依傍”存在着一个从萌芽到成形的过程。王闿运在光绪六年十一月二十五日归湘后，一直到光绪九年五月才再次入蜀。光绪六年，廖平自尊经书院肄业，专治《谷梁》，并于春赴京会试不中。光绪九年，廖平再赴京城应试，自谓途中“得素王二伯大义”④，“定《谷梁》为二伯，《公羊》为五伯”⑤。试后，廖平赴太原拜见张之洞，大言“倘使《谷梁》书成，不羡山西巡抚”⑥，张之洞以“风疾马良”相戒未果。后即

① 《湘绮楼日记》第1908页。
② 《湘绮楼日记》第3309页。
③ 《廖季平先生年谱长编》第124页。
④ 《廖季平先生年谱长编》第124页。
⑤ 舒大刚、杨世文主编：《廖平全集》第1册，上海：上海古籍出版社，2015年，第81页。
⑥ 《廖季平先生年谱长编》第67页。

与王霞举相见交谈，对其“纲目在心”之简要北学尤为赞赏，自此更加反对“览观既难于默识，临事更乱于辨说”的繁杂南学。[①] 而正是三年前（光绪六年），廖平就已厌弃小学训诂，专求大义了，此行可以说令其信心倍增。光绪九年冬天返回四川后，廖平同王闿运述及此事，《日记》（十二月初九）对此载有：

廖生自太原来，言近事，询香涛（案：张之洞）行政及笏山志趣，云不甚相合。笏山不肯为之下，云不迁即告退矣。异哉，请人保举，乃可鸣高耶。[②]

“请人保举，乃可鸣高耶”一语似已能见出其对廖平心傲之举的微词。实际上，廖平敢于自立一说并不为别人所动的治学锋芒贯穿着他的学术生涯，对此王闿运后来也接受并承认了这一现实，其在《与陈朗》一文中言廖平“外我以立名”即是。此外，我们于《日记》此则处似已能感受到王、廖二人之关系同光绪五年相比，已经有了微弱的起伏。而事实上，光绪六年王闿运返湘的前 4 天，其日记就显示了这种“起伏”，《日记》载：“院生诸聪颖者，其方寸殆难测，如张、廖、邓、戴是也。彼互相非，吾无以定，然则知人其果难，更无论化人。”[③]而此时廖平正“始厌弃破碎，专求大义”并专治《谷梁》。那么我们是否可以推测：在光绪六年王闿运离川前夕到光绪九年再入蜀期间，廖平已有极强的立说欲望[④]，并明显地要在经学上同老师王闿运保持距离。

另，在王闿运反对廖平掌尊经书局之前一月，《日记》还有一处表露出了王氏一种极反常的心态，《日记》（光绪十年五月九日）载：

诸生来谈甚久，无心接之，近倦诲矣。蜀士才而不中，所以养之者，尚未得其道，由不严也。敷教在宽，事师当严，今我宽彼不严，此庄姜所以赋“惠肯”者与？[⑤]

此距王闿运回蜀（五月初二）时隔才 7 天，其何故有此“事师”之叹呢？要知道，在上次返湘后不久即光绪六年十二月二十三日，王闿运还为尊经书院集

① 《廖季平先生年谱长编》第 68 页。
② 《湘绮楼日记》第 1284 页。
③ 《湘绮楼日记》第 968 页。
④ 这从廖平对其师张之洞“风疾马良”之劝诫不为所动即可见出。事实上后来廖平学术六变的经历也证明了其立说之志从未因他人意志而转移，确为“固执”。
⑤ 《湘绮楼日记》第 1284 页。

有一联云“考四海而为隽，纬群龙之所经”并谓“颇与此书院相称”①，更早时还称“蜀士驯秀虚心”“各欣欣有志”②，至此竟言“蜀士才而不中”。按理而言，学生事师偶有不妥本是常事，然王闿运于此却这般失望，若不是此前已有矛盾积累(光绪十年二月王闿运离川)，当不至于此。进而推之，答案极有可能是其历来器重之人与其生隙，那么是不是廖平呢？案上述光绪六年、九年、十年所引三则日记所显露的廖平治学立说之欲望来看，并非没有这种可能。光绪九年十二月王闿运获悉廖平太原之行之举颇为不满后，二人之关系似还维持着表面的平静，因为《日记》记载三天后廖平还正常拜谒，光绪九年十二月十二日：“廖生复来谈，留饭去。”③但既言“复来谈”，可见谈论已非初次，所谈内容不得而知，或是其“不羡山西巡抚”之“《谷梁》”？待《日记》再提到廖平的时候，情况便发生了重大的转变。时隔一个半月后即光绪十年一月二十三日，况氏为王闿运送来一婢女，其《日记》称：“神似井研廖生，年十五矣，高仅三尺，亟挥之去。”④言语何其鄙夷！于后，光绪十年二月十二日王闿运反湘至五月初二复回川⑤，五月初九即发生了上述“事师”之叹。种种线索连在一起，实不得不令人怀疑到廖平和廖平学说身上。继六月二十八日反对廖平掌尊经书局后，次年(光绪十一年)春三月，王闿运主编《尊经书院初集》成，却只录廖平《伯子男辞无所贬》一篇⑥，此与早年二人之交往情状真是天差地别。

因此，我们有理由推测，廖平在经学上的某些观点同王闿运的不合甚至是“反叛”或即为二人交恶的关键。王、廖二人俱以公羊家显名。光绪十五年(1889)，廖平受赐进士出身，李鸿章《复工部正堂潘》称：“井研廖平，《公羊》大师。”⑦《清史稿》载王闿运：“二十八而达《春秋》微言，张《公羊》，申何(休)学，遂通诸经。”⑧而钱基博《现代中国文学史》云：“廖平著有《公羊

---

① 《湘绮楼日记》第976页。
② 《湘绮楼日记》第755页。
③ 《湘绮楼日记》第1285页。
④ 《湘绮楼日记》第1303页。
⑤ 王代功：《清王湘绮闿运先生年谱》，台北：台北商务印书馆，1978年，第7-8页。
⑥ 《廖季平先生年谱长编》第83页。
⑦ 《廖季平先生年谱长编》第120页。
⑧ 《清史稿》，卷四百八十二，第43册，第13300页。

论》……与闿运《公羊笺》陈义多不侔。闿运赏之曰：‘睹君此作，吾愧弗如。’而平则哂闿运经学为半路出家。”照此情状，如何不令人联想二人交往之变迁有此缘故？

王闿运在进入尊经书院的前一年（1879），王闿运就已撰成《公羊春秋笺》初稿，主讲尊经后，更是“终日为诸生讲说，多发明《公羊春秋》之义例。”①廖平学术亦即是自此渐由汉学转向宋学的。丁禹孝《丁治棠年谱》即云：“王闿运来川主讲尊经。时院中英俊如廖平、杨锐，均遭折角，心常懔懔。”②因此我们可以说，在公羊学方面，王闿运导夫廖平之先路。而考廖氏著作，其于光绪十年（1884）秋成《谷梁春秋经传古义疏》，初冬成《起起谷梁废疾》，前书自光绪六年开始构思，“为素王改制之书”，后书续其余力而成，欲“条例何（休）、郑（玄）之说而加纠正”③。冬，又撰成《何氏公羊解诂十论》大言何休《春秋公羊传解诂》之误。其中，廖平《何氏公羊解诂十论》序言：“窃以《解诂》顿兵坚城，老师縻饷，攻城无术，用违其方，声瞽有忧，膏盲（案：疑‘肓’误）谁解。《谷梁》注疏，纂述初就，便欲改注《公羊》，独标玄解，用发覆藏。……倘若学思无进，则必依程图功，假或师友有闻，尚将改弦异计。”④王闿运本服膺“何（休）学”，其说奉“时日月”之例、“王鲁”及“三世”之说为圭臬，然而就此三者，廖平《何氏公羊解诂十论》中有《主素王不王鲁》《无月例论》《三世论》三节自立己说，显然是对王闿运以上《公羊》诠释准则的发难甚至根本否定，且廖文间含讥语，颇有“入室操戈”之嫌。《清史稿·王闿运传》言“闿运自负奇才，所如多不合”，他又如何能忍受蜀中一廖平呢？王氏的《日记》于光绪十三年六月二十二日载：“看《洪稺存集》，乃知廖季平《春秋十论》之意。”⑤案，该书作者为洪亮吉，清人舒位《乾嘉诗坛点将录》以梁山好汉点评诗人，其将洪亮吉比作“花和尚鲁智深”⑥。可知王闿运此前必然已读过廖平《何氏公羊解诂十

① 《湘绮楼日记》第751页。
② 《廖季平先生年谱长编》第48页。
③ 《廖季平先生年谱长编》第69页。
④ 《廖平全集》，第9册，第2138页。
⑤ 《湘绮楼日记》第1387页。
⑥ （清）舒位撰：《乾嘉诗坛点将录》（一卷），“步军先锋正头领二员”条，清宣统三年刻本。

论》，故见洪氏之书又回想起。而洪氏既有“花和尚”之名号代指，其间寓意不正谓廖平之作乃扰乱佛门之物？换言之，王闿运对廖氏此番作论当是先生气后不屑，故其《日记》有此一节。

至此，我们已经有了足够的理由考察王、廖二人交恶的公羊学术一面。下面分别介绍廖平《何氏公羊解诂十论》中的“主素王不王鲁论”“三世论”“无月例论”三节，作廖平“入室”所“操”之“戈”观。

（一）廖平对“王鲁说”的反对

《春秋》借鲁国历史以标示孔子外王之义，即“鲁愈微，而《春秋》之化愈广”“世愈乱，而《春秋》之文愈治”①之义，亦即董仲舒“言鲁以明王义”也。《史记·太史公自序》载：“孔子云：‘我欲载之空言，不如见之于行事之深切著明也。’”真可谓“《春秋》王鲁”的绝妙注脚。王闿运对“王鲁说”绝对是欣然接受并据以自张其说的，不然其何以主观编造“周鲁异正”“鲁用殷正”的证据证明“元年春王正月”之“王”乃“新王”而非“周王”呢？此即王氏“惧学者诚以为周王”之意。② 进而，王氏将“《春秋》当新王”之“新王”定为“鲁”（但只是托名），即“《春秋》无王……托王于鲁，鲁即王者，非鲁史也”③。换言之，王闿运的“王鲁说”把“鲁”作为《春秋》王义的传声筒，“王鲁”是其“诠释《春秋》义理的重心之一”④。

然而他的学生廖平则不这样认为，廖平特撰有《主素王不王鲁论》以明之，其言：

鲁为方伯，讥僭诸公，非作三军，则是《春秋》仍以侯礼责鲁也；讥不朝，非下聘，则是《春秋》仍君天王而臣鲁侯也。且《春秋》改制作，备四代，褒贬当时诸侯，皆孔子自主，鲁尤在褒贬中，其一切改制进退之事，初不主鲁，则

---

① （清）刘逢禄著：《春秋公羊经何氏释例》，郑任钊校点，北京：北京大学出版社，2012 年，第 3-4 页。

② （清）王闿运撰：《论语训·春秋公羊传笺》，黄巽斋校点，长沙：岳麓书社，2009 年《湖湘文库系列丛书》版，第 142 页。

③ 《论语训·春秋公羊传笺》第 154 页。

④ 刘少虎：《经学以自治——王闿运春秋学思想研究》，北京：华夏出版社，2007 年，第 278 页。

何为'王鲁'乎？若以为'王鲁'，则《春秋》有二王，不惟伤义，而且即传推寻，都无其义。此可据经传断其误矣。又《公羊》精微，俱见纬候，凡在枝节，莫不具陈，而'王鲁'全经大纲，纬书并无其语，而言'素王'与孔子主王法乘黑运者，不下三四十见，此可见本素王而不王鲁矣。[①]

廖平"主素王"当来自于光绪九年其赴京会试"舟车南北，冥心潜索，得素王二伯诸大义"的经历，此当另说。这里要说明的是，廖平认为《春秋》经传文字中，"《春秋》仍以侯礼责鲁""鲁尤在褒贬之中"已能说明"王鲁"("托王于鲁")的不实。并且廖平还指出，如果"王鲁"为《春秋》大纲，那么何以"纬书并无其语"而"素王"则"不下三四十见"？若坚持"王鲁"，那么置孔子于何地呢？我们姑且不论其依据的合理性何如，单就其"反王鲁"之意图言，作为崇信"王鲁说"的王闿运见其门下之"廖生"作此说，其感受已能想见。

"王鲁说"根本意图正是说明《春秋》借鲁事以明王义的性质，且其中"王义"无疑就是孔子所立，此本是正常之逻辑。主"素王"之意同样是为了宣明"孔子之术"，就目的而言，两说本殊途同归。正如皮锡瑞《春秋黜周王鲁解》所言："故《春秋》未尝称鲁为王，而据鲁史成文以推其义，则曰王鲁，犹之夫子未尝自称王，而据《春秋》立一王之法以推其义，则曰'素王'也。"[②]王、廖二人的矛盾在于，王闿运以为"王义"托名于"鲁"，但是廖平则坚持《春秋》本"素王"，因为"鲁尤在褒贬之中"，言下之意即"鲁"并无"当王"之资格。事实上，王闿运取"王鲁"志在张言其所处之乱世对"新王"的呼吁，此其纵横家术之流露；而廖平取"素王"显然还并无此现实政治之意图，如其言："'素王'本义，非谓孔子为王。素，空也；素王，空托此王义耳……设此法以待其人，不谓孔子自为王，谓设空王以制治法而已。"[③]但后进对前师之超越、倾覆欲图已不言而喻(此后廖平还将"王鲁"归为"《诗》说")，何况廖平行文间用语极激，如廖平言开篇即言"主'王鲁'者，多年积久，而悟其非"，标己说为"去伪以存

① 《廖平全集》，第9册，第2144页。
② 转引自蒋庆：《公羊学引论》，福州：福建教育出版社，2014年，第89页。
③ 《廖平全集》，第9册，第2144页。

真”之举[①]；其行文言“经实无‘王鲁’义，说经者因义难见，附会别义以见之”，并斥“王鲁”为“枝叶”、为“求深失凿”，而自诩其说乃“急正者”之角色。[②] 锋芒如此，试问其说其语置其师于何地？王氏见之，又当作何感想？

（二）廖平对《春秋》“月例”的修改

《春秋》的现实功用性自来为学人所重，其中要紧者又主要通过《春秋》之微言大义呈现，于是对于《春秋》“其辞”的重视自是逻辑使然。司马迁《史记·太史公自序》讲“《春秋》文成数万，其指数千，万物之散聚皆在《春秋》。”[③]可知《春秋》之“例”难以言尽，由此形成历代公羊学家的各种“例”之发明。王闿运就讲“《春秋》者，礼也；礼者，例也”。以“例”明“礼”，以“礼”知《春秋》，此便是王氏治《公羊》的诠释准则。而在王闿运的释例言说中，“时月日例”又尤为显著。陈其泰说王闿运所讲的“‘时、月、日’之类的义例，实则不合公羊家法”[④]，可见独异。

王闿运《春秋例表·序》直言：“于是有时月日之科，进退褒贬，生死存亡，专在三科治之。”[⑤]其在《春秋例表·凡例》（湖南图书馆藏光绪年间长沙本）中更是加以细致阐述，认为“《春秋》以时月日为三科，……无不有圣者之义”[⑥]，并对“时”“日”“月”作如下“详略”“蒙与不蒙”等规定：

《春秋》名为时月日三科，实则时不为科，时与年皆略例。月、日二例皆详例，当云月日略三科耳，月日唯系于当句，绝不相蒙。圣人惧后学者之不明也，为之示月不相蒙例。……示春王某月不相连例，……示月日不相蒙例，……示月与月不相蒙例，……示日与日不相蒙例，……示日、月各居其

---

① 《廖平全集》，第9册，第2143页。
② 《廖平全集》，第9册，第2145页。
③ （汉）司马迁：《史记》卷一百三十《太史公自序》，第10册，北京：中华书局，1963年，第3297页。
④ 陈其泰：《清代公羊学》，北京：东方出版社，1997年，第269-270页。
⑤ （清）王代丰撰，（清）廖昺文补，（清）廖震等编次《春秋例表》（三十八卷），《〈春秋〉研究文献辑刊》第8册，北京：国家图书馆出版社，2014年，第141页。
⑥ 转引自刘少虎：《经学以自治——王闿运春秋学思想研究》第225页。

所，不可推移之例。……例章章如此，而犹有望文生义者，无表以明之，故可循耳。①

在王闿运看来，《春秋》的“时”“日”“月”“年”的使用都包含着圣人之义，并通过“蒙”与“不蒙”的方式暗示这一“书法”，即“圣人惧后学者之不明也”之所指。在《春秋公羊传笺》行文中，王闿运对《春秋》经文的时间语词都予以超越前人的关注，其中目的，正是为了张言时月日例暗含圣人大义之主张，其书与不书、蒙与不蒙等等皆有所指，并不只是单纯的时间记录。“就《春秋》一书的性质而论，显然不同于孔子以前的官修旧史，而对于当世大人及其行事颇有褒贬讥刺，即具有‘一王之法’的性质。”②从这一角度来看，王闿运的主张及实践无可厚非。

然而对业师据以显名的主张，“廖生”却撰“无月例论”以“修正”之。王、廖二人在“时”“月”“日”的属性定位上出现了不同的意见。就详略而言，王闿运之观点如上所见即“时不为科，时与年皆略例。月、日二例皆详例”，而廖平则主张大事记详“故记其日”，小事从略“皆时例”，以“时”“日”为详略之两级，“凡月皆变例”“在时日之中”（二人的共同点）。在褒贬之变化上，二人也由此呈现不同的说法。王闿运《春秋例表·凡例》（湖南图书馆藏光绪年间长沙本）主张：

通例不日，详录则日。不当日者，谨讥则日，轻则月。当日者贬，略则时，轻则亦月。月者详略之中也。既先师相传云，有月例，今若言无月者，徒骇观听，但依表详略相比，月不得自为一科，此为表之意六也。③

廖平则认为其中正变应如此观，即：

大事日，小事时，一定之例也，亦记事之体应如是也。之于轻事而重之，则变时而月、日焉。重事而轻之，则变日而月、时焉。事以大小为经，例以日时为正，一望而知者也，而月在时日之中为消息焉。凡月皆变例。……因其事

① 转引自刘少虎：《经学以自治——王闿运春秋学思想研究》第 226 页。
② 曾亦：《〈春秋〉“素王”考论》，《同济大学学报（社会科学版）》2019 年第 4 期。
③ 转引自刘少虎：《经学以自治——王闿运春秋学思想研究》第 227 页。

之小，知其日月之为变。……因其事之大，知其月时之为变。”①

可见，二人都赞同“时”“日”“月”的不同“书法”所暗含的褒贬轻重指归，且都赞同“月为详略之中”的定位。但是，二者之差异又是极为明显的。王闿运认为“言无月者，徒骇观听”，将“月”视作详例，认同其存在，但又觉得其无法“自为一科”；相比于此，廖平将“月”改为“变例”，认为《春秋》“无以月为正例之文”②，与其师针锋相对。另外，王闿运将“月”作“详例”，凸显其单独一类的独立属性；而廖平则是将其作为揭示“时”“日”变化的第三方工具，凸显的是其附属功能属性。

应该说廖平对王氏主张进行了逻辑上的发挥，但或是立说激切(《何氏公羊解诂十论》的撰述紧随其那“不羡山西巡抚”的《谷梁》之后)的缘故，其志趣、言语显得极为自负。如廖平认为何休以“时日月”俱作“正例”导致了经传的“正变不明，端委蒙混”，简直是一种“巨谬”；又言“何君之说，老师不能尽通，今兹之表，一览可得其要，以孔子当日本如是也，而后人纷纷议此例者，可以息喙矣。”③所谓“老师不能尽通”无疑将“申何学”的王闿运也置于“老师宿儒”的行伍里了，而其“以孔子当日本如是”则无疑在说其所发明探照者正是令人“息喙”的盖棺之论。理论上的如此修改、言语上的如此狂妄，王闿运如何忍得?

（三）廖平对“三世”说的颠覆

《春秋公羊传》在隐公元年、桓公二年、哀公十四年先后三次提及“所见异辞、所闻异辞、所传闻异辞”。其原义本是指孔子因时代远近、史料详略而实行了不同的书写策略，即《春秋》的不同“书法”。至董仲舒据此将《春秋》划分为了“所见世”“所闻世”“所传闻世”，以切分鲁国二百四十二年的历史。到东汉末何休这里，他进一步从“书法”推衍出“治法”，将“所传闻世”“所闻世”“所见世”与“衰乱”“升平”“太平”三世相对应并作“进化”观，认为随着时间的

---

① 《廖平全集》，第9册，第2146页。

② 《廖平全集》，第9册，第2145页。

③ 《廖平全集》，第9册，第2146页。

推移，“王化”会向周边地区不断扩散直至“天下远近大小若一”①。公羊的“三世”说同样作为王闿运诠释《春秋》的又一准则，且其在何休未以“三世”言处言之。如桓公六年“秋八月壬午，大阅”处，何休并未以“三世”解，而王闿运则进行联系，言“世故必见三罕”之语。② 另，光绪六年王闿运主持尊经书院时就曾“手书《春秋》经，分为三卷，以张三世也。”③很显然，“不论情况如何，‘三世’说肯定成了王闿运笺释《春秋》的义理重心。”④故在隐公元年、五年、八年夏六月、庄公二年、僖公三年秋等处均不乏有关言说。

但是在廖平这里，他竟“试图全面颠覆汉代以来的‘三世’旧说”⑤，这其中当然也包括业师王闿运之主张在内。廖平《何氏公羊解诂十论》认为“三世为要例，《解诂》所言，多不得其意。支离游衍，使人迷炫，此其失也。”⑥

首先，关于“异辞”，廖平认为与所谓“恩义”无关，相反，是历史事实的变迁带来了形势的更迭，进而产生了不同的“书法”而已，而这些不同的“书法”，当然会表露出不同的治法。故其言：

《春秋》世变迭更，书法由之而异。……初治天下，再治诸侯，继治大夫，终治陪臣，盖无卅年不变之文。《传》以三例总之，所谓“传闻”“闻”“见”是也。自襄至哀，文辞数变，所谓异辞者；所见与见自异，非所传闻、所闻异也。以推闻与传闻，义亦如此。⑦

其次，“三世”只是用以标示“世变”，而历史之变迁纷繁复杂，怎么可能以“三”数就能涵括呢？即“细变无虑数十，大异约分为九，所见三异，所闻三异，所传闻三异。非谓二百四十年中文仅三异如《解诂》所云也。”⑧

再次，用孔子三世切分鲁国十二世，明显与实际情况相悖。其言：

哀十四年《传》：“祖之所逮闻。”祖谓隐、桓在逮闻之世，再远则难征，不

① （汉）何休：《春秋公羊何氏解诂》，转引自《论语训·春秋公羊传笺》第 149 页。
② 《论语训·春秋公羊传笺》第 188 页。
③ 王代功：《清王湘绮闿运先生年谱》，台北：台北商务印书馆，1978 年，第 101 页。
④ 刘少虎：《经学以自治——王闿运春秋学思想研究》，第 285 页。
⑤ 李长春：《清儒的“三世”说与廖平的“制度”论》，《中山大学学报》(社会科学版)2016 年第 5 期。
⑥ 《廖平全集》，第 9 册，第 2150 页。
⑦ 《廖平全集》，第 9 册，第 2150 页。
⑧ 《廖平全集》，第 9 册，第 2150 页。

谓孔子之祖能逮闻隐、桓也。祖逮闻此世，于何取义？岂谓祖闻而转向孔子述之耶？孔子少孤，不闻父教，何论祖训？此可见其迂曲矣。①

用孔氏四代对应十二鲁君，显然造成了历史时间轴的紊乱，二者既不不能匹配，那么所谓“恩义深浅”从何谈起？汉儒对“三世”之“书法”的解读又如何令人信服？

廖平进而提出了自己对“三世”的规定。第一，“三世异辞”根本是“因乎时变，象乎人事，不如《解诂》唯以高、曾、祖、父恩义深浅为说也。”因而“三世”之“三”并非定数，而是历史变迁之提示。即“三世之精意，不外‘远近’二字”之谓。第二，用孔氏四代根本不能完美匹配鲁十二君，所以何休等人对“书法”之解读根据已失，“《春秋》当就孔子一人说之，不必牵引其先代高、曾，作干证也。”②

总之，据廖平《何氏公羊解诂十论・三世论》所见，廖平认为“《解诂》所言，多不得其意”“何君失解”，故其欲“尽削《解诂》之言‘三世’者，而别自起例以说之”③。指误如此、言论如此，从王闿运的角度来看，若此非“入室操戈”则何当为？

三、结语

王闿运与廖平相识于尊经书院，然在光绪十年前后二人交恶。考《湘绮楼日记》与《廖季平先生年谱》及相关著述言论，私以为光绪六年至九年，廖平学术立说欲望的增强及学术志趣与其师距离的保持是二人关系转变的关键；案上述《日记》线索梳理，廖氏《何氏公羊解诂十论》又当为其中关键。作为晚清湖湘经学大师，作为在四川尊经书院终日讲学“发明《春秋公羊》义例”的公羊大师，作为引领廖平学术宗尚发生第二次转变的关键人物，王闿运却面临着“廖生”某种意义上的“反戈”。作为《春秋公羊传笺》的诠释准则，“王鲁说”被廖

① 《廖平全集》，第9册，第2150–2151页。
② 《廖平全集》，第9册，第2151页。
③ 《廖平全集》，第9册，第2151页。

平斥为不实并更为“素王”，“时日月”例被廖平修改且张言要令学界息喙，“三世”旧说被廖平大肆挖苦最终被一扫而空（廖平“非常佩服进化论”[①]，后来“三世”说甚至被其高度提炼为言说世界发展之抽象原理），凡此三者，于王闿运而言可谓“入室操戈”“摘胆剜心”，王氏之心态，可想而知。于是，对于年已 83 岁的王闿运竟张言要“使廖经师、萧雷公无处安身”，看来也并不奇怪了。

（作者：陈香，湘潭大学文学与新闻学院硕士研究生，研究方向：清代、近代诗学）

The reason for the rupture of the relationship between Wang Kaiyun and Liao Ping

Chen Xiang

Abstract: Between 1878 and 1886, Wang Kaiyun presided over the Zunjing Academy in Sichuan, who maintained a good Master and Apprentice relationship with his student Liao Ping before 1884. Around 1884, however, their relationship declined dramatically, for reasons that are still unknown. Wang's works "*The commentary of Kungyang chuan*" has three main interpretive criteria, "*Wang Lu* Theory", "*San Shi* Theory", and "*Shi Ri Yue* Criterion". However, by examining Wang's *Xiangqilou Diary* and Liao's works "The Ten Commentaries *of Kungyang chuan* of the He Xiu" that was written at the end of 1884, it seems reasonable to assume that Liao was conceited in overturning his teacher's theory, which should be the key to the breakdown of the relationship between the two.

Key words: Liao Ping; Wang Kaiyun; Rupture; *Kungyang* Scholar

① 杨世文：《廖平与西学》，《地方文化研究辑刊》第六辑，2013 年。

《浣纱记》命名原因及其经典化建构

徐　悦

摘　要：《浣纱记》作为明代经典戏曲之一，出现了一剧多名的命名现象。通过探讨梁辰鱼改名“浣纱”之后蕴含的女性色彩，进一步追索作者本位下诗词观念对其戏曲改名潜移默化的内在浸染。当情感思潮与商业操作两种时代风貌在同一作家身上产生矛盾困局时，剧作家对于戏曲名称如何权衡与抉择，最终叩问戏曲改名对于剧本经典化与流传度的改变及影响。

关键词： 梁辰鱼；《浣纱记》；改名原因；经典化

引　言

明代戏曲命名摆脱了传统戏曲以主题思想或故事情节命名的笼统套式，形成了以“记”或物件命名的新颖特点。明代戏曲在命名体例上几乎都颇具女性色彩，如“浣纱”“琵琶”“鸣凤”等。受晚明“主情”思潮影响，“十部传奇九相思”，戏曲主题多为追求爱情婚恋自由，因此多以女性抒情物象命名亦无可厚非。但值得注意的是明代有些戏曲思想内容与爱情主题关联不大，甚至有些是时事剧或宣扬封建伦理道德，其命名依然具有女性色彩。近年来，关于戏曲命名的研究愈来愈引起学界的关注，主要针对明代戏曲命名的独特现象，深入厘正这些命名特点与方式在戏曲传播方面所产生的经济效应。[①] 而大部分学者聚

① 廖华：《明代戏曲命名初探》，《戏剧文学》2011 年第 8 期；李奎，吴美玲：《明代戏曲命名再探》，《文学研究》2020 年第 1 期；吴美玲：《明代戏曲命名研究》，山西师范大学硕士学位论文，2020 年；张瑞珈：《明改本戏文命名研究》，杭州师范大学硕士学位论文，2020 年。

焦于明代以来戏曲以“记”命名的典型特色，① 并且对其命名背后的微观因素也进行了进一步探索，如市民文化、商业出版文化、体制源流、读者审美等要素。② 而戏曲一剧多名的现象及其背后因素也引起了学界广泛的注意，如政治时局下不得已的巧立名目，亦有因作者名号讹误不清或者传抄过程中的文人润色、讹误异写。③ 这一系列的研究成果主要局限于对命名问题做共性研究，且明显地呈现出较为集中的堆垛式倾向。

对于戏曲命名共性问题的把握有助于我们在研究此类问题时产生总体性、规律化的觉知，但是针对其有机整体中的潜流意识的挖掘，即对同一作家、同一剧本改名原因的个案分析，则将更好地开拓我们了解《浣纱记》这类经典化戏曲现实价值的参照资源。本文强调“与立说之古人处于同一境界”，试图通过回归历史语境访求梁辰鱼将剧本《吴越春秋》改名为《浣纱记》的思想缘由，结合梁辰鱼本人的交游情况和诗词修养，追索改名背后更精微复杂且尚未被发掘的现实因素。进而深度解析当时戏曲名称所体现的女性意象如何对作家个人戏曲命名进行倒灌，以一种立体交叉、综合融通的视角深入揭示《浣纱记》改名沾溉其剧本经典化及流传度的意义和价值。

一、女性符号在戏曲命名中的镜像反映

明代传奇的命名多呈现女性色彩，即使剧本不是以歌颂女性或赞美爱情为主题，但是依然以女性符号命名。据吴梅统计传奇佳者四十三种，其中命名蕴含女性特色的传奇有：《琵琶》《幽闺》《荆钗》《香囊》《鸣凤》《浣纱》《绣襦》《紫

① 徐燕琳：《文体学视野下明传奇的“记”——兼论中国古代戏曲制题的发展》，《戏曲艺术》2014年第3期；李文胜：《论戏曲之“记”的文体特性与文化内涵》，《戏曲研究》2018年第1期。

② 廖华：《明代坊刻戏曲考述》，《山西师范大学学报》2014年第2期；王辉：《明代中后期福建建阳刊杂志型戏曲选本研究》，浙江师范大学硕士学位论文，2012年；林柳：《明代中期建阳书坊刻本研究》，南京艺术学院硕士学位论文，2017年；王海刚：《明代书业广告研究》，武汉大学博士学位论文，2009年；赵林平：《晚明坊刻戏曲研究》，扬州大学博士学位论文，2014年。

③ 傅瑾：《戏剧学科回望与前瞻》，《民族艺术研究》2017年第1期；李东东：《清代花部禁戏与一剧多名关系探论》，《戏剧艺术》2017年第3期；黄义枢：《清代戏曲考证三题》，《兰台世界》2012年第15期；张谦：《傅山和他的杂剧〈红罗镜〉》，《晋阳学刊》1984年第3期。

钗》《明珠》《怀香》《红梅》《红拂》《双珠》《红梨》《玉簪》《绿牡丹》等,[①] 几乎占据了传奇佳品中的一半数量。但是值得注意的是有些剧本主题内容偏于历史时事忠奸题材，还以女性符号为名值得深入探讨，而这样的命名方式对梁辰鱼后期改剧本《吴越春秋》为《浣纱记》有哪些具体影响?

明代戏曲的风情剧作品占据了明代剧坛的半壁江山，因而也间接影响了明代传奇作家对于自己戏曲命名的拟定。明中叶以后，诸多戏曲家常以“情”作为冲击“理”的突破口，“主情说”应运而生，其核心人物汤显祖以“临川四梦”诠释了“情”的含义。根据陈继儒《王季重批点牡丹亭题词》中汤显祖的老师张位曾对其说:“以君之辨才，握麈而等皋比，何渠出濂、洛、关、闽下?而逗漏于碧萧红牙队间，将无为青青子衿所笑?”临川曰:“某与吾师终日共讲学，而人不解也。师讲性，某讲情。”[②]可见汤显祖把情欲当成理性的对立面，虽都出于人之自然天性，然却分属两端。后来吴炳也提出“情邮”说，认为“情”可以超越一切险阻，“情”到深处，飞鸟沉鱼亦可为传递工具。[③] 言情似成为了明代剧场的主色调，戏曲亦成为了“情欲”揄扬的舞台。女性这一主体作为情欲的象征自然而然就获得了戏曲家们的青睐。

《浣纱记》中“浣纱”一词是西施沉鱼美誉的代表性行为，然而在此剧中战争、忠君内容明显多于范西爱情，然而还以“浣纱”为名，似乎题不对文。并且最初西施并非为浣纱之女，所以“浣纱”行为又如何在历史演进过程中与爱情画上等号?西施最初的身份为“苎萝山鬻薪之女”,[④] 而后出于审美的考虑，干柴与美人实不相称，浣纱则不然，绿水朱颜，相得益彰。后有学者从民俗学角度出发，证明“浣纱”与祓禊之俗有很深的渊源，而祓禊之俗与男欢女爱又有千丝万缕的关系。[⑤] 进一步证明“浣纱”与女性的紧密联结。其实对于以“范

---

① 吴梅:《吴梅戏曲论文集》，北京：中国戏曲出版社，1983 年，第 150 页。

② 吴毓华:《中国古代戏曲序跋集》，北京：中国戏剧出版社，1990 年，第 158 页。

③ 吴春彦:《才子情思与吴炳、万树的传奇创作——兼论二者之戏曲传承与新变》，《戏曲艺术》，2014 年第 1 期。

④ 赵晔撰，崔冶译注:《吴越春秋》，北京：中华书局，2019 年，第 285 页。

⑤ 刘航:《西子的经典形象与祓禊之俗及魏晋隋唐的女性观》，《唐代文学研究(第十四辑)——中国唐代文学学会第十五届年会暨唐代文学国际学术研讨会》，广西：广西师范大学出版社，2010 年，第 13 页。

西爱情和吴越战争”为母题的故事演变轨迹已有学者做了较为系统完备的梳理阐释，① 由先秦两汉对于西施政治功用的发掘到魏晋隋唐对美貌背后娱乐色彩的打磨，再到明清时期对这一母题背后抒情领域的进一步探索。总体而言，“范西爱情和吴越战争”的各类文本的流变呈现出与“水”意象渐趋结合的倾向。而“水”则是呈现女性美感与温柔的最好载体，继而把西施与“浣纱”这一女性行为紧密结合。就文本命名而言，自唐以降越来越多的诗人创作有关西施和吴越故事的诗歌：

鱼玄机《浣纱庙》：“吴越相谋计策多，浣纱神女已相和。一双笑靥才回面，十万精兵尽倒戈。范蠡功成身隐遁，伍胥谏死国消磨。只今诸暨长江畔，空有青山号苎萝。”②

崔道融《西施滩》：“宰嚭亡吴国，西施陷恶名。浣纱春水急，似有不平声。”③

楼颖《西施石》：“西施昔日浣纱津，石上青苔思杀人。一去姑苏无复返，岸旁桃李为谁春？”④

可见“浣纱”与西施形象的联系愈来愈契合。但是就梁辰鱼的《浣纱记》剧本而言，按一个人物参与演唱的总出场次数计：范蠡占十九出排第一，越王十五出排第二，夫差十四出排第三，伯嚭十三出伍员十一出分列第四、第五，西施只有十出排在最末。⑤ 所以在《浣纱记》剧本里面西施这一人物甚至算不上是主要角色，但是梁辰鱼却依然以西施的标志性行为“浣纱”为名。其实就剧本内容而言，“吴越春秋”似乎更加契合剧本主旨。“吴越春秋”背后蕴含的是对于家国大义、忠臣孝子的封建伦理道德的遵守，而“浣纱”则偏重于对情爱的宣扬。正如郭英德描述明传奇是：“树立起一大批圣君、忠臣、清官、孝子、

---

① 李茜茜：《范蠡与西施爱情模式的古今演变》，《浙江师范大学学报》2012年第5期。
② （清）彭定求等编：《全唐诗·卷八百四·鱼玄机·浣纱庙》，北京：中华书局，1960年，第9048页。
③ （清）彭定求等编：《全唐诗·卷八百四·崔道融·西施滩》，北京：中华书局，1960年，第8203页。
④ （清）彭定求等编：《全唐诗·卷八百四·楼颖·西施石》，北京：中华书局，1960年，第2128页。
⑤ 黎国韬，龙赛州：《〈浣纱记〉艺术再探》，《广东教育学院学报》2010年第1期。

贞女、节妇……处处可见欲望和伦理的搏斗、情感与道德的碰撞”。[①] 所以从梁辰鱼对于剧本改名的动态化过程来看，命名由于一开始的家国战争到后来偏女性化的主情格调，其实体现的是明代传奇作家对于戏曲是守礼还是共情的矛盾性抉择，反映了戏曲内部复杂的风化思潮与主情思潮的起伏变化。

戏曲观念发展到《浣纱记》时期早已由上述所言的“情理对立”变成了“以理镇情”“以情格理”“以情反理”“以情释理”“以情制欲”等多样阐释方式。明代传奇“主情”思潮已成为风尚，梁辰鱼为何还以“吴越春秋”这一偏重历史色彩的方式命名，显然有些不合时宜。然而虽然“主情”已然成为剧坛主要的时代风貌，但是戏曲重视道德纲常伦理的实质并没有改变。这在梁辰鱼这一类“名公”剧作家身上可以得到完美诠释。就剧本《浣纱记》中西施形象而言，其中不乏情欲描写和范西爱情的肯定赞赏：

第二出《游春》：【玉胞肚】行春到此。趁东风花枝柳枝。忽然间遇着娇娃。问名儿唤作西施。感卿赠我一缣丝。欲报惭无明月珠。

【前腔】何方国士。貌堂堂风流俊姿。谢伊家不弃寒微。却教人惹下相思。劝君不必赠明珠。犹喜相逢未嫁时。[②]

第三十四出《思忆》：【净】不要说大王爷见了娘娘欢喜。就是我前日娘娘要我做嘴。我勉强与他做得一做。满口儿都是香甜的。【末】说谎。难道娘娘要你做嘴。【净】你不晓得。福建前日进一种海味。唤做西施舌。被我偷些尝尝。妙不可言。这就是与娘娘做嘴一般了。【末】好话。【丑】娘娘前日乳痒。也央我搔乳。我便吮他吮。不觉满身都麻瘼了。【末】又说谎。难道娘娘要你搔乳。【丑】不瞒你说。前日吴淞江进上河豚白来。唤做西施乳。大王爷吃剩了。也被我尝得一尝。妙不可言。这便是吃娘娘的乳一般了。【末】一发好淡话。若依二位这等说。我也曾枕娘娘的臂哩。【净丑】却怎么。【末】前日金坛进上莲花藕。白又白。嫩又嫩。唤做西施臂。常时伏侍大王爷在水殿上。到夜间困倦打盹。就把他来做个枕头。这就是枕娘娘的臂一般了。[③]

---

① 郭英德：《明清文人传奇研究》，北京：北京师范大学出版社，1992 年，第 42 页。

② （明）梁辰鱼著：《浣纱记》，北京：中华书局，1956 年，第 4 页。

③ （明）梁辰鱼著：《浣纱记》，北京：中华书局，1956 年，第 102 页。

而对西施形象的塑造除情爱俗欲之外，梁辰鱼还将这一人物置于“忠于爱情”还是“忠于国家”的两难境地之中，正如其在剧名“吴越春秋”和“浣纱”之间的矛盾抉择：

第二十三出《迎施》：【旦】贱妾不过是田姑村妇。裙布荆钗。岂宜到楚馆秦楼。珠歌翠舞。况当时既将身许。三年遂患心疼。尊官为国。伏望别访他求。贱妾为身。恐难移彼易此。【三换头】孤身只影。未识侯门行径。况天南地北。路途谁惯经。我未往先战惊。这其间只是我不合来溪边独行。羞杀人儿也。浣纱谁问聘。敬谢君家。恐这样姻亲空作成。①

第二十七出《别施》：【莺啼序】君王恩义欲报酬。怎辞途路奔走。但孤身愚昧纤柔。未能机巧参透。强支吾去闲中着忙。待勉力到机边寻觳。花共酒。我怕不得笑传人口。②

作家戏曲观念与剧中人物意识的相互渗透是在不知不觉中发生的，所以虽然“君王恩义欲报酬”，然而“浣纱谁聘已许身”。但《浣纱记》毕竟是一部历史战争题材作品，因此西施最后的结局亦只能是“载去西施岂无意，恐留倾城更迷君”，所谓爱情最后只能是服务于范蠡的忠君思想。但是梁辰鱼生性风流，常与诸多名士出入青楼酒肆。梁辰鱼曾与戏曲家曹大章在南京组织莲台仙会，品藻诸妓：

金坛曹公家居多逸豫，姿情美艳。隆庆庚午，结客秦淮，有莲台之会。同游者毗陵吴伯高（嶔）、玉峰梁伯龙（辰鱼）辈，俱擅才调。品藻诸妓，一时之盛，嗣后绝响。诗云：‘维士与女，伊其相谑。’非唯佳人不再得，名士风流亦仅见之③。

且其散曲中论题材内容，数量最多的就是他的赠妓之作，这样的名士风流对于情爱的肯定与宣泄不言而明。因此“浣纱”为名又岂知不是对于西施最后美好爱情愿望破灭的心理弥补？而实际上背后反映的是明代上层文人戏曲观念从至情弃理到以情成理的一次转折性变革。当然从戏曲命名本身而言离不开当时戏曲命名女性化大趋势的浸染，但是《浣纱记》是基于同一剧本同一作家的

① （明）梁辰鱼著：《浣纱记》，北京：中华书局，1956 年，第 66 页。
② （明）梁辰鱼著：《浣纱记》，北京：中华书局，1956 年，第 80 页。
③ （明）潘之恒：《亘史》，《潘之恒曲话》，北京：中国戏剧出版社，1988 年，第 6 页。

多名现象，所以他的剧名改动在一定程度上必然受到作家戏曲观念的影响。既然涉及戏曲观念的转变，除了剧坛大环境下的无形沾溉以外，戏曲剧作家自身的命名习惯和创作动机亦是不可忽视的个性考量因素。

二、诗、词、曲三者的交互影响

“浣纱”作为美好爱情的象征和纪念，实则与梁辰鱼的创作动机有密切关系。梁辰鱼身为吴地之人，但却以吴败越霸的历史题材为《浣纱记》的创作背景，因此在其剧本成形之初，就有友人指摘道：“君所编吴为越灭，得无自折便宜乎？”①首先我们不能单纯地为吴败越胜的表层结构所迷惑，要站在历史语境下看梁辰鱼如何表述自己的创作意图，才能窥探《浣纱记》传奇本身的深层意蕴。作者创作《浣纱记》的现实环境是：

《又·荆州江上别归舟作》：“孤身犹寄，对归舟不胜惨凄，看片帆高挂西风，恨不随大江东去。故园烽火近何如？为报家人数寄书。”②

《驻马听·登黄鹤楼有怀故国》：“独倚危楼，极目乡关不断愁。试问天边驿使，云里征鸿，江上归舟：我故园原住在石桥头，来时可带得家书否？询问缘由，谁知兵戈阻绝还依旧。”③

当时江浙一带正处战火连绵，作者一方面见家乡遭难，情难自禁，感慨良多。另一方面又欲求圣人贤君匡扶天下，不论他的散曲还是诗集都有吊古人思英雄之作。其《鹿城诗集》就有《发虎山桥南陟铜井入梅林沿湖邓尉禅院》：“怀古慨子皮，扁舟每游泳。始知独往士，不与尘世竞。悠悠林岩中，可以谢姓名。”梁辰鱼每每纪游太湖几乎都会提及范蠡、伍子胥、屈原等忠臣名将，通过诗曲百般缅怀追思。而于嘉靖三十九年又发生了“王忬事件”，虽有吴中士人多加追挽，但大多数人唯恐避之不及。因此梁辰鱼时常借诗曲凭吊古人，实则隐晦抒怀。《浣纱记》很有可能是与追挽王忬诗文这一具体的“事件文本网

---

① （明）冯梦龙编著：《古今谈概·机警部第二十三》，北京：中华书局，2018年，第7页。

② （明）梁辰鱼撰，吴书阴编集校点：《梁辰鱼集》，上海：上海古籍出版社，1998年，第377页。

③ （明）梁辰鱼撰，吴书阴编集校点：《梁辰鱼集》，上海：上海古籍出版社，1998年，第352页。

络”产生对话，进而形成切实可见的时代思想线索，也可沿着以伍员意象为代表的“吴越记忆”的历史传统，与“历史文本网络”展开对话。[①] 既然感叹故园烽火，凭吊抒怀，为何选择上述所提到的带有地域敏感性的《吴越春秋》？而不是关于屈原或其他忠君之士的戏曲故事建构。

而吴越故事的选择和再创造以及后来又以“浣纱”为名，实际上是基于历史人物有限理性下的对于“情”的执着和留恋。这些通过梁辰鱼自己的表述可清楚获知：

第一出《家门》：【红林擒近】佳客难重遇，胜游不再逢。夜月映台馆，春风叩帘栊。何暇谈名说利，漫自倚翠偎红。请看换羽移宫，兴废酒杯中。骥足悲伏枥，鸿翼困樊笼。试寻往古，伤心全寄词锋。问何人作此？平生慷慨，负薪吴市梁伯龙。[②]

第四十五出《泛湖》：“尽道梁郎识见无，大明今日归一统。反编勾践破姑苏，安问当年越与吴。”[③]

梁辰鱼此生虽自诩风流人物，然而却也豪情满怀，内心中时刻充斥为国献躯的决心。在《念娇奴·拟出塞序》中曾豪言：“假以樊侯十万之师，佐以李卿五千之众，则横行鸡塞，当双饮左右贤王之头；而直上狼居，必两击南北单于之颈。”[④]他也想要束装从戎，入浙江总督胡宗宪的幕府，但却一生不得志，以致晚年放荡不羁，落魄无依。正如王伯稠赠诗所说：“斗酒清夜歌，白头拥吴姬。家无儋石储，出多年少随。”[⑤]因此《浣纱记》剧本表面看是梁辰鱼感叹家国战乱，借吴越之事探讨忠臣救国，施展政治才能的奥秘，实则历史流转、兴废世事如云不定才是它的深层意蕴。其实根本无谓吴越，梁辰鱼在剧本亦没有把越王塑造成一位明君形象，第三十一出《定计》中将蒸熟的谷种给吴国百姓，

① 赵鹏程：《诗曲互见与〈浣纱记〉的文本网络——从国图藏〈鹿城诗集〉之整理异文谈起》，《文献》2023 年第 4 期。

② （明）梁辰鱼著：《浣纱记》，北京：中华书局，1956 年，第 1 页。

③ （明）梁辰鱼著：《浣纱记》，北京：中华书局，1956 年，第 135 页。

④ （明）梁辰鱼撰，吴书阴编集校点：《梁辰鱼集》，上海：上海古籍出版社，1998 年，第 372 页。

⑤ （清）钱谦益撰集，许逸民、林淑敏点校：《列朝诗集·列朝诗集丁集第八·梁太学辰鱼》，北京：中华书局，2007 年，第 4805 页。

致使人民饥寒遍野，第三十五出吴国太子被擒，亦欲使其住石室养马，可见无贤君之德，上述种种皆暗示了越国也难逃最终被灭国的命运。尤其是最后第四十四出《治定》中范蠡所言："吾闻高鸟尽，良弓藏，狡兔死，走狗烹。主公为人，长颈鸟啄，视狼步，可与共患难，不可与共安乐。老夫即图远去，大夫亦宜早行。不可使有后悔。"①可见梁辰鱼并不着眼于吴越兴亡故事本身，而是聚焦于历史进程中家国流转难逃宿命的感慨。不同于明初对戏曲教化功能的重视，此期曲作家在创作中表露出较为明显的"热肠骂世，冷板敲人"的主体情感态度。因此结合梁辰鱼本人的风流个性而言，注定了《浣纱记》不可能是一部纯粹的历史剧题材作品，"情"必定是贯穿其中的不可或缺的主要因素，以"浣纱"为名便是最有力的证据。

其实梁辰鱼对蕴含闺阁女性意蕴的物象的喜爱也不仅见于戏曲创作中，散曲和诗文中亦多赋予这些物象多重思想内涵。如其《白练序・咏帘栊》和《梁州序・咏蛱蝶》，尤其是"帘栊"，不论是描写闺阁女性还是纪游悼亡，都有"帘栊"的痕迹：

《香遍满・寄王桂父》："画楼频倚想双蛾悄，对帘栊凄楚无聊。"②

《画眉序・秋日登潄水驿楼感旧作》："华堂屡经历，咫尺帘栊限南北。"③

《山坡羊・代谢少蕴寄江陵游客》："乱纷纷帘栊风絮，慢腾腾纱窗香炷。"④

《瓦盆儿・己巳立秋夜雨悼亡姬胥云房作》："帘栊深处，常独伴那多娇，今只剩影潇潇。"⑤

而诗词创作习惯必然会影响到戏曲的思维风格，并且梁辰鱼与王世贞、李攀龙等后七子成员又有较为广泛的交游渊源，因此要探究梁辰鱼的诗词观念对其戏曲创作的渊源，进而厘清其对戏曲命名的浸染，就必须追索其诗学思想的源头。

梁辰鱼诗学观念布武后七子，浸淫复古之风，学习汉唐，从而潜移默化地影响了其戏曲创作及命名。王世贞是梁辰鱼的表叔，梁辰鱼因而也与后七子成

① （明）梁辰鱼著：《浣纱记》，北京：中华书局，1956 年，第 129 页。
② （明）梁辰鱼撰，吴书阴编集校点：《梁辰鱼集》，上海：上海古籍出版社，1998 年，第 362 页。
③ （明）梁辰鱼撰，吴书阴编集校点：《梁辰鱼集》，上海：上海古籍出版社，1998 年，第 363 页。
④ （明）梁辰鱼撰，吴书阴编集校点：《梁辰鱼集》，上海：上海古籍出版社，1998 年，第 370 页。
⑤ （明）梁辰鱼撰，吴书阴编集校点：《梁辰鱼集》，上海：上海古籍出版社，1998 年，第 395 页。

员多有诗歌唱和。“招徕四方奇杰之彦，嘉靖间七子都与之”,[①] 梁辰鱼与王世贞交游甚深，因此文艺思想也同复古派相接近，无论诗曲都有明显的拟古倾向。梁辰鱼的“白苎体”多以唐诗入曲，即以诗为曲，主要体现为移用成句入曲、结合唐诗题目编制新曲以及融合多篇同类题材的唐诗以成新曲。[②] 这自然也间接影响了梁辰鱼的戏曲创作，上述提到自唐以来“浣纱”与西施形象的联系愈来愈紧密。而唐代不乏以吴越春秋或范西爱情为主旨的诗歌创作，并且笔者梳理了以上述两个母题故事为主要内容的文学作品，唐代鱼玄机是较早以“浣纱”为题创作吴越春秋及范西爱情的作者，所以不排除无形当中对梁辰鱼戏曲的命名产生了或多或少的陶染。

三、《浣纱记》改名后的经典化命运重塑

《浣纱记》改名除了梁辰鱼个人对于女性色彩词的偏重以及其诗词观念对曲体文学的浸染以外，客观上明代戏曲商品化的繁盛和多元的文人治生情况亦对其产生了影响。梁辰鱼平生喜爱游历，俞允文在《题梁伯龙游越中诗后序》中说：“伯龙真能游矣”,[③] 其“三十岁以后，伯龙几乎有一半时间不在家乡昆山，曾经南到永嘉，西至荆州，北达幽燕，东窥海市，堪可以旅游家称之”。[④] 而其在游历郑州之后，此后西行应往嵩山、少室、华岳等地，但诗集中对此并无记载，所以伯龙此行至大梁已中止。李攀龙《沧溟先生集》卷三十《与王敬美》之一云：“梁生恒干魁梧，乃能宛延于君家兄弟，奇哉！东行，疮疮自罢，囊中装悬磬矣。揽眺之余，空言盈箧，不如一囊钱也。然御我为幸，沾沾焉不知其所苦，归为卒业门下，而令无负远游”。所以据部分学者推测多数是由于经济上的问题，伯龙在山东会李氏时已很拮据，此行终不能达成遍游

① （明）梁辰鱼撰，吴书阴编集校点：《梁辰鱼集》，上海：上海古籍出版社，1998 年，第 601 页。
② 徐江：《移用而入化，拟议以成篇——梁辰鱼“白苎体”散曲的形成路径新探》，《中国韵文学刊》2024 年第 1 期。
③ （明）梁辰鱼撰，吴书阴编集校点：《梁辰鱼集》，上海：上海古籍出版社，1998 年，第 603 页。
④ 黎国涛，周佩文著：《梁辰鱼研究》，广州：中山大学出版社，2007 年，第 32 页。

五岳的壮志。[①] 伯龙性情向来狂放豪爽，侠义心肠且广交好友，“系剑扛鼎、鸡鸣狗盗之徒，乃至骚人墨客，羽衣草衲，世出世间之士，争愿以公为归”。[②] 但其毕竟为血肉之躯，“风骨”与“谋食”的多维形象在一个作家身上共存其实并不冲突。梁辰鱼也曾因贫穷所迫，主动请求王世贞重新写录诗歌来提高自己的声誉，“往年伯龙登泰山，以长歌千三百言见示，余戏作此歌答之。中多吴儿俚语，久不复记忆。今年冬，伯龙出佳纸，索余重录一过，岂谓余嘻笑谄语亦成文章耶？然伯龙艺益高，名益起，然穷日益甚。时时避人偻行，意长者之呆犹故也”。[③] 文人以杂业治生在明代本来具有一定的普遍性和多样化。而梁辰鱼在命名上由“吴越春秋”到“浣纱记”的改动呈现明显的雅化趋势，在一定程度上更加符合上流社会的审美观感，最终致使其“谱传藩邸戚畹，金紫熠爚之家”。因此若深入探索梁辰鱼何以在二十年后改名旧作，其中可能并不缺乏其本身经济因素的作用力。

明代传奇益盛，尤其是江浙一带戏曲唱本的刊刻和出版直接促进了戏曲消费市场的活力，同时这样的经济效力也吸引了诸多上层文人的参与，使整个戏曲市场呈现文人与书坊活跃的互动模式。吕天成《曲品》自序中便有着这样的记载：“传奇既盛，杂剧寝衰，北里之管弦播而不远，南方之鼓吹簇而弥喧”，[④] 传奇的发展繁荣一方面来源于市民阶级读者群的壮大，另一方面也与当时经典《琵琶记》这部南戏之冠、传奇之祖对曲坛的影响甚深有密切关系。明代开国之处，出于政治教化的需要，《琵琶记》地位以至可堪比四书五经，“五经、四书，布、帛、菽、粟也，家家皆有；高明《琵琶记》，如山珍、海错，贵富家不可无”。[⑤] 但是实际上青年男女的爱情姻缘题材戏曲更得读者偏爱，因此即使高明在开场之时便言剧本“有关风化”，宣扬忠孝，在命名上却

---

① 黎国涛，周佩文著：《梁辰鱼研究》，广州：中山大学出版社，2007 年，第 46 页。

② （明）张大复撰：《昆山人物传》（卷八），《续修四库全书》，上海：上海古籍出版社，1996 年，第 675 页。

③ （明）梁辰鱼撰，吴书阴编集校点：《梁辰鱼集》，上海：上海古籍出版社，1998 年，第 626 页

④ （明）吕天成著，吴书荫校注：《曲品校注》，北京：中华书局，1990 年，第 1 页。

⑤ 中国戏曲研究院编：《中国古典戏曲论著集成三·南词叙录》，北京：中国戏曲出版社，1959 年，第 240 页。

仍以带有"主情"色彩的"琵琶"为名，实有迎合市场需求之嫌。而《琵琶记》作为南戏之最，其流行程度已达"农工商贩，抄写绘画，家畜而人有之；痴呆女妇，尤所酷好，好事者因目为女通鉴，有以也"。[①] 戏曲剧本的刊刻地又多集中于江浙两地，尤其是苏州地区不仅刊刻业繁盛，且诸多文人雅士开始组建自己的戏曲班社，并以较高审美标准去训练家班优人，梁辰鱼作为江苏昆山人，怎能不受此风影响。

《琵琶记》影响之大使得诸多曲作家都希冀自己曲作可堪媲美，因此在戏曲命名体例及唱词上都多加模仿。王世贞的《曲藻》里记载：北人自王、康后，推山东李伯华……所为南戏《宝剑》《登坛记》，亦是改其乡先辈之作。二记余见之，尚在《拜月》《荆钗》之下耳，而自负不浅。一日问余："何如《琵琶记》乎?"余谓："公辞之美，不必言。第令吴中教师十人唱过，随腔改妥，乃可传耳。"[②]而上述所言梁辰鱼与王世贞关系匪浅，《吴越春秋》在王世贞看来又怎能合格，正如其在《艺苑卮言》指出："张伯起《红拂记》，洁而俊，失在轻弱，梁伯龙《吴越春秋》，满而妥，间流冗长"，因此梁辰鱼必然多加完善，后为区别旧作，改名为《浣纱记》。另一方面，值得注意的是明代书坊在戏曲刊刻时已经出现了较为专业的编辑人员。譬如明万历年间，插图成为戏曲、小说中不可或缺的一部分，因此许多书坊所发行的戏曲唱本名字中都包含着"全像"、"出相"或是"绣像"等字样，而《浣纱记》在其传播过程中又一次改名为《重刻出像浣纱记》。[③] 因此从戏曲命名到最终刊刻，戏曲作品的最终成形和流行畅销离不开书坊专业人员对于市场消费趋势以及消费需求的完美把控。张瀚的《松窗梦语》有言："至于民间风俗，大都江南侈于江北，而江南之侈尤莫过于三吴。自昔吴俗习奢华，乐奇异，人情皆观赴焉。吴制服而华，以为非是弗文也；吴制器而美，以为非是弗珍也。"[④]而这样一部经过专业且精美包装的作品在吴风吴俗盛行的推动下必然能够广誉天下。但是金玉其外往往只能风靡一时，而内

① 叶盛著，魏中平校点：《水东日记》，北京：中华书局，1980 年，第 213-214 页。
② 中国戏曲研究院编：《中国古典戏曲论著集成四·曲藻》，北京：中国戏曲出版社，1959 年，第 36 页。
③ （明）梁辰鱼：《重刻出像浣纱记》，明万历间金陵书林唐氏富春堂刻本，藏于日本京都大学图书馆。
④ （明）张瀚：《松窗梦语》卷 4《百工纪》，北京：中华书局，1985 年，第 79 页。

有乾坤才能不败于历史长河中，进而成为经典熠熠生光。

梁辰鱼在自我创新意识或上述经济等因素的驱动下，将以本色见长的南戏《吴越春秋》根据昆曲的韵律雅化改写成《浣纱记》，致使此剧本的命运发生了重大转变。明代张大复《梅花草堂笔谈》卷一二《昆腔》："魏良辅别号尚泉……梁伯龙闻起而效之，考订元剧，自翻新调，作《江东白苎》《浣纱》诸曲……"；[①] 民国陈去病《五石脂》云："闻有梁辰鱼者，字伯龙，亦昆山人，以例贡为太学生。好轻侠，善度曲，嵘喉发响，声出金石，能得良辅之传。尝著《浣纱记》传奇，梨园子弟争歌之……"；[②] 而魏良辅所创昆曲新声是以苏州官话的语音语调为基础，他效学海盐腔的榜样，把昆曲的舞台语音选定为"中州音"。所谓的"中州音"其实并非中州方言，而是苏州人学说"中州官话"形成的一种特别的语音，即"苏州-中州音"，俗称"苏州官话"。[③] 而梁辰鱼对声腔的雅化致使戏曲内容与命名发生相应改变，昆山腔又称"水磨腔"，以幽雅婉转见长，而"吴越春秋"与婉转悠扬的声腔可能难以匹配。就舞台表演而言，似乎只有柔美幽雅的舞台动作，即"浣纱"才能与"水磨腔"的温婉雅丽更加契合，这是声腔的雅化对于《浣纱记》命名的影响所在。

徐渭《南词叙录》中也言："惟'昆山腔'止行于吴中，流丽悠远，出乎三腔之上，听之最足荡人。"[④]而"止行于吴中"也与梁辰鱼既然抒发兴亡之感又为何偏偏选择《吴越春秋》故事母题有关，毕竟是建立在吴地语音的基础上，所以选取关于吴地的《吴越春秋》则更加契合昆腔舞台韵律的呈现。因此对于部分学者提出的吴败越霸因素的考量，要注意到此时我们考察历史人物是站在全知视角下，所有往往误认为作者在创作时都处于"完美理性"的状态，创作剧本时会完美地考虑作品能够成为经典的所有条件和因素，从而忽略了历史人物在特定历史语境中的"有限理性"。

---

① （明）张大复：《梅花草堂笔谈·昆腔》，上海：上海古籍出版社，1986年，第774-775页。

② （清）顾公燮、佚名、（民国）陈去病等著，甘兰经等点校：《丹午笔记·吴城日记·五石脂》，江苏：江苏古籍出版社，1999年，第355-356页。

③ 顾聆森《也论昆曲的形成与梁辰鱼的贡献》，《戏曲研究》2022年第1期。

④ 中国戏曲研究院编：《中国古典戏曲论著集成三·南词叙录》，北京：中国戏曲出版社，1959年，第242页。

而回到梁辰鱼完善更改旧作后剧本的命运走向，对于两个版本的同一剧作，同时代的文人的态度亦不尽相同。比如汪道昆有《席上观〈吴越春秋〉有作，凡四首》，分别对剧中人物吴王夫差，西施，伍子胥以及范蠡或赞同或批评。还有胡应麟的《罗生馆中阅伎作(二首)·是夕奏梁辰鱼〈吴越春秋〉》对舞台上所演的剧本内容以及艺术氛围，譬如"浣纱溪""云水约"等感慨良多，是一次难得的艺术享受。

《罗生馆中阅伎作(二首)》：逆旅愁无赖，良宵兴若何？纤腰呈楚舞，稚齿发吴歌。院落飘红雾，楼台驻绛河。扁舟拉西子，早晚若耶过。

为探倾城色，聊停上汉槎。兴移金谷树，春满玉台花。益寿怀差壮，安仁鬓未华。异时云水约，珍重越溪纱。①

可见都是围绕剧中人物、吴越兴亡以及范西爱情等剧本内容多加感叹，尚未关注涉及《浣纱记》曲词韵律雅俗等因素，而后凌廷堪《论曲绝句》中有云："弇州碧管传《鸣凤》，少白乌丝述《浣纱》。事必求真文必丽，误将剪采当春花。"②其认为《浣纱记》文辞过分雅丽反而降低了戏曲的舞台效果。虽评价不一，但从《吴越春秋》到《浣纱记》的改动在整体上增加了《浣纱记》的流量和讨论度，进而使其剧本广为流传。

《嘲梁伯龙》："吴阊白面冶游儿，争唱梁郎雪艳词。"③

《寄赠梁伯龙》："彩金陵子弟知名姓，乐府争传绝妙辞。"④

《白下逢梁伯龙感旧(二首)》："梨园处处按新词，桃叶家家度翠眉。一自流传江左调，令人却忆六朝时。"

"一别长干已十年，填词赢得万人传。歌梁旧燕双栖处，不是乌衣亦可怜。"⑤

其流行程度可以想见，"雪艳词""绝妙辞""江左调"等可见梁辰鱼对于旧作《吴越春秋》在文辞及音律方面的渐趋雅丽，而剧本命名亦随之雅化。《浣纱

① 赵山林选注：《历代咏剧诗歌选注》，北京：书目文献出版社，1988年，第142页。
② 赵山林选注：《历代咏剧诗歌选注》，北京：书目文献出版社，1988年，第470页。
③ 赵山林选注：《历代咏剧诗歌选注》，北京：书目文献出版社，1988年，第114页。
④ 赵山林选注：《历代咏剧诗歌选注》，北京：书目文献出版社，1988年，第107页。
⑤ 赵山林选注：《历代咏剧诗歌选注》，北京：书目文献出版社，1988年，第154页。

记》的经典程度致使其在当代亦影响深远。昆山当代昆剧院邀请编剧罗周为该院改编昆剧《浣纱记》，其中较有特点的是它的折名，将“纱”抬高至全剧发展的重要“角色”，“纱”这一作为女主身份的一个道具，在改编版中，承载了爱情表达与意志抒发，不仅是范蠡和西施表明爱情的信物，也是两人为国献身这一意志抒发的信物，因此有《盟纱》《分纱》《辨纱》《合纱》，一缕纱儿串联起全部的情节。[①] 足见在《浣纱记》传播过程中学者对于剧本中“情”的意味的自觉提升，使之与戏曲题名完美契合。

结　语

从上文的探讨中可以看出，《浣纱记》的命名是一个动态化过程，在成为经典的过程中经历了多重要素的沾溉。明代传奇命名在整体风貌上呈偏女性化趋势，梁辰鱼《浣纱记》也难逃大环境下的浸染，而其背后体现的是情感与道德的碰撞，是时代风化与主流思潮在不同时段、不同层级文人之间的起伏变化。梁辰鱼剧本由《吴越春秋》到《浣纱记》的命名变化，正是“名公”类文人面对上述局势时，他们的戏曲观念从至情弃理到以情成理的一次转折性变革。其次，《浣纱记》经典化的过程离不开内在因素的驱动。我们从梁辰鱼的交游考察中可见后七子诗歌复古之风对其戏曲创作的浸淫。其散曲和诗文中对蕴含闺阁女性意蕴的物象也常常赋予多重思想内涵，而以“浣纱”为名在一定程度上是作者对于西施最后美好爱情愿望破灭的心理弥补，是对“情”的执着和坚守。最后，面对明代戏曲商品化的繁盛和多元的文人治生的客观情况，我们要站在历史人物的有限理性下把握分析梁辰鱼在历史语境中“风骨”与“谋食”的多维形象。江浙一带在上层文人的积极参与下，整个戏曲市场都呈现文人与书坊活跃的互动模式。明代书坊在戏曲刊刻时专业的编辑人员对于著名戏曲的完美包装，也使得《浣纱记》在其传播过程中又一次改名为《重刻出像浣纱记》，进而更加符合市场需求，拓展其畅销量和流行度。梁辰鱼利用昆腔对剧本的有益探

---

① 周飞：《雅趣、雄心与旷达：改编昆剧〈浣纱记〉刍议》，《上海艺术评论》2022年第6期。

索和积极创新也让《浣纱记》的经典化之路走得更加名副其实，而当时文人对于两个名称的同一剧本的多样评价，在一定程度上为《浣纱记》的广为流传和千古绝唱增加了流量和讨论度。

（作者：徐悦，河北师范大学在读研究生。研究方向：明清文学）

The Naming Reason and Classic Construction of A Tale of Hair Washing

Xu Yue

Abstract: As one of the classic operas of the Ming Dynasty, A Tale of Hair Washing has experienced the phenomenon of naming multiple plays. By exploring the feminine color implied in Liang Chenyu's name change to "Huansha", we further explore the subtle influence of the author's poetic concepts on her opera name change. When there is a contradiction and dilemma between emotional trends and commercial operations in the same writer, playwrights need to weigh and choose the name of the opera, and ultimately inquire about the changes and impacts of changing the name of the opera on the classicization and popularity of the script.

Keywords: Liang Chenyu; A Tale of Hair Washing; Reason for Renaming; Classic Construction

基于“三一语法”理论的汉语副词“别”的教学初探

何 茜

摘 要：“三一语法”(Trinitarian Grammar)是冯胜利在1998年提出，后由冯胜利、施春宏合作完善的一种新型二语教学语法体系。作为一种独特的教学语法，赋予了汉语二语语法教学新活力，其三个维度分别是句子的形式结构、结构的功能作用、功能的典型语境。以该理论为依托，对现代汉语否定副词“别”进行分析，总结出“别”的形式结构、功能作用以及出现的典型环境，并展示该语法点的课堂实际操练过程，旨在有效解决“学生语言习得脱离实际运用”和“语法教学无从教起”的问题。

关键词： 三一语法；否定副词“别”；国际中文教育

《现代汉语频率词典》中“别(副)”的使用度为360，频率为0.4694。[①] 这一数据表明“别(副)”在现代汉语中的使用频率较高。同时这也是汉语二语学习者容易产生偏误的语法点。吕雪(2021)通过检索HSK动态作文语料库进行分析，发现否定副词“别”的偏误率为13.82%。[②] 由此可见，在汉语二语学习中，学习者对否定副词“别”的用法掌握得并不好。传统的语法教学高度关注学习者对语法形式和结构的掌握情况，忽略了语言在生活中的实际运用，导致学习者出现学了不会用或用错的问题。因此我们有必要探索出一种新的语法教学方法，而由冯胜利和施春宏提出的“三一语法”理论刚好就能有效解决“学了不会

① 北京语言学院语言教育研究所编：《现代汉语频率词典》，北京：北京语言学院出版社，1986年，第23页。

② 吕雪：《基于HSK动态作文语料库否定副词“别”的偏误分析》，《汉字文化》2021年第12期，第14-15页。

用”的问题。

经检索发现，目前“三一语法”理论在汉语二语教学方面的研究虽然不多，但学界并未停止过对其进行研究，且呈递增趋势。崔亚冲（2018）在“三一语法”体系下，对现代汉语语气词“呢”进行了研究；① 谢安琪（2019）运用“三一语法”理论对“A 得 C”句式进行了教学研究；② 许诺茵（2023）以“三一语法”为理论框架，对介词“跟”进行分析和阐述；③ 卢蕾涌（2024）以“三一语法”理论为研究基础，探讨了该理论在叹词教学中的应用。④ 可见“三一语法”理论在语气词、介词、叹词、句式等方面的研究中都有涉及，但研究成果还不多。就目前来说，“三一语法”理论在副词中的运用研究更是少之又少，仅有郭玉兴（2021）⑤和王蕊（2022）⑥分别考察了基于“三一语法”理论下的同义副词教学研究和建议类语气副词的研究。而关于“三一语法”理论在否定副词“别”中的教学研究目前还没有，鉴于副词“别”的使用频率和偏误率都比较高，我们认为有必要对其教学进行分析研究。以“三一语法理论”为依托，对现代汉语否定副词“别”进行分析，总结出“别”的形式结构、功能作用以及出现的典型环境，并展示该语法点的课堂实际操练过程。望有效解决“学生语言习得脱离实际运用”和“教师语法教学无从教起”的问题。

一、“三一语法”体系介绍

“三一语法”（Trinitarian Grammar）是1998年冯胜利在哈佛大学主持中文部

---

① 崔亚冲：《“三一语法”体系下汉语“呢”的教学》，《沧州师范学院学报》2018年第34卷第2期，第64-67页。

② 谢安琪：《基于“三一语法”的“A 得 C”句式的对外汉语教学研究》，硕士学位论文，湖南师范大学，2019年。

③ 许诺茵：《基于“三一语法”的介词“跟”研究》，硕士学位论文，昆明理工大学，2023年。

④ 卢蕾涌：《基于“三一语法”理论的中高级汉语学习者叹词教学研究》，硕士学位论文，沈阳大学，2024年。

⑤ 郭玉兴：《“三一语法”体系下三组同义副词的对外汉语教学研究》，硕士学位论文，湖南师范大学，2021年。

⑥ 王蕊：《“三一语法”视域下建议类语气副词的习得分析与教学设计》，硕士学位论文，浙江科技学院，2022年。

及哈佛北京书院时提出，后由冯胜利、施春宏合作完善的一种新型的二语教学语法体系。

需要提前说明的是，“三一语法”是教学语法，并不是教学法。也就是说“三一语法”的三个维度：结构、功能、语境，都可以通过语法翻译法、直接法、全身反应法等教学法来进行教学。

“三一语法”体系之精髓与架构，可凝练为三大核心要素：句子的形式结构；结构的功能作用；功能的典型语境。其创新之处在于，巧妙地将结构、功能与语境三者无缝对接，构筑成一个和谐统一的整体。在此教学范式下，三者各司其职，从而全方位、多角度地解答了语法学习中“是什么”“做什么”及“何处用”的根本问题。其中，典型语境是“三一语法”中最具特色的一部分，因为学生往往对语法学习只停留在“干什么”的层面，而并不知道怎么用或者在哪儿用，而“三一语法”就很好地解决了这个问题，把语言本身(形式和功能)之外的“语境”这一要素也加进来，不仅让形式表现出其固有的功能，同时让功能有发挥其作用的典型场所。

功能实现的场所多种多样，而“三一语法”体系里面提炼的语境必须是最典型或最极端的。前者是逻辑的产物，后者是教学的需要。二者合则两美，离则两伤。从这两者出发，冯胜利、施春宏(2011)①制定了“提炼典型语境”的原则：

1. 该句型出现频率最高的场景；

2. 代表该句型结构功能最典型的场景；

3. 描述该场景的词语为习得者已学；

4. 所描述的场景与习得者的生活有关；

5. 该场景便于/适于课堂教学。

不过这些提炼典型语境的若干原则之间有时并不能完全协调，我们可以这样处理：在满足特定阶段习得者基本条件的情况下提取出现频率最高的场景，其他相关原则之间也需要依情况生成不同的协同策略。

---

① 冯胜利，施春宏：《论汉语教学中的“三一语法”》，《语言科学》2011 年第 5 期，第 464-472 页。

下面将在“三一语法”框架下，对否定副词“别”进行三维分析。

二、基于“三一语法”理论对汉语否定副词“别”的三维分析

语法离不开结构，结构也离不开语法，句子的形式最终都是由某个语法点的形式构成。我们根据“三一语法“理论的原则来对汉语否定副词“别”进行研究，清晰明了地分析出“别”的形式结构、功能作用以及出现的典型语境。

(一)汉语否定副词“别”的形式结构

通过CCL现代汉语语料库(网络版)①②对副词“别”进行检索，结合我们的观察，将“别”的形式结构归为以下几类。

1. **“别+v/vp(了)”结构**

(1)核儿也别扔。(广部精《亚细亚言语集》)

(2)全氏母子越哭越痛，狗爷说：“别哭了，人死不能复生。办事要紧。”(蔡友梅《新鲜滋味》)

(3)咱们别说话了，你们瞧，那边儿衙门来人了。(金国璞《虎头蛇尾》)

该结构中的动词是在生活中较为常见的，“别”的后面加入其他成分，表示不要去做某行为。该结构如在动词后+了，“了”为动态助词，表示动作结束。如“别哭了”表示不要继续哭这个动作。

2. **“别+adj”结构**

(1)“她就来，别急!”欧阳天风跑过来低声地说，说完又跑出去。(老舍《赵子曰》)

(2)罗玉锋说：“别高兴得太早了，胡子剃掉了，不等于思想问题解决了，艰巨的工作还在后头。”(《人民日报》)

---

① 詹卫东、郭锐、常宝宝，等：《北京大学CCL语料库的研制》，《语料库语言学》2019年第6期，第71-86页。

② 詹卫东、郭锐、谌贻，2003年，北京大学中国语言学研究中心CCL语料库[DB/OL].(2003)[2024-11-21]. http://ccl.pku.edu.cn:8080/ccl_corpus.

(3)“你别激动，我的小娃娃，”年轻的演员不满意地拉长声音说，同时又重复道，“我的迷人的小娃娃。”(《读者》)

该结构后面接的是形容词，通常表示的是不要再继续某一种状态。如“别伤心”表示的是不要再难过了。需要说明的是其后也可以“+了”，我们认为“+了”后其表示的作用也与不加“了”相同，都表示不要再继续某种状态，故本文未作阐述。

3. **“别+pp”结构**

(1)吴将军走过来：“别在这里说，回去说。”(张辉力《孙子兵法与三十六计》)

(2)佩弦告船家：“我们多给你酒份，把船摇开，别让他们来啰嗦。”(俞平伯《桨声灯影里的秦淮河》)

(3)如果是那三种功能的话，国产的只需200块钱就可以买到，何必迷信外国的产品？这种没多少科技含量的商品，宁可用国产的，别将钱送给外国人。(《社区问答》)

“别”后跟的是介词短语，表示的是不要以某种方式来做某事。

关于否定副词“别”的句型结构包括但不限于以上列出的这几种，事实上，在日常交流中，我们还有更多的关于“别”的结构形式。在教学中，我们不可能一次性把这些结构形式全教给学生，特别是当我们的教学对象为初级汉语学习者时，更加要循序渐进，一步一步进行引导教学，采取“地滚球”[①]的教学方式。

(二)汉语否定副词“别”的结构功能和作用

吕叔湘(1999)在《现代汉语八百词》中对副词“别”的功能作用解释是：“1. 表示劝阻或禁止。2. 表示揣测，所揣测的事往往是自己所不愿意的。经常与

---

① 由陈大端提出的一个极其重要的教学语法原则，基本思想是任何语法点的教授都要根据二语习得者的背景，母语、接触或学习目标语的年限及水平等，以及该语法点的结构语义决定改句型的中心点及连属的内容。恰如“铁球滚地”，其辙深辙宽——该句型的中心要点和连属内容，取决于草地的土质——二语习得者的母语和承受力——水平；最关键的是，球滚的辙迹不可能和球的直径一样宽，即不能教授该句型的全部内容和知识 。

‘是’合用”[①]。我们根据吕叔湘先生的观点，结合第二语言教学的实际情况，将副词“别”的结构功能作用归为以下几类。

别1：表示禁止或劝阻。

这是“别”最常见的功能，多用于祈使句，传达强烈的阻止或不允许的语气。例如：“别说话”，“别抽烟”。

别2：表示客套。

“别”在特定语境中可以用于表示客套，主要通过委婉、礼貌的表达方式来缓和语气，体现说话者的礼貌态度和人际交往技巧，例如：“别客气，这都是我应该做的”。

别3：表示请求。

“别”用于请求或委婉表达时，可以传达礼貌性的否定。例如：“孩子小，不懂事，您别见怪”。

别4：表示劝告或建议。

不同于“别1”的严肃禁止劝阻，“别4”表示劝告或建议，往往传达出说话者对听话人的一种关怀，例如：“别担心，他的病很快就会好起来的”。

（三）汉语否定副词“别”功能的典型语境

“三一语法”中功能的典型语境可以为教学者解决教学问题，从而更好地帮助学生习得汉语否定副词“别”。参考冯胜利、施春宏的观点（2016）[②]，并结合我们的观察[③]，将“别”的典型语境归为以下几个。

1. 劝阻或禁止对方采取某种行为。

（1）上面写着“禁止乱扔垃圾”的标语，你就别扔垃圾了。

（2）别动，这是我刚搭好的积木。

（3）上课了，别说话！

---

① 吕叔湘：《现代汉语八百词》，北京：商务印书馆，1999年，第83页。

② 冯胜利、施春宏：《三一语法：结构·功能·语境》，《语言教学与研究》2016年第1期，第112页。

③ 本文的语料主要来源于北京大学现代汉语语料库，对所用的例句的出处都做了详细的标注，文中未标明出处和作者的例句为笔者自拟例句。

2. 表示客套。

(1)别不好意思，有什么困难尽管找我。

(2)别跟我客气，朋友之间相互帮助是应该的。

(3)你就别送我了，我知道去机场的路。

3. 请求对方不要做某事，语气比较委婉。

(1)我不是有意不告诉你的，别生我的气，好吗?

(2)这件礼服明天得还回去，还请您别弄脏了。

(3) 麻烦您别把那份文件发给别人。

4. 给对方提供建议或劝告。例如：

(1)他这个人一向不爱搭理人，你别太在意。

(2)别难过了，一切都会好起来的。

(3)天气预报说下午有雨，你们最好别去野餐了。

三、汉语否定副词“别”的教学呈现

“三一语法”是教学语法，因此它的意义首先是对教师有利的。对教师来说，教学顺序是首先要清楚结构形式，然后是搞清楚该结构的功能，最后是找到相匹配的典型语境。但是从学生的学习角度来看，顺序恰恰是与教师教学角度相反的。学生习得某一特定句型的逻辑序列，恰好与教师施教视角形成鲜明对照，即首先要关注的是语境，紧接着是功能作用，最后是结构。这种顺序不仅符合人类普遍的认知过程和策略，而且是二语课堂上操练的典型程序。

下面将展示“别”的教学过程。

(一)语境导入

在正式开始否定副词“别”的教学前，教师需精心筛选在“别”所涵盖的广泛语境之中，那些既契合课堂环境又便于即时展示与实践应用的典范案例。这些精选的实例应力求兼具时效性与直观性，以确保教学过程的生动有效，促进学生对“别”的用法的深刻理解与掌握。例如，你在教室上课，你的同学不知道你感冒了，打开了教室的空调，这个时候你会怎么做/说呢？

（二）隐示功能

学生开始思考，说出各种答案，在语境的制约下，大多数学生给出的答案都是让这个同学不要开空调之类的。根据学生的回答，教师可以进一步引导学生，发散思维想想其他的表达。教师可以在黑板上写下学生的答案，待会儿可以和后面“别”的结构进行对比总结。

（三）点明结构

当你让别人不要做某事的时候，可以说：

(1)别开空调；

(2)请别开空调。(加一个“请”会更加礼貌)

最后总结这两个句子的结构，并说明它们都表示让某人不要做某事。

别+V/VP

在初步展示环节之后，为促进学生更深刻地把握、领悟及灵活运用否定副词“别”这一语言结构，教师应当精心设计并引入多元化的情境模拟，旨在确保学生能够切身体验并熟练掌握该结构的实际应用能力，从而真正内化这一语法点的运用。基于“三一语法”的“三维分析角度，学生在学习时，必须把句型的结构和功能结合起来一起练习，在典型语境中，功能跑不了，结构走不开。

具体操练过程如下。

(1)老师：你的室友最近睡眠不好，但他还在喝咖啡，这个时候你会说什么？

学生：别喝咖啡了。

(2)老师：周一早上有课，闹钟响了，室友说他再睡会儿，但你怕迟到，这时候你会怎么说？

学生：别睡了。

(3)老师：上汉语综合课，你发现同桌在玩手机，你希望他认真听课，这个时候你会怎么说呢？

学生：别玩手机了。

(4)老师：你和同学在操场散步，看到有人乱丢垃圾，这个时候你会怎么说？

学生：别乱丢垃圾。

(5)老师：外面在下雨，你刚从外面回宿舍，这时，你的室友要出去打篮球，你会说什么？

学生：别去打篮球。

最后，教师可以从众多的典型语境中选出一个适合在课堂上操作的，就语法点“别”让学生以小组的形式进行练习，再邀请学生进行展示，除老师给予反馈外，还能进行生生互评。

结　语

“别”在日常交流中使用率非常高，而且出现在各种不同的语境中，是汉语二语语法教学中的重点和难点。本文在“三一语法”的框架下，从句子的形式结构、结构的功能作用、功能的典型语境三个维度对否定副词“别”进行了教学研究，归纳出“别”的三种基本形式结构，分别是：“别+v/vp(了)”、“别+adj”、“别+pp”；功能作用为：1. 劝阻或禁止某人不要做某事，2. 表示客套，3. 请求，4. 和劝告或建议；典型语境则根据实际语境来进行教学，最后还展示了基于“三一语法”的“别”的具体教学过程。

“三一语法”可以看作是“三位一体”“合三为一”，它强调三维式立体学习，将三个维度进行有机结合。基于此进行否定副词“别”教学，能够有效帮助学习者掌握其用法，真正做到“听懂能用且会用”。

（作者：何茜，湖南科技大学人文学院国际中文教育专业在读研究生）

A Preliminary Study on the Teaching of the Chinese Adverb "别" Based on the Theory of Trinity Grammar

He Xi

Abstract: "Trinitarian Grammar" is a new type of second language teaching grammar system proposed by Feng Shengli in 1998 and later perfected by Feng Shengli and Shi Chunhong in cooperation. As a unique teaching grammar, it gives new vitality to the teaching of Chinese second language grammar with its three dimensions such as: the formal structure of the sentence, the functional role of the structure, and the typical context of the function. Based on this theory, we analyse the modern Chinese negative adverb "别", summarize the formal structure, functional role and typical contexts of "别", and show the actual classroom practice of this grammar point. It can effectively solve the problems of students language acquisition being detached from practical application and grammar teaching being unteachable.

Keywords: Trinitarian Grammar; negative adverb "别"; International Chinese Language Education